*LES LANGUES MODERNES / BILINGUE*
*Série allemande dirigée par Brigitte Vergne-Cain*
*avec la collaboration de Gérard Rudent*

**WOLFGANG BORCHERT**

# Generation ohne Abschied und andere Texte

## Génération sans adieu et autres textes

Traduction nouvelle, préface et notes de
Sylvie Bufala



Le Livre de Poche

# Principales abréviations

acc. - *accusatif*
adj. - *adjectif*
adv. - *adverbe*
all. - *allemand*
compar. - *comparatif*
dat. - *datif*
étym. - *étymologiquement*
f. - *féminin*
fam. - *familier*
fr. - *français*
gén. - *génitif*
impers. - *impersonnel*
inf. - *infinitif*
lang. - *langage*
littéral. - *littéralement*
loc. - *locution*
m. - *masculin*
n. - *neutre*
part. - *participe*
partic. - *particule*
péjor. - *péjoratif*
pop. - *populaire*
Préf. - *préface*
préf. - *préfixe*
prét. - *prétérit*
pr. - *pronom*
qqch. - *quelque chose*
qqn - *quelqu'un*
subj. - *subjonctif*
suff. - *suffixe*
syn. - *synonyme*
trad. - *traduction*
trans. - *transitif*
v. - *verbe*
W.B. - *Wolfgang Borchert*

# Signes conventionnels

* indique une forme reconstituée : ex. : *schnauzen-ähnlich
/ indique un verbe à particule séparable : ex. : an/sehen
// indique un autre sens lexical.
Les relevés d'échos prosodiques sont en majuscules :
ex. : schwIMMt/HIMMel.

La collection "Les Langues Modernes" n'a pas de lien avec l'A.P.L.V. et les ouvrages qu'elle publie le sont sous sa seule responsabilité.

# Sommaire

## I. Situation d'un « écrivain d'après-guerre ».

Le 13 février 1947 le « Nordwestdeutschen Rundfunk » de Hambourg diffuse « Draußen vor der Tür » *(Dehors devant la porte)*, une pièce radiophonique écrite par Borchert quelques mois auparavant : le drame du retour au pays d'un soldat allemand, ex-prisonnier en Sibérie, qui se présente lui-même comme *un fantôme de la guerre, provisoirement rafistolé pour la paix* — mais qu'une paix sourde à toutes les hantises ne peut que rejeter dans un espace vide, liminaire, comme celui où rôdent les morts sans sépulture. Dès la première audition, la pièce reçoit un accueil d'une ampleur inespérée et déclenche des réactions passionnées, enthousiastes ou dans certains cas indignées. Borchert est alors un parfait inconnu (il n'a publié qu'un petit livre de poèmes, et le volume de récits « Die Hundeblume » *La fleur de pissenlit* ne paraîtra qu'au printemps suivant) qui, du jour au lendemain, est promu représentant de sa génération, la génération perdue de la Seconde Guerre mondiale. La légende Borchert est née, avec cette composante kitsch à laquelle ne sauraient échapper les légendes littéraires, qui fait de Borchert un martyr romantique, écrasé par le malheur de l'histoire, un révolté pathétique, accusateur d'une paix qui trouve des accommodements avec l'enfer dont elle est issue. C'est la légende de l'« Aufschrei », le *cri*, cri de révolte spontané, subjectif et sentimental. Elle oublie complètement et d'emblée que, comme le relève C.B. Schröder (cf. bibliographie), cet « Aufschrei » est certes mentionné dans la pièce, suggéré à l'ex-soldat en quête de travail par... le directeur de cabaret, comme un bon numéro à faire, le coup qui marcherait auprès du public. Ironie sans surprise : l'histoire de la réception d'une œuvre — de la façon dont une société donnée tente de neutraliser une œuvre — ne manque pas de se ramener souvent à l'histoire d'une non-lecture ou à tout le moins d'une myopie caractérisée. Mais la légende va aussi exploiter massivement le matériau biographique : Borchert, à l'époque où il parvient à une maturité de son écriture (1946-1947), est un grabataire de 25 ans, atteint d'une maladie du foie dont il mourra en novembre 1947 ; une maladie contractée sur le front russe et qu'il traînera de 1942 à 1944 dans les prisons nazies, entre deux renvois éphémères au front (cf. Repères biographiques p. 15). L'œuvre de Borchert se trouve ainsi soumise — et ce aujourd'hui encore, malgré un timide aggiornamento des études critiques — à une réduction en chaîne : réduction à l'idéologie directe, réduction aux bonnes intentions (dont, comme on sait, la mauvaise littérature est pavée), réduction à la biographie et à la personnalité empirique, réduction enfin à la situation historique, qui en fait une œuvre « datée ». Autant dire, qui la méconnaît totalement en tant qu'œuvre littéraire, puisque, comme l'enseigne lapidairement Ezra Pound dans son « ABC de la lecture » : « La littérature, ce sont des nouvelles qui RESTENT des nouvelles*. »

Mais il n'en est pas moins utile de s'interroger de plus près sur ce qui pouvait contribuer dans cette œuvre à susciter un écho aussi large, une adhésion aussi immédiate dans l'Allemagne d'après-guerre. Non pas parce que Borchert se serait prêté finalement à la mascarade du « porte-parole », notamment dans ses manifestes et dans ce qu'on peut appeler ses « textes de génération » (cf. par ex. *En mai, en mai le coucou criait* ou, ici, les deux derniers textes du recueil). Mais bien plutôt, en acceptant pour le coup l'artifice qui consisterait à isoler dans une œuvre la part de rhétorique idéologique, comme si celle-ci n'était pas en

* « Literature is news that STAYS news. »

imbrication et en conflit avec une écriture qui la transcende — en considérant donc cette œuvre d'un strict point de vue historiciste, pour examiner comment un jeune écrivain allemand antinazi de l'intérieur (un antinazisme qui n'eut rien de l'engagement politique et résistant, précisons-le), dans les années de l'immédiate après-guerre, rend compte du cauchemar nazi et de la guerre. Et il y a là de quoi laisser pour le moins rêveur. On ne trouve, dans cette œuvre centrée sur une expérience de la prison, du front de l'Est, de la débâcle et de l'Allemagne « année zéro », qu'une seule et unique allusion explicite au nazisme : dans *Dehors devant la porte*, où les parents pro-nazis du « Heimkehrer » (le *soldat rapatrié*) apparaissent comme des victimes ... de la dénazification. Mais il y a plus, et plus intéressant. Le personnage du Heimkehrer porte, durant toute la pièce, d'étranges lunettes qui fascinent tous ses interlocuteurs ; ce sont, comme il l'explique inlassablement, des lunettes de masque à gaz. Or, comment oublier que le masque à gaz est l'un des symboles les plus marquants et spécifiques de la *Première* Guerre mondiale... Une analyse rhétorique de la pièce montrerait du reste aisément toute sa singulière tonalité anachronique, dans son accusation de l'ordre bourgeois et sa dénonciation de l'horreur de la guerre. De même, si l'on considère cette fois les textes rassemblés ici : dans le récit de prison *La fleur de pissenlit*, les gardiens figés dans leur pose pleine de morgue sont comparés à... Bismarck, comme si les attitudes fascistes n'offraient pas un point de comparaison historique plus immédiat et plus suggestif que celui de la simple raideur prussienne. Dans le récit de guerre *Ce mardi-là*, il est fait référence à la grosse Bertha, le fameux canon de la Grande Guerre. À la lecture de *Les trains, l'après-midi et la nuit* — en dépit de toute la force qu'y prend le développement de motifs borchertiens tels que ceux de l'être-jeté au monde devenant un être-lancé comme un train, du passage comme surgissement et engloutissement sans trace dans la nuit du monde, de l'être-en-chemin comme contrainte de fuite caïnique — un malaise prend à la gorge, devant un texte qui compare sur un mode à la fois ironique et exalté les trains de marchandises sillonnant l'Europe à la génération déracinée de la guerre, jusqu'à l'identification train-homme dans une singulière variante de la « bête humaine » ; ces mêmes trains de marchandises et wagons à bestiaux qui sont indissolublement liés, dans la mémoire collective, à l'évocation de l'horreur nazie dans ce qu'elle a eu d'unique et d'indépassable : les trains convoyant les déportés vers les camps de concentration et d'extermination (et faut-il rappeler qu'en 1946, les procès de Nuremberg fournissaient des témoignages circonstanciés en la matière ?).

On pourrait multiplier les remarques, les étayer par une lecture plus globale du discours borchertien sur la guerre et sur l'oppression. Mais on voit déjà que celui qui est ainsi érigé en « témoin de son temps » passe sous silence le nazisme, se « trompe » d'une guerre, commet une sorte de contresens historico-symbolique... D'où justement le bénéfice que pouvait tirer l'Allemagne d'après-guerre (et aussi, en un sens, les pays vainqueurs) de ces rendez-vous manqués et de ces refoulements présentés comme leur contraire : l'impensable qui a eu lieu reste impensé, on peut servir comme un plat réchauffé le choc de 1914-1918, la catastrophe nazie dans sa singularité radicale se trouve refoulée, rangée tout naturellement dans les greniers bondés des désastres de l'histoire, par une banalisation et une normalisation qui, loin d'être la seule affaire des tendances relativistes qui s'affirmeront ultérieurement, sont au cœur des premières « prises de conscience », c'est-à-dire des premières fausses consciences.

Notre présentation du « cas Borchert » se veut surtout un travail de déblayage en quelque sorte, pour dégager l'écrivain *d'ici et de maintenant* de la gangue de « Nachkriegsdichter », d'« écrivain d'après-guerre », qui ne saurait en aucune mesure le contenir. Si la place manque ici pour analyser l'écriture de Borchert dans sa pratique concrète, du moins peut-on indiquer un angle de lecture d'où appréhender sa spécificité et ses convergences internes. Les traits les plus manifestes et les plus immédiats de ce style : son oralité (si l'on entend par oralité non pas le « parlé » opposé à l'« écrit », mais au contraire l'organisation rythmique et prosodique d'une écriture), le travail de la répétition comme principe organisateur du récit, l'exploitation des ressources du langage quotidien et familier, la stylisation grotesque, la syntaxe pauvre, fonctionnant sur le mode paratactique (juxtaposition et coordination simple), le ton ironique et comique — tous ces éléments formels sont intégrés dans l'élaboration d'une énonciation *naïve*, enfantine, développée différemment selon les textes, mais qui reste prégnante jusque dans la vision angoissée de *Ce café a un goût indéfinissable* où les « pendus », les spectres du prologue s'animent pour un dialogue de marionnettes, jusque dans le discours panique de *Conversation par-dessus les toits*, qui suscite à sa fin une réponse de « père grondeur ». Cette perspective d'énonciation motive une figure centrale, récurrente dans les récits : de l'homme ordinaire ramené à des réflexes enfantins et irrationnels, au personnage du « simple » ou du « fêlé », dont le paradigme chrétien — la mystique du pauvre en esprit et du devenir-enfant — apparaît dans *Jésus ne marche plus*. Comme une force des faibles, plus forte que toute présomption de maîtrise rationnelle ou de lucidité finalement dérisoire ou fallacieuse devant l'épouvante du réel. Ainsi le prisonnier de *La fleur de pissenlit* qui se réfugie dans une hébétude heureuse jusqu'à la mort, la foi du charbonnier qui sauve le Polonais de *Marie, tout Marie*, la réaction enfantine du soldat de *Toute cette neige*, la répétition d'une scène d'enfance dans *Le bois pour demain*, le fétichisme superstitieux de *Elle a peut-être un gilet rose, dessous*, la fixation dans le paradis enfantin du sans-abri de *L'horloge de cuisine*... Ces remarques n'offrent qu'une prise fragmentaire : elles ne peuvent s'isoler par exemple d'un autre motif borchertien, celui de l'être-expulsé et de l'errance comme impossible réintégration du monde perdu de l'enfance.

Reste alors à suggérer, de manière emblématique, la *densité* de cette écriture, les transformations qui la génèrent et l'intègrent, dans cette boucle qui ouvre et ferme l'œuvre de Borchert : c'est avec le récit *La fleur de pissenlit* qu'il s'affirme comme écrivain ; un an plus tard — à quelques mois de sa mort — il esquisse le plan d'un roman, « Persil bleibt Persil » (*Persil reste toujours Persil*, titre-slogan publicitaire) et un début de quelques lignes, parmi lesquelles : « Wir nehmen das Leben auf uns, ohne den Ausgang zu kennen, dieses Pusteblumedasein » (...) *Nous prenons la vie sur nous, sans connaître l'issue, cette existence de pissenlit qu'on souffle (...)* ; « die Hundeblume », la fleur fétiche du récit de prison, est devenue « Pusteblume » (de « pusten » *souffler* : un mot d'enfant, encore...) — le pissenlit fané, lorsque les fruits secs sont coiffés d'une aigrette qui sera disséminée au vent.

## II. Choix et disposition des textes.

Borchert composa deux volumes de récits, « Die Hundeblume » et « An diesem Dienstag », parus respectivement en avril et en novembre 1947. La majeure partie des textes rassemblés ici proviennent de ces recueils, qui sont organisés en cycles ; on trouvera ci-dessous les titres de ces cycles (en italiques) avec les récits qui en sont tirés, numérotés selon leur ordre d'apparition dans l'anthologie (cf. Sommaire p. 5) :

DIE HUNDEBLUME

*Die Ausgelieferten.* Les livrés : 1, 13.

*Unterwegs.* En chemin : 14, 15.

*Stadt, Stadt : Mutter zwischen Himmel und Erde.* Ville, ville : mère entre ciel et terre.

AN DIESEM DIENSTAG

*Im Schnee, im sauberen Schnee.* Dans la neige, la neige limpide : 3 à 5.

*Und keiner weiß wohin.* Et personne ne sait vers où : 6 à 10.

Les récits 2, 11 et 12 sont extraits de l'œuvre posthume. La sélection opérée dans les deux recueils, démantelant l'ordre significatif des textes, rendait nécessaire une réorganisation. L'ordre chronologique aurait représenté la solution de facilité, mais, outre que son intérêt est assez relatif pour une œuvre écrite en moins de deux ans, cette chronologie demeure incertaine pour plusieurs récits. D'où le choix d'un regroupement thématique : récits de prison, « Die Hundeblume » et « Maria, alles Maria » ; récits du front, de « Jesus macht nicht mehr mit » à « Das Känguruh » ; récits de l'arrière et de l'après-guerre, de « Nachts schlafen die Ratten doch à Das Holz für morgen » ; récits sans référence historique directe, « Die traurigen Geranien » et « Gespräch über den Dächern » ; textes de « génération », « Eisenbahnen, nachmittags und nachts » et « Generation ohne Abschied ». La mutilation qu'entraîne toute opération anthologique est corrigée dans une certaine mesure par les renvois qui sont faits dans les notes aux récits absents.

## Repères biographiques

*1921* Naissance de Wolfgang Borchert (20-5) à Hambourg. Son père, Fritz Borchert, est instituteur ; sa mère Herta, née Salchow, écrit des récits en dialecte bas-allemand.

*1938* Parution de ses premiers poèmes dans le journal « Hamburger Anzeiger ».

*1939* Avril : entre comme apprenti chez le libraire Heinrich Boysen ; suit parallèlement des cours de théâtre.

*1940* Avril : perquisition, arrestation et interrogatoire par la Gestapo. Motif allégué : « poèmes suspects » et « mauvaises fréquentations ».

*1941* Mars : il passe le concours d'art dramatique devant le Reichstheaterkammer, puis est engagé dans la troupe du « Landesbühne Ost-Hannover » à Lüneburg.
Mai : il est mobilisé ; formation d'opérateur-radio dans les divisions blindées.
Novembre : départ pour l'Est. Front de Kalinin.

*1942* Mars : rapatrié à l'hôpital militaire de Schwabach, avec une blessure à la main et une forte fièvre (1re attaque de son hépatite) diagnostiquée comme diphtérie. Il est amputé d'un doigt.
Mai : soupçonné de s'être blessé volontairement, Borchert est arrêté à l'hôpital et transféré à la maison d'arrêt de Nuremberg, où il passe 3 mois en régime cellulaire.
Août : Procès. Le procureur militaire réclame la peine de mort pour désertion. Acquittement. Nouveau procès, cette fois pour des déclarations « contre l'État et le Parti » trouvées dans ses lettres. Condamné à 4 mois de prison, commués (à la demande de l'accusé) en 6 semaines de régime de détention sévère suivies de l'envoi au front comme mesure disciplinaire.
Décembre : Borchert est agent de liaison dans les combats de Toropez.

*1943* Janvier-février : au lazaret des contagieux de Smolensk, avec les pieds gelés et de nouveaux accès de fièvre hépatique, attribués au typhus. Convalescence en mars à l'hôpital militaire de Elend (Harz). En garnison à Iéna.
Juillet : bombardement de Hambourg (opération « Gomorrhe ») : 50 000 morts, 900 000 sans-abri.

Août : en permission à Hambourg, Borchert déclame des poèmes humoristiques sur la scène du cabaret artistique « Bronzekeller ».
Novembre : réformé du fait de sa maladie, il doit être envoyé comme acteur sur des théâtres du front. La veille du départ, il est dénoncé et arrêté pour des plaisanteries politiques et des parodies de Goebbels.

*1944* Janvier : transfert à la prison militaire de Moabit, à Berlin.
Août : condamné à 9 mois de prison pour « tentative de démoralisation des troupes ». Sursis et envoi au front. Retour à la garnison d'Iéna.

*1945* Mars : fait prisonnier par les Français près de Francfort, il s'évade et retourne à pied à Hambourg, où il arrive le 10 mai, gravement malade.
Septembre : participe à une comédie de cabaret : co-fonde le théâtre « Die Komödie ». Son hépatite s'aggrave encore : Borchert ne quittera pratiquement plus le lit jusqu'à sa mort.

*1946* Janvier : hospitalisé, il écrit *La fleur de pissenlit*, suivi de 3 autres récits. Les médecins lui donnent un an à vivre.
Entre avril et décembre, de retour chez lui, il compose environ 24 autres récits.
À la fin de l'automne, Borchert écrit en quelques jours « Draußen vor der Tür » *Dehors devant la porte* (dans sa 1re version comme pièce radiophonique).
Décembre : publication du recueil de poèmes « Laterne, Nacht und Sterne » *(Lampadaires, nuit et étoiles)*.

*1947* Février : diffusion radiophonique de *Dehors devant la porte* ; extraordinaire écho de la pièce auprès du public.
Avril : parution du recueil de récits *La fleur de pissenlit*.
Entre avril et septembre, il écrit 22 récits.
Septembre : grâce à l'intervention d'amis, départ pour un hôpital de Bâle (Suisse).
20 novembre : mort au Clara-Spital de Bâle.
21 novembre : 1re représentation de *Dehors devant la porte*, dans sa version théâtrale, au « Hamburger Kammerspiele ». La pièce connaît un retentissement international et fera très vite le tour du monde (création en France au Théâtre de l'Humour en 1953). Fin novembre, parution du recueil de récits *Ce mardi-là*.

# Indications bibliographiques

## Textes de Borchert

*En allemand :*

*Das Gesamtwerk*, Rowohlt Verlag, Hamburg (1re édition 1949).

*Die Traurigen Geranien und andere Geschichten aus dem Nachlaß*, Rowohlt Verlag (1re édition 1962).

*En français :*

*Devant la porte*, trad. J.-B. Oppel, Buchet-Chastel, Paris, 1962.

*Morceaux choisis*, trad. J.-B. Oppel, Buchet-Chastel, Paris, 1963.

## Témoignages, biographies et études critiques

Peter Rühmkorf : *Wolfgang Borchert in Selbstzeugnissen und Bilddokumenten*, Rowohlt Monographien, 1961.

Claus B. Schröder : *Wolfgang Borchert*, Kabel Verlag, Hamburg, 1985.

*La vie rêvée de W(olfgang) B(orchert)*, une pièce en dix tableaux de Fabio Pacchioni et Claude Broussouloux, in : « L'Avant-scène du cinéma », Paris, 1980.

Rudolf Wolff (Hrsg.) : *Wolfgang Borchert, Werke und Wirkung*, Bouvier Verlag, Bonn, 1984.

Alfred Schmidt : *Wolfgang Borchert. Sprachgestaltungen in seinem Werk*, Bonn, 1975.

Georges Brunet : *La langue de Wolfgang Borchert* in : Paul Vernois (édit.). *Le réel dans la littérature et dans la langue*, Paris, 1967.

# DIE HUNDEBLUME[1]

## *La Fleur de pissenlit*

Die Tür ging hinter mir zu[2]. Das hat man wohl öfter, daß eine Tür hinter einem zugemacht wird — auch daß sie abgeschlossen wird, kann man sich vorstellen. Haustüren zum Beispiel werden abgeschlossen, und man ist dann entweder drinnen oder draußen. Auch Haustüren haben etwas so Endgültiges, Abschließendes[3], Auslieferndes[4]. Und nun ist die Tür hinter mir zugeschoben, ja, geschoben, denn es ist eine unwahrscheinlich dicke Tür, die man nicht zuschlagen kann. Eine häßliche Tür mit der Nummer 432. Das ist das Besondere an dieser Tür, daß sie eine Nummer hat und mit Eisenblech beschlagen ist — das macht sie so stolz und unnahbar; denn sie läßt sich auf nichts ein[5], und die inbrünstigen Gebete rühren[6] sie nicht.

Und nun hat man mich mit dem Wesen allein gelassen, nein, nicht nur allein gelassen, zusammen eingesperrt hat man mich mit diesem Wesen, vor dem ich am meisten Angst habe: Mit mir selbst.

Weißt du, wie das ist, wenn du dir selbst überlassen wirst, wenn du mit dir allein gelassen bist, dir selbst ausgeliefert bist? Ich kann nicht sagen, daß es unbedingt furchtbar ist, aber es ist eines der tollsten Abenteuer, die wir auf dieser Welt haben können: Sich selbst zu begegnen[7]. So begegnen wie hier in der Zelle 432: nackt, hilflos, konzentriert auf nichts als auf sich selbst, ohne Attribut und Ablenkung und ohne die Möglichkeit einer Tat. Und das ist das Entwürdigendste: Ganz ohne die Möglichkeit zu einer Tat zu sein.

---

1. ***Hunde-blume: (Hund** m. *chien*) nom pop. de la *dent-de-lion* (= ***Löwen-zahn** m.); cf. ***Hunds-rose** f. *rose sauvage*, ***Hunds-zahn** m. *chiendent*... Valeur dépréciative et/ou intensive de **hund(e/s)-** dans ses composés fig. (cf. en fr. les loc. avec *chien*), ex. ***hunde-müde** *éreinté*, ***hunds-gemein** *abject*, etc. Cf. aussi n. 1 et 2 p. 44.

2. **zu/gehen (i/a)**: sens de « fermeture » de la partic. **zu**; cf. aussi **die Tür ist zu**: *la porte est fermée*. 3 autres occurrences de ce **zu** de fermeture, dans ce seul paragraphe initial: **zu/machen, zu/schieben, zu/schlagen.**

3. **abschließend**: adj. *final, conclusif*; jeu de mots avec **ab/schließen (o/o)** (supra **abgeschlossen**) *fermer à clef // terminer*: l'aspect « irrévo-

La porte se referma derrière moi. Ça arrive bien souvent, qu'une porte soit fermée derrière soi — on peut même concevoir qu'elle soit fermée à clef. Les portes des maisons, par exemple, sont fermées à clef, et on se trouve alors soit dedans soit dehors. Les portes des maisons aussi ont quelque chose de si définitif, qui vous exclut, qui vous livre. Et voilà qu'on a poussé la porte derrière moi, oui poussé, car c'est une porte d'une épaisseur invraisemblable, qu'on ne peut pas claquer. Une affreuse porte avec le numéro 432. C'est ce qu'il y a de particulier avec cette porte, qu'elle a un numéro et qu'elle est garnie de ferrures — ça la rend si hautaine et si inabordable ; car elle refuse de se prêter à quoi que ce soit, et les prières ferventes ne l'ébranlent pas.

Et voilà qu'on m'a laissé seul avec cet être, non, pas laissé simplement seul, on m'a enfermé en compagnie de cet être dont j'ai le plus peur : avec moi-même. Sais-tu ce que c'est que d'être abandonné à toi-même, d'être laissé seul avec toi-même, d'être livré à toi-même ? Je ne peux pas dire que ce soit absolument effroyable, mais c'est une des plus folles aventures que nous puissions avoir en ce monde : se rencontrer soi-même. Se rencontrer comme ici dans la cellule 432 : nu, sans défense, concentré sur rien d'autre que sur soi-même, sans attribut ni dérivatif, sans possibilité d'action. Et c'est cela le plus dégradant : se trouver sans aucune possibilité d'action.

---

cable » d'une porte « fermée ». Ton de naïveté ironique, caractéristique de nombre de personnages (narrateur y compris) de W.B.

4. **aus/liefern** : mot-valeur chez W.B. Cf. infra : **sich selbst ausgeliefert sein** : *être à la merci de soi-même* — le sentiment de proie est dès lors absolu, sans recul et sans défense.

5. **ein/lassen (ie/a)** : *laisser entrer* ; v. réfl. **sich auf/in** (+ acc.) **e.** : *s'embarquer (dans qqch.)*. Même type de jeu de mots qu'à la n. 3.

6. **rühren** : jeu sur le sens concret / psychol. (comme aux n. 3 et 5), entre « *émouvoir* » et « *mouvoir* » (la porte).

7. **sich selbst zu begegnen** : cette rencontre spectrale avec soi-même thématisée dans le récit « **Vorbei, vorbei** » « *Fini, passé* » (où la figure du double est augure de mort).

Keine Flasche zum Trinken oder zum Zerschmettern zu haben, kein Handtuch zum Aufhängen, kein Messer zum Ausbrechen[1] oder zum Aderndurchschneiden, keine Feder zum Schreiben — nichts zu haben — als sich selbst.

Das ist verdammt[2] wenig in einem leeren Raum mit vier nackten Wänden. Das ist weniger als die Spinne hat, die sich ein Gerüst aus dem Hintern drängt und ihr Leben daran riskieren kann, zwischen Absturz und Auffangen wagen kann. Welcher Faden fängt uns auf, wenn wir abstürzen?

Unsere eigene Kraft? Fängt ein Gott[3] uns auf? Gott — ist das die Kraft, die einen Baum wachsen und einen Vogel fliegen läßt — ist Gott das Leben? Dann fängt er uns wohl manchmal auf — wenn wir wollen.

Als die Sonne ihre Finger von dem Fenstergitter nahm und die Nacht aus den Ecken kroch, trat etwas aus dem Dunkel auf mich zu — und ich dachte, es wäre Gott. Hatte jemand die Tür geöffnet? War ich nicht mehr allein? Ich fühlte, es ist etwas da[4], und das atmet und wächst. Die Zelle wurde zu eng — ich fühlte, daß die Mauern weichen mußten vor diesem, das da war und das ich Gott nannte.

Du, Nummer 432, Menschlein[5] — laß dich nicht besoffen machen von der Nacht! Deine Angst ist mit dir in der Zelle, sonst nichts! Die Angst und die Nacht. Aber die Angst ist ein Ungeheuer, und die Nacht kann furchtbar werden wie ein Gespenst, wenn wir mit ihr allein sind.

---

1. **aus/brechen (a, o)**: (cf. **brechen**, *briser, rompre*); intrans. *s'échapper* (prisonnier, animal, etc.) // *éclater, survenir.*

2. **verdammt**: cf. **verdammen**, *damner, condamner*; registre fam. de l'adj. au fig. : *sacré, fichu...*, ou employé seul comme juron.

3. **ein Gott**: art. indéfini de distanciation envers ce qui est nommé, sans que la question se pose d'une ambiguïté *Dieu / dieu (païen)*; chez W.B. le rapport à Dieu — fait caractéristiquement de familiarité enfantine, de rejet et de nostalgie — est très présent, que ce soit la conception monothéiste abstraite, le Dieu biblique et christique, ou le Dieu du catéchisme populaire (par ex. infra *Dieu, celui qu'ils appellent le bon Dieu*).

N'avoir aucune bouteille à boire ou à fracasser, aucune serviette pour se pendre, aucun couteau pour s'évader ou pour s'ouvrir les veines, aucune plume pour écrire — n'avoir rien — que soi-même.

C'est sacrément peu dans une pièce vide avec ses quatre murs nus. C'est moins que n'a l'araignée, qui se tire un échafaudage du derrière et qui est en mesure d'y risquer sa vie, qui est en mesure de s'aventurer, entre la chute et le moment où elle est retenue. Quel fil nous retient, nous, quand nous tombons ?

Notre propre force ? Est-ce un Dieu qui nous retient ? Dieu — est-ce la force qui fait grandir un arbre et fait voler un oiseau — est-ce la vie, Dieu ? Alors il nous retient sans doute quelquefois — si nous le voulons.

Quand le soleil retira ses doigts des barreaux de la fenêtre et que la nuit rampa hors des coins, quelque chose sortit de l'obscurité à ma rencontre — et je pensai que c'était Dieu. Quelqu'un avait-il ouvert la porte ? N'étais-je plus seul ? Je sentais qu'il y avait quelque chose, là, et que cela respirait et grandissait. La cellule devenait trop étroite — je sentais que les murs devaient céder devant cette chose qui était là et que j'appelais Dieu.

Écoute, numéro 432, mon petit vieux — tu ne vas pas laisser la nuit te rendre bourré ! C'est ta peur qui est avec toi dans la cellule et rien d'autre ! La peur et la nuit. Mais la peur est un monstre et la nuit peut devenir effroyable comme un spectre, quand nous sommes seuls avec elle.

---

4. **es ist etwas da** : lien avec l'autre menace, celle de la rencontre nue avec soi-même (p. 20 n. 7) ; ce qui évoquerait une expérience du type du *Horla* de Maupassant — si ce n'est qu'en nommant cette « chose » « Dieu », l'angoisse du prisonnier apparaît comme une terreur fondamentalement naïve : une peur d'enfant seul dans le noir.

5. **Menschlein** n. : (**-lein** comme **-chen** = suff. de diminutifs neutres) cf. **Mensch**, m. *être humain, personne* (sans considération de sexe), emploi courant comme interjection fam. ; ≠ **Mann**, m. *homme // mari.*

Da trudelte der Mond über die Dächer und leuchtete die Wände ab. Affe[1], du! Die Wände sind so eng wie je, und die Zelle ist leer wie eine Apfelsinenschale. Gott, den sie den Guten nennen, ist nicht da. Und was da war, das was sprach[2], war in dir. Vielleicht war es ein Gott aus dir — du warst es! Denn du bist auch Gott, alle, auch die Spinne und die Makrele sind Gott. Gott ist das Leben — das ist alles. Aber das ist so viel, daß er nicht mehr sein kann. Sonst ist nichts. Aber dieses Nichts überwältigt uns oft[3].

Die Zellentür war so zu wie eine Nuß — als ob sie nie offen war, und von der man wußte, daß sie von selbst nicht aufging — daß sie aufgebrochen werden mußte. So war die Tür. Und ich stürzte, mit mir allein gelassen, ins Bodenlose. Aber da schrie mich die Spinne an wie ein Feldwebel: Schwächling[4]! Der Wind hatte ihre Netze zerrissen, und sie drängte mit Ameiseneifer ein neues und fing mich, den Hundertdreiundzwanzigpfündigen, in ihren hauchfeinen Seilen. Ich bedankte mich bei ihr[5], aber davon nahm sie überhaupt keine Notiz.

So gewöhne ich mich langsam an mich. Man mutet sich so leichtfertig andern Menschen zu[6], und dabei kann man sich kaum selbst ertragen. Ich fand mich aber allmählich doch ganz[7] unterhaltsam und vergnüglich — ich machte Tag und Nacht die merkwürdigsten Entdeckungen an mir.

Aber ich verlor in der langen Zeit den Zusammenhang mit allem, mit dem Leben, mit der Welt.

---

1. **Affe** m.: *singe* (employé comme injure, le mot est grossier).
2. **das was sprach: was = etwas**, lang. parlé (≠ **was** pr. relatif n.).
3. **dieses Nichts überwältigt uns: überwältigen**: (cf. **Gewalt** f. *violence // pouvoir*) *terrasser physiquement*, sens psychologique *submerger, accabler*. Dans le paradoxe de cette phrase (comme aussi par le glissement du sens de *rien*, de pr. indéfini à un terme défini) affleure un sentiment religieux négatif, qui contredit la simple assimilation de Dieu au « Tout » immanent.
4. **Schwächling** m.: cf. **schwach** adj. *faible*; **-ling** suff. formant des dérivés m., parfois péjor. comme ici.

C'est alors que la lune virevolta par-dessus les toits et balaya les murs. Espèce de con ! Les murs sont aussi étroits que toujours, et la cellule est vide comme une pelure d'orange. Dieu, celui qu'ils appellent le bon Dieu, n'est pas là. Et ce qui était là, qui disait quelque chose, était en toi. Peut-être était-ce un Dieu en toi — tu étais ce Dieu ! Car tu es Dieu toi aussi, même l'araignée et le maquereau sont Dieu. Dieu est la vie — c'est tout. Mais c'est tellement, qu'il ne peut pas être davantage. Il n'y a rien d'autre. Mais ce rien nous écrase souvent.

La porte de la cellule était fermée comme une noix — comme si elle ne s'était jamais ouverte, et on savait rien qu'à la voir qu'elle ne s'ouvrait pas d'elle-même — qu'il fallait la défoncer. Ainsi était cette porte. Et, laissé seul avec moi-même, je tombai dans un gouffre sans fond. Mais alors l'araignée m'enguirlanda comme un adjudant-chef : « Chiffe molle ! » Le vent avait déchiré ses filets, et, avec un zèle de fourmi, elle en tira un nouveau pour me rattraper, moi et mes soixante et un kilos, dans ses cordes ténues. Je la remerciai, mais elle n'y prêta pas la moindre attention.

Donc, je m'habitue lentement à moi-même. On s'impose si étourdiment aux autres, alors qu'on peut à peine se supporter soi-même. Je finissais cependant par me trouver assez distrayant et spirituel — je faisais jour et nuit les plus curieuses découvertes sur moi-même.

Mais à la longue je perdis le lien avec tout, avec la vie, avec le monde.

---

5. **Ich bedankte mich bei ihr** : légèrement plus affecté (ironie) que **ich dankte ihr**. La juxtaposition, très caractéristique du style borchertien, du sérieux pathétique **(Angst, Gespenst, ins Bodenlose stürzen...)** et du comique ingénu débouche ainsi sur des scènes comme celle de l'araignée-Dieu-adjudant-chef, proche du conte de fées (animaux parlants et secourables, etc.) ou d'un burlesque de bande dessinée.

6. **(jemandem etwas) zu/muten** : *exiger abusivement (qqch. de qqn).*

7. **ganz** : dans ce contexte ironique, sens restrictif *(passablement)* — et non pas de renforcement.

Die Tage tropften schnell und regelmäßig von mir ab. Ich fühlte, wie[1] ich langsam leerlief[2] von der wirklichen Welt und voll wurde von mir selbst[3]. Ich fühlte, daß ich immer weiter wegging von dieser Welt, die ich eben erst betreten hatte[4].

Die Wände waren so kalt und tot, daß ich krank wurde vor Verzweiflung und Hoffnungslosigkeit. Man schreit wohl ein paar Tage seine Not raus — aber wenn nichts antwortet, ermüdet man bald. Man schlägt wohl ein paar Stunden an Wand und Tür — aber wenn sie sich nicht auftun, sind die Fäuste bald wund, und der kleine Schmerz ist dann die einzige Lust in dieser Öde[5].

Es gibt doch wohl nichts Endgültiges auf dieser Welt. Denn die eingebildete[6] Tür hatte sich aufgetan[7] und viele andere dazu, und jede schubste einen scheuen, schlechtrasierten Mann hinaus in eine lange Reihe und in einen Hof mit grünem Gras in der Mitte und grauen Mauern ringsum.

Da explodierte ein Bellen um uns und auf uns zu — ein heiseres Bellen von blauen Hunden mit Lederriemen um den Bauch. Die hielten uns in Bewegung und waren selbst dauernd in Bewegung und bellten uns voll Angst[8]. Aber wenn man genug Angst in sich hatte und ruhiger wurde, erkannte man, daß es Menschen waren in blauen, blassen Uniformen.

---

1. **ich fühlte, wie**: emploi de **w.** conj. après les v. de perception, réduit à un simple opérateur (≠ **w.** interrogatif exprimant une manière).

2. **leer/laufen (ie/au)**: rôle de partic. verb. de l'adj. **leer** *vide*, comparable à **voll-** pour le sens *complètement, jusqu'au bout*; v. complexe (à partic.), ≠ loc. **leer laufen**: *marcher à vide*.

3. **voll wurde von mir selbst**: opposition radicale « réalité » / « moi », sur l'image concrète d'un récipient vidé et re-rempli: reprise du motif de la « folie du moi » (cf. supra p. 20).

4. **die ich eben erst betreten hatte**: **eben erst** *à l'instant seulement*; cette allusion à la jeunesse du prisonnier (autobiographisme: cf. Repères biographiques p. 15) ne sera précisée qu'à la fin du récit.

5. **Öde** f.: par le sens psychologique et métaphorique *(solitude, vide intérieur)*, s'oppose à **Wüste** f. = *désert* (géographique, ou fig.).

Les jours tombaient de moi goutte à goutte, rapidement et régulièrement. Je sentais que peu à peu je me vidais entièrement du monde réel et me remplissais de moi-même. Je sentais que je m'éloignais toujours davantage de ce monde dans lequel je venais à peine d'entrer.

Les murs étaient si froids et si morts que je devins malade de désespoir et d'abattement. On peut bien crier sa détresse pendant quelques jours — mais si rien ne répond, on se fatigue vite. On frappe bien pendant quelques heures sur le mur et sur la porte — mais s'ils ne s'ouvrent pas, les poings sont vite meurtris, et cette petite douleur est alors le seul plaisir dans ce désert.

Il n'y a pourtant rien de définitif vraiment en ce monde. Car cette porte arrogante s'était ouverte, et beaucoup d'autres avec elle, et chacune poussait d'une bourrade un homme effarouché, mal rasé, dans une longue file et dans une cour avec de l'herbe verte au milieu et des murs gris tout autour.

Alors un aboiement explosa autour de nous et sur nous — un aboiement rauque de chiens bleus sanglés de cuir autour du ventre. Ils nous forcèrent à rester en mouvement, eux-mêmes sans cesse en mouvement, aboyant après nous à nous remplir de peur. Mais quand on eut suffisamment peur et qu'on redevint plus calme, on s'aperçut qu'il s'agissait d'hommes en uniforme bleu, d'un bleu pâle.

---

6. **eingebildet** : cf. **sich** (dat.) **ein/bilden** = *se figurer (faussement), se faire des idées*, par suite idée de vanité, d'infatuation.

7. **hatte sich aufgetan** : la phrase précédente est un discours direct du personnage plutôt qu'une réflexion du narrateur, d'où le plus-que-parfait qui suit. La technique narrative, tout au long du récit, va faire coexister les systèmes temporels (temps distancés / non distancés), les plans récit / discours, je du narrateur / je du monologue intérieur ; ces oscillations ne cesseront qu'au dénouement (cf. n. 3 p. 58).

8. **voll Angst** : aspect résultatif ici ; **voll** + nom., acc. ou dat. *(plein de)* relève de la langue standard, de même que **voller** ; par contre, **voll** + gén. est « littéraire ».

Man lief[1] im Kreise. Wenn das Auge das erste erschütternde Wiedersehen mit dem Himmel überwunden und sich wieder an die Sonne gewöhnt hatte, konnte man blinzelnd erkennen, daß viele so zusammenhanglos[2] trotteten und tief atmeten wie man selbst — siebzig, achtzig Mann vielleicht.

Und immer im Kreis — im Rhythmus ihrer Holzpantoffeln, unbeholfen eingeschüchtert und doch für eine halbe Stunde froher als sonst. Wenn die blauen Uniformen mit dem Bellen im Gesicht nicht gewesen wären, hätte man bis in die Ewigkeit so trotten können — ohne Vergangenheit, ohne Zukunft: Ganz genießende Gegenwart: Atmen, Sehen, Gehen[3]!

So war es zuerst. Fast ein Fest, ein kleines Glück. Aber auf die Dauer — wenn man monatelang kampflos genießt — beginnt man abzuschweifen. Das kleine Glück genügt nicht mehr — man hat es satt, und die trüben Tropfen dieser Welt, der wir ausgeliefert sind, fallen in unser Glas. Und dann kommt der Tag, wo der Rundgang im Kreis eine Qual wird, wo man sich unter dem hohen Himmel verhöhnt[4] fühlt und wo man Vordermann und Hintermann[5] nicht mehr als Brüder und Mitleidende empfindet, sondern als wandernde Leichen, die nur dazu da sind, uns anzuekeln — und zwischen die man eingelattet[6] ist als Latte ohne eigenes Gesicht in einem endlosen Lattenzaun[7], ach, und sie verursachen einem eher Übelkeit als sonstwas.

---

1. **laufen (ie, au)**: syn. de **gehen** ici (lang. parlé); les prisonniers ne *courent* certes pas, cf. n. 7 p. 32.

2. ***zusammen-hang-los**: **-los** suff. privatif; cf. **Zusammenhang** m.: *liaison, rapport*. Ce manque de coordination d'ensemble de la ronde va acquérir une grande importance dans le récit.

3. **Ganz... Gehen!**: noter l'écho en /G/ (et /G-N/), et l'équilibre rythmique-accentuel: image prosodique de ce moment « extatique ». L'essai de transposition a conduit à traduire autrement **gehen** = *aller, marcher*.

4. **hohen Himmel verhöhnt**: écho en /H/, ironiquement opposé à la métaphore prosodique précédente (n. 3)...

On avançait en cercle. Quand les yeux avaient surmonté les premières retrouvailles bouleversantes avec le ciel, et qu'ils s'étaient réhabitués au soleil, on pouvait s'apercevoir en clignant les paupières qu'il y en avait beaucoup d'autres qui se traînaient de façon décousue en respirant à fond comme on faisait soi-même — soixante-dix hommes, quatre-vingts peut-être.

Et toujours en cercle — au rythme de leurs galoches, gauches, apeurés, et pourtant pour une demi-heure plus contents que d'habitude. S'il n'y avait pas eu les uniformes bleus avec cet aboiement dans la figure, on aurait pu se traîner comme ça pour l'éternité — sans passé, sans avenir : pure jouissance du présent : respirer, regarder, remuer !

C'était comme ça au début. Presque une fête, un brin de bonheur. Mais avec le temps — quand on jouit pendant des mois sans livrer la moindre lutte — on commence à divaguer. Le brin de bonheur ne suffit plus — on en a assez, et les gouttes troubles de ce monde auquel nous sommes livrés retombent dans notre verre. Et alors le jour vient où la ronde en cercle devient une torture, où l'on se sent bafoué sous le ciel lointain, où l'on ne perçoit plus son voisin de devant et son voisin de derrière comme des frères et des compagnons de misère, mais comme des cadavres ambulants qui ne sont là que pour nous écœurer — et entre lesquels on se trouve enlatté comme une latte interchangeable dans une palissade sans fin, beuh, et ils vous donnent la nausée plutôt qu'autre chose.

---

5. ***Vorder-mann und *Hinter-mann** m. : littéral. *homme de devant / de derrière* (file, rang, etc.). Les codétenus, jamais nommés autrement, sont purement assimilés à leur position dans un univers en enfilade.

6. **eingelattet** : forgé par W.B. (comparer fr. *emboîté*) d'où la traduction-calque.

7. **endloser Lattenzaun** : la ronde est métaphorisée en clôture vivante, prison dans la prison : la figure du cercle-enfermement domine le récit.

Das kommt dann, wenn man monatelang kreist zwischen den grauen Mauern und von den blassen, blauen Uniformen mürbe gebellt ist.

Der Mann, der vor mir geht, war schon lange tot[1]. Oder er war aus einem Panoptikum entsprungen, von einem komischen Dämon getrieben, zu tun, als sei er ein normaler Mensch — und dabei war er bestimmt längst tot. Ja! Nämlich seine Glatze, die von einem zerfransten Kranz schmutzig-grauer Haarbüschel umwildert[2] ist, hat nicht diesen fettigen Glanz von lebendigen Glatzen, in denen sich Sonne und Regen noch trübe spiegeln können — nein, diese Glatze ist glanzlos, duff und matt wie aus Stoff. Wenn sich dieses Ganze da vor mir, das ich gar nicht Mensch nennen mag, dieser nachgemachte[3] Mensch, nicht bewegen würde, könnte man diese Glatze für eine leblose Perücke halten. Und nicht mal die Perücke eines Gelehrten oder großen Säufers[4] — nein, höchstens die eines Papierkrämers[5] oder Zirkusclowns. Aber zäh ist sie, diese Perücke — sie kann schon aus Bosheit allein nicht abtreten, weil sie ahnt, daß ich, ihr Hintermann, sie hasse. Ja, ich hasse sie. Warum muß die Perücke — ich will nun man den ganzen Mann so nennen[6], das ist einfacher — warum muß sie vor mir hergehen und leben, während junge Spatzen, die noch nichts vom Fliegen gewußt haben, sich aus der Dachrinne zu Tode stürzen? Und ich hasse die Perücke, weil sie feige ist — und wie feige!

---

1. **war schon lange tot** : ce prét. (après un présent) souligne l'aspect momifié de ce personnage, par opposition aux autres **wandernde Leichen** (p. 28), « cadavres » plus métaphoriques ou du moins plus récents (depuis leur état de prisonnier).

2. **umwildern : (um-** sens de *entourer en cernant*) v. forgé par W.B. ; cf. **wildern** : *braconner*, mais aussi (chiens par ex.) *rôder, redevenir sauvage*.

3. **(etwas jemandem) nach/machen : nach-** sens d'imitation *(d'après)* : cf. **nach/ahmen** (+ acc.) *imiter*, **nach/äffen** (+ acc.) *singer*.

4. **großen Säufer : g.** *grand* (jamais *gros* au sens physique !) ; l'équivalence avec *gros* n'a lieu que dans les loc. où il est simplement syn. de *grand* avec nuance fam. ou péjor. : autre ex. **das große Los**, *le gros lot*.

C'est ce qui se passe alors, quand pendant des mois on tourne en cercle entre les murs gris et que les uniformes bleu pâle vous brisent à coups d'aboiements.

L'homme qui marche devant moi était mort depuis bien longtemps. Ou il était sorti d'un musée de cire, contraint par un démon comique de faire comme s'il était un homme normal — alors qu'il était mort sûrement depuis longtemps. Oui ! Tenez, son crâne chauve autour duquel rôde à l'état sauvage, par touffes çà et là, une couronne tout effilochée de cheveux gris sale, n'a pas cet éclat huileux des crânes vivants où le soleil et la pluie peuvent encore se refléter de façon trouble — non, ce crâne ne brille pas, il est terne et mat comme s'il était en tissu. Si toute la chose là devant moi, que je ne peux vraiment pas appeler un homme, si cette copie d'homme ne remuait pas, on pourrait prendre ce crâne pour une perruque sans vie. Et pas même la perruque d'un savant, ou d'un gros soûlard — non, tout au plus celle d'un petit papetier ou d'un clown de cirque. Mais elle est tenace, cette perruque, elle est capable rien que par pure méchanceté de ne pas se retirer de la scène, parce qu'elle se doute bien que je la hais, moi son voisin de derrière. Oui, je la hais. Pourquoi faut-il que cette perruque — allez, je vais appeler comme ça le bonhomme tout entier, c'est plus simple — pourquoi faut-il qu'elle marche devant moi et qu'elle vive tandis que de jeunes moineaux qui n'ont jamais encore entendu parler de mouches font une chute mortelle de la gouttière ? Et je hais la perruque parce qu'elle est lâche — et ce qu'elle peut être lâche !

---

5. ***Papier-krämer** m. : **K.** *épicier, boutiquier*, surtout péjor. ; cf. par ex. ***K.-geist** m. : *esprit mesquin, mentalité boutiquière*, ***Geheimnis-krämerei** f. : *cachotteries*, etc.

6. **den ganzen Mann so nennen** : le sobriquet contribue bien sûr à l'univers grotesque, cf. déjà les *chiens bleus* (gardiens, p. 26). Plus généralement, les noms propres sont assez rares chez W.B., où la plupart des personnages sont des êtres typés plutôt qu'individualisés.

Sie fühlt meinen Haß, während sie blöde vor mir hertrottet, immer im Kreis, im ganz kleinen Kreis zwischen grauen Mauern, die auch kein Herz für uns haben, denn sonst würden sie eines Nachts heimlich fortwandern und sich um den Palast stellen, in dem unsere Minister wohnen.

Ich denke schon eine ganze Zeit darüber nach, warum man die Perücke ins Gefängnis gesperrt hat — was für eine Tat[1] kann sie begangen haben — sie, die zu feige ist, sich nach mir umzudrehen, während ich sie andauernd quäle. Denn ich quäle sie[2]: Ich trete ihr fortwährend auf die Hacken — mit Absicht natürlich — und mache mit meinem Mund ein übles Geräusch, als spuckte ich viertelpfundweise Lungenhaschee gegen ihren Rücken. Sie zuckt jedesmal verwundet zusammen. Trotzdem wagt sie es nicht, sich ganz nach ihrem Quäler umzusehen — nein, sie ist zu feige dazu. Sie dreht sich nur um ein paar Grad mit steifem Genick in meine Richtung nach hinten, aber die halbe Drehung bis zum Treffen unserer Augenpaare wagt sie nicht.

Was mag sie ausgefressen[3] haben? Vielleicht hat sie unterschlagen oder gestohlen? Oder hat sie in einem Sexualanfall[4] öffentliches Ärgernis erregt? Ja, das vielleicht. Einmal war sie berauscht von einem buckligen Eros[5] aus ihrer Feigheit rausgehüpft[6] in eine blöde Geilheit — na, und nun trottete[7] sie vor mir her, stillvergnügt und erschrocken, einmal etwas gewagt zu haben.

---

1. **Tat** f. : (cf. **tun (a, a)** *faire*) *acte, action // délit, crime*. Syn., dans le contexte correspondant, de ***Straf-tat** (**Strafe** f. *châtiment*) ; ***Un-tat** désigne un crime très grave (**un-** au sens intensif).

2. **ich quäle sie** : cf. p. 28 **der Rundgang im Kreis eine Qual wird** : le cercle est « vicieux », reproducteur de la torture éprouvée / infligée (cf. aussi n. 1 p. 34).

3. **aus/fressen (a, e)** : cf. **fressen** : *manger* (animaux), *bouffer* (hommes) ; **a.** sens 1er *tout manger* ; sens fig. (assez rare) : *faire (qqch. de répréhensible)*.

4. ***Sexual-anfall** m. : **A.** archaïque au sens de **Angriff** m. *agression*. Sens actuels : *accès, crise, attaque* (maladie, etc.) // *production*.

Elle sent ma haine, alors qu'elle se traîne stupidement devant moi, toujours en cercle, un tout petit cercle entre ces murs gris qui eux non plus n'ont pas pitié de nous, car sinon ils s'en iraient furtivement une nuit pour se poser autour du palais où habitent nos ministres.

Ça fait déjà un bon moment que je me demande pourquoi on a mis la perruque en prison — qu'est-ce qu'elle a pu commettre comme crime — elle qui est trop lâche pour se retourner vers moi alors que je la tourmente continuellement. Car je la tourmente : je lui marche sans arrêt sur les talons — exprès naturellement — et je fais un bruit dégoûtant avec la bouche, comme si je lui crachais dans le dos du hachis de poumon par quarts de livre. À chaque fois elle tressaille, blessée. Bien qu'elle n'ose pas se retourner complètement vers son tourmenteur — non, elle est trop lâche pour ça. Elle se tourne tout juste de quelques degrés en arrière dans ma direction, la nuque raide, mais le demi-tour jusqu'à ce que nos paires d'yeux se rencontrent, elle n'ose pas.

Qu'est-ce qu'elle a pu faire comme bêtise ? Elle a peut-être détourné des fonds, ou volé ? Ou elle a commis un outrage public à la pudeur dans une agression sexuelle ? Oui, peut-être ça. Un jour, grisée par un éros bossu, elle a sautillé de sa lâcheté pour tomber dans une lubricité imbécile — bon, et maintenant elle se traînait devant moi, ravie en son for intérieur et effrayée d'avoir osé quelque chose un jour.

---

5. **von einem buckligen Eros : E.** comme dieu mythologique (et non concept philos.) ; sa difformité évoque plutôt un satyre ici : cf. supra le **komischer Dämon** (p. 30) qui inspirait déjà ce personnage.

6. **raus/hüpfen : raus** fam. pour **heraus, hinaus** (adv. et partic. de sortie) ; de même **rein** = **her/hinein** (sens d'entrée), **runter** = **her/hinunter** (mouvement descendant), etc.

7. **trotten :** rappelons que ce v. ne signifie jamais *trotter* (= **traben**), mais : *marcher d'un pas lourd, sans énergie*. Le récit insistera (cf. n. 3 p. 38, n. 1 p. 46) sur l'allure amorphe et somnambulique de la ronde.

Aber ich glaube, jetzt zittert sie insgeheim, weil sie weiß, daß ich hinter ihr gehe, ich, ihr Mörder[1]! Oh, es würde mir leicht sein, sie zu morden, und es könnte ganz unauffällig geschehen. Ich hätte ihr nur das Bein zu stellen brauchen, dann wäre sie mit ihren viel zu stakigen Stelzen[2] vornübergestolpert[3] und hätte sich dabei wahrscheinlich ein Loch in den Kopf gestoßen — und dann wäre ihr die Luft mit einem phlegmatischen pfff... entwichen wie einem Fahrradschlauch[4]. Ihr Kopf wäre in der Mitte auseinandergeplatzt wie weißlich-gelbes Wachs, und die wenigen Tropfen rote Tinte daraus hätten lächerlich verlogen[5] gewirkt wie Himbeersaft auf der blauseidenen Bluse eines erdolchten Komödianten.

So haßte ich die Perücke, einen Kerl, dessen Visage[6] ich nie gesehen hatte, dessen Stimme ich nie gehört hatte, von dem ich nur einen muffigen, mottenpulverigen[7] Geruch kannte. Sicher hatte er — die Perücke — eine milde, müde Stimme ohne jede Leidenschaft, so kraftlos wie seine milchigen Finger. Sicher hatte er die vorstehenden Augen eines Kalbes und eine dicke, hängende Unterlippe, die dauernd Pralinen essen möchte. Es war die Maske eines Lebemannes, ohne Größe und mit dem Mut eines Papierhändlers, dessen Hebammenhände oftmals den ganzen Tag nichts getan hatten, als siebzehn Pfennige für ein Schreibheft vom Ladentisch zu streichen[8].

---

1. **ich, ihr Mörder**: la ronde, muée en course-poursuite à mort, devient l'image concrète d'une spirale de l'absurde.

2. **stakige Stelzen**: **stakig** = **staksig**, *raide, gauche*; **Stelzen** (pl.) désigne fam. comme en fr., des jambes longues et maigres, ainsi que l'allure rigide ou guindée **(wie auf S. gehen).**

3. ***vorn-über/stolpern**: **vornüber** adv. = **nach vorn** *en avant*; s. *trébucher*.

4. ***Fahr-rad-schlauch** m.: **Schlauch**, *tuyau souple // chambre à air*; *pneu* (= **Reifen** m.) n'est ici qu'une convenance de traduction.

5. **verlogen**: adj. *menteur, faux* (cf. **lügen (o, o)** *mentir*). Ce 1er fantasme de meurtre développe le motif, amorcé p. 30, du **Panoptikum** (cf. **wie... Wachs** ligne précédente) et du **nachgemachter Mensch**, le « simulacre d'homme ».

Mais je crois qu'à présent elle tremble secrètement, parce qu'elle sait que je marche derrière elle, moi son assassin ! Oh, ça me serait facile de la tuer, et ça pourrait passer totalement inaperçu. Je n'aurais qu'à lui faire un croc-en-jambe, alors avec ses échasses beaucoup trop rigides elle culbuterait, et, selon toute vraisemblance, elle se ferait un trou à la tête — et alors l'air s'en échapperait avec un pfff... flegmatique comme d'un pneu de bicyclette. Sa tête éclaterait en son centre comme de la cire jaune blanchâtre, et les quelques gouttes d'encre rouge auraient un ridicule effet de chiqué, comme le jus de framboise sur la chemise de soie bleue d'un comédien poignardé.

Telle était la haine que je portais à la perruque, un type dont je n'avais jamais vu la trogne, dont je n'avais jamais entendu la voix, dont je ne connaissais qu'une odeur de moisi et d'antimites. Il avait sûrement — la perruque — une voix douce et fatiguée sans la moindre passion, aussi dépourvue de force que ses doigts laiteux. Il avait sûrement les yeux protubérants d'un veau et une épaisse lèvre inférieure pendante, qui aurait envie de manger sans arrêt des chocolats. C'était le masque d'un viveur sans envergure, avec le courage d'un papetier dont les mains de sage-femme n'ont souvent rien fait de toute la journée que de ramasser sur le comptoir les dix-sept centimes d'un cahier.

---

6. **Visage** f. : fam. et péjor. pour **Gesicht** n. Cf. infra **die Maske** : là encore, le visage **(G.)** est dénié dans cette reconstitution fantasmatique de la « face cachée » de la perruque. Les prisonniers comparés à des **Latten ohne eigenes Gesicht** (p. 28) ne sont pas banalement anonymes, mais « unidimensionnels » les uns pour les autres : des hommes-dos.

7. **muffig, *motten-pulverig** : cf. **schon lange tot** n. 1 p. 30 : odeurs de renfermé assorties à ce mannequin-cadavre en état de conservation.

8. **streichen (i, i)** : le geste est ici très précis : faire glisser les pièces jusqu'au rebord du comptoir ; nombreux sens de **s.**, sur la base de ce mouvement glissant, accompagnateur : *caresser, tartiner, peindre (par couches), biffer...*

Nein, kein Wort mehr über die Perücke! Ich hasse sie wirklich so sehr, daß ich mich leicht in einen Wutausbruch hineinsteigern könnte, bei dem ich mich zu sehr entblößen würde. Genug. Schluß. Ich will nie wieder von ihr reden, nie! —

Aber wenn einer, den du gerne verschweigen möchtest, ständig mit eingeknickten Knien in der Melodie eines Melodramas[1] vor dir hergeht, dann wirst du ihn nicht los[2]. Wie ein Juckreiz im Rücken[3], wo du mit den Händen nicht ankommst, reizt er dich immer wieder, an ihn zu denken, ihn zu empfinden, ihn zu hassen.

Ich glaube, ich muß die Perücke doch ermorden. Aber ich habe Angst, der Tote würde mir einen greulichen Streich spielen. Er würde sich plötzlich mit ordinärem Lachen daran erinnern, daß er früher ja Zirkusclown war und sich aus seinem Blut hochwälzen[4]. Vielleicht etwas verlegen, als hätte er das Blut nicht halten können wie andere Leute das Wasser[5]. Kopfüber würde er durch die Gefängnismanege hampeln[6], hielte womöglich die Wärter für bockende Esel, die er bis zum Wahnsinn reizen würde, um dann mit gemachter Angst auf die Mauer zu springen. Von dort aus würde er dann seine Zunge wie einen Scheuerlappen gegen uns lüpfen[7] und auf immer verschwinden.

Es ist nicht auszudenken, was alles geschehen würde, wenn sich plötzlich jeder auf das besinnen würde, was er eigentlich ist[8].

---

1. **in der Melodie eines Melodramas**: cf. n. 2 p. 40.

2. **los/werden (u, o)**: **los-** partic. de détachement, séparation. Cf. avec l. adj. **los sein** (+ acc.) *être débarrassé, délivré de.*

3. ***Juck-reiz im Rücken**: cf. **reizen** même phrase (*exciter, irriter*, au sens propre et au fig.); à la comparaison humoristique s'ajoute l'ironie de l'illogisme : le personnage-narrateur sent celui qui est devant lui dans son propre dos — raisonnement d'« homme-dos », obsédé par la relation devant-derrière (cf. n. 6 p. 34).

4. **sich hoch/wälzen**: *(w. rouler, retourner)*; **hoch** adv.-préverbe, ici sens concret spatial *vers le haut, en (se) levant*. Jeu de mots sur la loc. **sich in seinem Blut w.**, *baigner dans son sang.*

Non, plus un mot sur la perruque ! Je la hais véritablement à tel point que je pourrais bien me laisser aller à un accès de fureur qui me dévoilerait trop. Suffit. Fini. Je ne veux plus jamais parler d'elle, jamais !

Mais quand quelqu'un que tu voudrais bien passer sous silence marche continuellement devant toi avec les genoux pliés sur un air de mélodrame, tu n'en as pas fini avec lui. Comme une démangeaison dans le dos, là où tu n'arrives pas avec les mains, l'irritation te force encore et toujours à penser à lui, à le sentir là, à le haïr.

Je crois qu'il faut que j'assassine la perruque, quand même. Mais j'ai peur que le mort ne me joue un tour abominable. Il pourrait soudain, avec un rire vulgaire, se souvenir qu'il a bien été clown jadis, et se relever d'une pirouette de la mare de sang. Un peu confus peut-être, comme s'il n'avait pu se retenir de saigner comme d'autres de pisser. Il se lancerait dans des gesticulations de pantin à travers cette piste de prison, il prendrait peut-être les gardiens pour des ânes têtus qu'il irriterait jusqu'à les rendre fous, pour ensuite sauter sur le mur en faisant mine d'avoir peur. Et alors de là-haut il nous tirerait la langue comme un torchon, et il disparaîtrait à jamais.

On ne peut pas s'imaginer toutes les choses qui pourraient se passer, si chacun prenait subitement conscience de ce qu'il est réellement.

---

5. **Wasser : W. lassen** *uriner* (littéral. « *lâcher l'eau* ») ; **W.** pour les liquides corporels excrétés (sueur, salive, larmes, urine) s'emploie dans diverses loc., bien plus fréquemment qu'en fr. (cf. *l'eau à la bouche*).

6. **durch die *Gefängnis-manege hampeln : Manege** f. *piste* (cirque), *arène* ; le motif du « pitre-mannequin » continue dans **h.** *(gigoter)* qui renvoie à ***Hampel-mann** m. *pantin*.

7. **lüpfen :** syn. de **lüften** au sens de *soulever légèrement* (ex. **den Deckel l.** *soulever le couvercle*).

8. **was er eigentlich ist :** ironie de cette réflexion qui suit le 2e fantasme de meurtre grotesque, comme auparavant (p. 34) **ich mich zu sehr entblößen würde** après la 1re mort imaginaire de la victime en mannequin.

Denke nicht, daß mein Haß auf meinen Vordermann, auf die Perücke, hohl und grundlos ist — oh, man kann in Situationen kommen, wo man so von Haß überläuft[1] und über die eigenen Grenzen hinweggeschwemmt wird, daß man nachher kaum zu sich selbst zurückfindet — so hat einen der Haß verwüstet.

Ich weiß, es ist schwer, mir zuzuhören und mit mir zu fühlen. Du sollst auch nicht zuhören, als wenn einer dir etwas von Gottfried Keller oder Dickens[2] vorliest. Du sollst mit mir gehen, mitgehen in dem kleinen Kreis zwischen den unerbittlichen Mauern. Nicht in Gedanken neben mir — nein, körperlich hinter mir als mein Hintermann. Und dann wirst du sehen, wie schnell du mich hassen lernst. Denn wenn du mit uns (ich sage jetzt »uns«, weil wir dieses eine alle gemeinsam haben) in unserm lendenlahmen[3] Kreise wankst, dann bist du so leer von Liebe, daß der Haß wie Sekt in dir aufschäumt[4]. Du läßt ihn auch schäumen, nur um diese entsetzliche Leere[5] nicht mehr zu fühlen. Und glaube nur nicht, daß du mit leerem Magen und leerem Herzen zu besonderen Taten der Nächstenliebe aufgelegt[6] sein wirst!

So wirst du also als ein von allem Guten Geleerter hinter mir herdammeln[7] und monatelang nur auf mich angewiesen[8] sein, auf meinen schmalen Rücken, den viel zu weichen Nacken und die leere Hose, in die der Anatomie nach eigentlich etwas mehr hineingehört.

---

1. **über/laufen (ie, au)**: *déborder // déserter*, ≠ **überlaufen** (insép.) syn. de **überkommen (a, o)**: *s'emparer de, envahir* (sensation, sentiment).

2. **Gottfried Keller oder Dickens**: G.K. (1819-1890), poète et romancier suisse de langue all., auteur de *Henri le Vert* et *Les Gens de Seldwyla*; c'est le romantisme tempéré, le côté « biedermeier » du premier, et le sentimentalisme victorien du second que le narrateur évoque ici comme repoussoirs.

3. ***lenden-lahm**: cf. **Lende** f. *reins*, **lahm** *paralysé // faible, sans force.*

4. **wie Sekt... auf/schäumen**: **Schaum** m. *écume, mousse*; le « débordement » de haine (cf. **überläuft** supra) est repris dans cette image qui re-métaphorise le sens fig. de **(vor Wut) aufschäumen**: *écumer* (*de rage*, etc.).

Ne pense pas que ma haine pour mon voisin de devant, pour la perruque, soit creuse et sans fondement — oh, on peut en venir à des situations où on est à tel point débordant de haine et à tel point entraîné au-delà de ses propres limites, qu'on a du mal à se ressaisir après — tellement la haine vous a ravagé.

Je sais qu'il est difficile de m'écouter et de partager mes sentiments. Mais aussi, il ne faut pas que tu écoutes comme si on te lisait quelque chose de Gottfried Keller ou de Dickens. Il faut que tu viennes avec moi, que tu me suives dans ce petit cercle entre ces murs inexorables. Non pas à mes côtés en pensée — non, derrière moi en chair et en os, mon voisin de derrière. Et alors tu verras comme tu apprends vite à me haïr. Car quand tu avanceras avec nous du même pas titubant (je dis « nous » à présent, puisque ça nous l'avons tous en commun, les uns et les autres) dans notre cercle languissant, alors tu seras à tel point vide d'amour que la haine moussera en toi comme du champagne. Tu ne l'empêcheras pas de mousser, au contraire, rien que pour ne plus sentir ce vide épouvantable. Et ne crois surtout pas qu'avec l'estomac vide et le cœur vide tu te sentiras d'humeur à des exploits en matière d'amour du prochain !

Tu feras donc l'idiot derrière moi, vidé de tout bon sentiment, et pendant des mois tu seras sous ma seule dépendance, celle de mon dos étroit, de cette nuque beaucoup trop molle, de ce pantalon vide où, d'après l'anatomie, il devrait y avoir un peu davantage en fait.

---

5. **diese entsetzliche Leere :** cette marche en rond « à vide » fait pendant au vide de la période d'isolement (supra pp. 24-26).

6. **aufgelegt : gut / schlecht a.** *bien / mal disposé* ; autre sens (péjor.) *évident, flagrant.*

7. **her/dammeln :** cf. **dammlich** (all. du nord) = **dämlich** *niais, idiot*, et **dameln (= dämeln)** *se comporter de façon puérile, sotte, égarée* ; partic. **her- :** orientation du mouvement vers l'observateur.

8. **angewiesen :** cf. **an/weisen (ie, ie)** *assigner // ordonner* ; part. II - adj. dans la loc. **auf** (+ acc.) **a. sein :** *dépendre, être à la merci de.*

Am meisten wirst du aber auf meine Beine sehen müssen. Alle Hintermänner sehen auf die Beine ihres Vordermannes, und der Rhythmus seines Schrittes wird ihnen aufgezwungen und übernommen, auch wenn er ihnen fremd und unbequem ist. Ja, und da wird der Haß dich anfallen wie ein eifersüchtiges Weib[1], wenn du merkst, daß ich keinen Gang habe. Nein, ich habe keinen Gang. Es gibt tatsächlich Menschen, die keinen Gang haben — sie haben mehrere Stilarten, die sich nicht miteinander vereinen können zu einer Melodie[2]. Ich bin so einer. Du wirst mich deswegen hassen, ebenso sinnlos und begründet, wie ich die Perücke hassen muß, weil ich ihr Hintermann bin. Wenn du dich gerade auf meinen etwas unsicheren, verspielten Schritt eingestellt hast, stellst du stockend fest, daß ich plötzlich ganz reell[3] und energisch auftrete. Und kaum hast du diesen neuen Typ meines Gehens registriert, da fange ich einige Schritte weiter an, zerfahren und mutlos zu bummeln. Nein, du wirst keine Freude und Freundschaft über mich empfinden[4] können. Du mußt mich hassen. Alle Hintermänner hassen ihre Vordermänner[5].

Vielleicht würde alles anders werden, wenn sich die Vordermänner mal[6] nach ihren Hintermännern umsehen würden, um sich mit ihnen zu verständigen. So ist aber jeder Hintermann — er sieht nur seinen Vordermann und haßt ihn.

---

1. **Weib** n. : fam. et péjor. pour **Frau** f. *femme* ; cf. aussi **Weibchen** n. *femelle* (animaux).

2. **sich... vereinen... zu einer Melodie :** v. *unir, joindre* (de **ein** = *un*) ; on se souvient de l'allure de la perruque : **in der Melodie eines Melodramas** (p. 36), qui n'a évidemment rien de cadencé.

3. **reell :** *honnête, décent // véritable* ; (≠ **real** *réel*).

4. **über mich empfinden : über** (+ acc.) conjoint ici deux de ses valeurs sémantiques : 1) instrument ou moyen (**Freude... über mich :** *joie... par moi, grâce à moi*) ; 2) objet d'une émotion (**Freundschaft über mich :** *amitié pour moi, à mon propos*).

5. **Alle Hintermänner... Vordermänner :** formule aux allures grotes-

Mais ce sont mes jambes surtout que tu seras obligé de regarder. Tous les voisins de derrière regardent les jambes de leur voisin de devant, et ils sont forcés de s'ajuster à son rythme de marche, de l'adopter, même si ce n'est pas le leur et s'il les gêne. Oui, et alors la haine te sautera dessus comme une bonne femme jalouse quand tu t'apercevras que je n'ai pas de démarche. Non, je n'ai pas de démarche. Il y a effectivement des gens qui n'ont pas de démarche — ils ont différents styles qui ne peuvent pas se mettre d'accord pour faire une mélodie. Je suis de ceux-là. C'est pourquoi tu me haïras, d'une haine aussi absurde et aussi justifiée que celle qu'il faut que j'éprouve pour la perruque, parce que je suis son voisin de derrière. Juste quand tu te seras réglé sur mon pas un peu incertain et folâtre, tu t'arrêteras court en constatant que je marche subitement d'un pas très convenable et plein d'énergie. Et à peine auras-tu enregistré mon nouveau type d'allure, que quelques pas plus loin je commencerai à musarder, distrait et découragé. Non, il te sera impossible d'éprouver la moindre joie ni la moindre amitié à travers moi. Tu es forcé de me haïr. Tous les voisins de derrière haïssent leur voisin de devant.

Peut-être que tout se passerait autrement si les voisins de devant se retournaient une fois vers leur voisin de derrière, pour s'arranger avec lui. Mais tous les voisins de derrière sont comme ça — ils ne voient que leur voisin de devant et ils le haïssent.

---

ques de « proverbe de l'absurde » ; le thème — bien connu de la littérature carcérale et concentrationnaire — de l'engrenage de la haine entre « compagnons de souffrance », développé ici à partir d'une situation oppressive en quelque sorte minimale (la demi-heure quotidienne de ronde dans une prison au régime disciplinaire), se manifeste ainsi à l'état pur, dans la dimension de l'absurde.

6. **mal** : (lang. parlé) = **einmal**.

Aber seinen Hintermann verleugnet er — da fühlt er sich Vordermann. So ist das in unserm Kreis hinter den grauen Mauern — so ist es aber wohl anderswo auch, überall vielleicht.

Ich hätte die Perücke doch umbringen[1] sollen. Einmal heizte sie mir so ein, daß mein Blut an zu kochen fing. Das war, als ich die Entdeckung machte. Keine große Sache[2]. Nur eine ganz kleine Entdeckung.

Habe ich schon gesagt, daß wir jeden Morgen eine halbe Stunde lang einen kleinen schmutzig-grünen Fleck Rasen[3] umkreisen ? In der Mitte der Manege von diesem seltsamen Zirkus war eine blasse Versammlung von Grashalmen, blaß und der einzelne Halm ohne Gesicht. Wie wir in diesem unerträglichen Lattenzaun. Auf der Suche nach Lebendigem, Buntem, lief mein Auge ohne große Hoffnung eigentlich und zufällig über die paar Hälmchen hin, die sich, als sie sich angesehen fühlten, unwillkürlich zusammennahmen und mir zunickten — und da entdeckte ich unter ihnen einen unscheinbaren gelben Punkt, eine Miniaturgeisha auf einer großen Wiese. Ich war so erschrocken über meine Entdeckung, daß ich glaubte, alle müßten es gesehen haben, daß meine Augen wie festgebackt[4] auf das gelbe Etwas starrten, und ich sah schnell und sehr interessiert auf die Pantoffeln meines Vordermannes. Aber so wie du einem, mit dem du sprichst, immer auf den Fleck, den er an der Nase hat, stieren mußt und ihn ganz unruhig machst[5] — so sehnten meine Augen sich nach dem gelben Punkt.

---

1. **um/bringen (a, a)** : cf. **die Perücke... ermorden** (p. 36) ; **um** (partic. verb. et prép.) au sens de perte : autres ex. **ums Leben kommen** *mourir* (de mort violente, syn. **um/kommen**), **das bringt mich um den Verstand** *j'en perds la raison.*

2. **Sache** f. : *chose, affaire, fait*, etc. ; le champ sémantique du fr. *chose* se partage entre **S.** et **Ding** n. (ex. **das D. an sich** *la chose en soi*).

3. **Fleck Rasen** : **F.** *tache // endroit, coin* ; le compl. d'un substantif de mesure est apposé (le gén. serait très « littéraire »), autres ex. **ein Stück Weg** *un bout de chemin*, **ein Liter Milch** *un litre de lait*. Reprise infra de **F.** — au sens propre cette fois, cf. n. 5.

Mais leur voisin de derrière, ils le renient — là, ils se sentent voisin de devant. C'est comme ça dans notre cercle derrière les murs gris — mais ailleurs aussi c'est comme ça probablement, partout peut-être.

J'aurais dû tuer la perruque, quand même. Une fois, il m'échauffa tellement que mon sang se mit à bouillir. C'était quand je fis ma découverte. Rien de sensationnel. Juste une toute petite découverte.

Est-ce que j'ai dit déjà que nous faisions chaque matin, pendant une demi-heure, le tour d'un bout de gazon vert sale ? Au milieu de la piste de cet étrange cirque, il y avait une pâle réunion de brins d'herbe, pâles et chaque brin interchangeable. Comme nous dans cette insupportable palissade. En quête de vie et de couleur, mon regard courut par hasard, sans grand espoir à vrai dire, sur ces quelques petits brins qui, se sentant observés, rassemblèrent instinctivement leurs forces et me firent un petit signe — et c'est alors que je découvris parmi eux un insignifiant point jaune, un geisha miniature dans une grande prairie. J'étais si effrayé de ma découverte, que je crus que tous devaient avoir remarqué que mes yeux fixaient ce quelque chose de jaune comme s'ils y étaient collés, et je me mis aussitôt à contempler avec beaucoup d'intérêt les savates de mon voisin de devant. Mais de même que tu ne peux pas t'empêcher, quand tu parles avec quelqu'un, de fixer tout le temps la tache qu'il a sur le nez, ce qui le rend extrêmement nerveux — ainsi mes yeux mouraient d'envie de revoir le point jaune.

---

4. **fest/backen : backen** v. faible : *s'agglutiner*, sens dérivé par métaphore de **backen (u, a)** v. fort : *cuire la pâte* (pain, etc.).

5. **...ihn ganz unruhig machst :** cette comparaison, symétrique de celle de la démangeaison (supra p. 36), fait un parallélisme entre l'obnubilation par la perruque et celle causée par le point jaune ; de même **Fleck Rasen... Fleck... an der Nase** reprend comiquement ce motif « hypnotique » du récit.

Als ich jetzt dichter an ihm vorbeikam, tat ich so unbefangen wie möglich. Ich erkannte eine Blume, eine gelbe Blume. Es war ein Löwenzahn — eine kleine gelbe Hundeblume[1].

Sie stand ungefähr einen halben Meter links von unserm Weg, von dem Kreis, auf dem wir jeden Morgen eine Huldigung an die frische Luft darbrachten. Ich stand förmlich Angst aus und bildete mir ein, einer der Blauen folge schon mit Stielaugen der Richtung meines Blickes. Aber so sehr unsere Wachthunde[2] gewohnt waren, auf jede individuelle Regung des Lattenzaunes mit wütendem Bellen zu reagieren — niemand hatte an meiner Entdeckung teilgenommen. Die kleine Hundeblume war noch ganz mein Eigentum.

Aber richtig freuen konnte ich mich nur wenige Tage an ihr. Sie sollte mir ganz gehören[3]. Immer wenn unser Rundgang zu Ende ging, mußte ich mich gewaltsam von ihr losreißen, und ich hätte meine tägliche Brotration (und das will was sagen!) dafür gegeben, sie zu besitzen. Die Sehnsucht, etwas Lebendiges in der Zelle zu haben, wurde so mächtig in mir, daß die Blume, die schüchterne kleine Hundeblume, für mich bald den Wert eines Menschen, einer heimlichen Geliebten[4] bekam: Ich konnte nicht mehr ohne sie leben — da oben zwischen den toten Wänden!

Und dann kam die Sache mit der Perücke. Ich fing es sehr schlau an[5].

---

1. **eine kleine gelbe Hundeblume**: la précision *fleur de pissenlit* est nécessaire pour éviter en fr. l'ambiguïté plante/fleur (cf. « salade de pissenlits »), et surtout pour garder le féminin de l'all. : cf. d'emblée la métaphore de l'amante (l'image enfantine-érotique de la **geisha** p. 42).

2. ***Wacht/hund**: la réapparition de la métaphore des chiens, en ce moment central du récit qu'est la découverte de la fleur, souligne et confirme le rapprochement déjà amorcé depuis le titre entre ces « chiens » et le composant **/hunde/** de **Hundeblume** — qui se donne à entendre dès lors, littéralement, comme «*fleur de chiens*». Le surnom des gardiens: **BLaUen HUNDEn** (pp. 26 et 50) et **BLaßBLauen** (passim), y compris l'aboiement omniprésent **BeLLen**, devient un

Comme je passais à ce moment-là plus près de lui, je pris l'air aussi ingénu que possible. Je reconnus une fleur, une fleur jaune. C'était une dent-de-lion — une petite fleur de pissenlit jaune.

Il se trouvait à environ un demi-mètre à gauche de notre chemin, de ce cercle sur lequel, chaque matin, nous rendions hommage à l'air frais. J'avais littéralement peur et je me figurais qu'un des hommes bleus lorgnait déjà du côté où je regardais. Mais, quoique nos chiens de garde eussent l'habitude de réagir en aboyant furieusement au moindre mouvement individuel de la palissade — personne n'avait pris part à ma découverte. La petite fleur de pissenlit restait ma seule propriété.

Mais le plaisir que je pouvais réellement éprouver à sa vue s'épuisa en peu de jours. Elle devait m'appartenir tout entière. Quand notre circuit s'achevait, je devais toujours me faire violence pour m'arracher à elle, et j'aurais donné, pour l'obtenir, ma ration de pain quotidienne (et ce n'est pas rien !). Le besoin d'avoir quelque chose de vivant dans la cellule devint en moi si fort que cette fleur, cette timide petite fleur de pissenlit prit bientôt à mes yeux la valeur d'un être humain, d'une maîtresse vue en cachette : je ne pouvais plus vivre sans elle — là-haut entre ces quatre murs morts !

Et alors il y eut l'affaire avec la perruque. Je m'y pris d'abord très astucieusement.

---

double phonique de **HUNDEBLUme**, c'est-à-dire un double symbolique dans le système du texte. Valeur inquiétante de cette fleur dans laquelle s'inscrit, en miroir, l'oppresseur immédiat : chiens bleus = fleur jaune.

3. **mir ganz gehören :** ton parodique : jeu sur le double sens de *propriété* (**Eigentum** n. supra), et *possession amoureuse*.

4. **heimliche Geliebte : h.** *secret, clandestin, furtif* (cf. **Heim** n. *foyer, chez-soi*) ; **G.** f. (m. = **Geliebter**) implique une relation extra-conjugale (pour la simple relation amoureuse, terme vieilli, comme le fr. *amante*).

5. **an/fangen (i, a) :** *commencer // faire* d'où avec adv. de manière : *procéder (d'une certaine façon).*

Jedesmal, wenn ich an meiner Blume vorbeikam, trat ich so unauffällig wie möglich einen Fuß breit vom Wege auf den Grasfleck. Wir haben alle einen tüchtigen Teil Herdentrieb in uns, und darauf spekulierte ich. Ich hatte mich nicht getäuscht. Mein Hintermann, sein Hintermann, dessen Hintermann — und so weiter — alle latschten[1] stur und folgsam in meiner Spur. So gelang es mir in vier Tagen, unsern Weg so nahe an meine Hundeblume heranzubringen, daß ich sie mit der Hand hätte erreichen können, wenn ich mich gebückt hätte. Zwar[2] starben einige zwanzig der blassen Grashalme durch mein Unternehmen einen staubigen Tod unter unsern Holzpantinen — aber wer denkt an ein paar zertretene Grashalme, wenn er eine Blume pflücken will!

Ich näherte mich der Erfüllung meines Wunsches. Zur Probe ließ ich einige Male meinen linken Strumpf runterrutschen, bückte mich ärgerlich und harmlos und zog ihn wieder hoch[3]. Niemand fand etwas dabei. Also, morgen denn!

Ihr müßt mich nicht auslachen, wenn ich sage, daß ich am nächsten Tag mit Herzklopfen den Hof betrat und feuchte, erregte Hände hatte. Es war auch zu unwahrscheinlich, die Aussicht, nach monatelanger Einsamkeit und Liebelosigkeit[4] unerwartet eine Geliebte in der Zelle zu haben.

Wir hatten unsere tägliche Ration Runden mit monotonem Pantoffelgeklöppel[5] fast beendet —

---

1. **latschen** : (fam.) désigne une démarche lourde ou mollasse ; cf. aussi **Latschen** m. *savate*.

2. **zwar** : adv. concessif corrélé à **aber** ou **doch** ; **und z.** (cf. infra p. 48 l. 3) introduit un commentaire (précision, explication, etc.).

3. **bückte mich... und zog ihn... hoch** : **und** n'a pas toujours la même valeur que *et* : l'all. juxtapose fréquemment avec **u.** des phrases qui ont un rapport de dépendance que le fr., lui, explicite par enchâssement (ex. **geh und spiele** ! *va jouer !*) ; ainsi, du point de vue abstrait de la langue, on traduirait : *je me penchai... pour la remonter*. Mais du point de vue du discours, il s'agit ici de rendre l'effet de décomposition des gestes et le « sérieux » comique de l'expérimentation.

Chaque fois que je passais près de ma fleur, je déviais du chemin le plus discrètement possible, sur une distance d'un pied, pour marcher sur le bout d'herbe. Nous avons tous une bonne dose d'instinct grégaire en nous, et je misais là-dessus. Je ne m'étais pas trompé. Mon voisin de derrière, son voisin de derrière, le voisin de derrière de celui-ci — et ainsi de suite —, tous traînaient la patte sur mes traces, bornés et obéissants. C'est ainsi que je réussis, en l'espace de quatre jours, à ramener notre chemin si près de mon pissenlit que j'aurais pu l'atteindre avec la main, en me penchant. Il est vrai que, dans mon entreprise, une vingtaine de brins d'herbe périrent d'une mort poussiéreuse sous nos galoches. Mais qui songe à quelques brins d'herbe piétinés, quand il veut cueillir une fleur !

J'approchais de la réalisation de mon désir. À titre d'essai, je fis glisser plusieurs fois ma chaussette gauche, je me penchai, l'air contrarié et innocent, et la remontai. Personne n'y trouva à redire. Eh bien, demain donc !

Ne vous moquez pas de moi si je vous dis que le lendemain j'entrai dans la cour le cœur battant, et les mains moites et agitées. C'était aussi trop invraisemblable, cette perspective, après des mois de solitude et de sécheresse de cœur, de me trouver brusquement avec une maîtresse dans ma cellule.

Nous avions presque fini notre ration quotidienne de tours dans un battement monotone de savates —

---

4. ***Lieb(e)-los-igkeit : (Liebe** f. *amour*) carence subjective (absence d'amour pour l'autre, manque de charité). Cf. adj. ***lieb-los**, contraires : ***liebe-voll**, ***lieb-reich**.

5. ***Pantoffel-ge-klöppel : P.** m. *pantoufle*, abréviation ici de ***Holz-pantoffel** (cf. supra p. 28) : il s'agit dans ce cas de *chaussures à semelles de bois* plutôt que de *sabots (paysans)*. **Klöppel** m. *marteau* (sonnette, piano) *battant* (cloche, métier à tisser) ; **Geklöppel** n. syn. **Geklopfe** n. : sens répétitif-intensif du préf. **ge-** (souvent péjor.).

bei der vorletzten Runde sollte es geschehen. Da trat die Perücke in Aktion, und zwar auf die abgefeimteste und niederträchtigste Weise.

Wir waren eben in die vorletzte Runde eingebogen, die Blauen rasselten wichtig mit den Riesenschlüsselbunden, und ich näherte mich dem Tatort[1], von wo meine Blume mir ängstlich entgegensah. Vielleicht war ich nie so erregt wie in diesen Sekunden. Noch zwanzig Schritte. Noch fünfzehn Schritte, noch zehn, fünf...

Da geschah das Ungeheure[2]! Die Perücke warf plötzlich, als begänne sie eine Tarantella[3], die dünnen Arme in die Luft, hob das rechte Bein graziös bis an den Nabel und machte auf dem linken Fuß eine Drehung nach hinten[4]. Nie werde ich begreifen, wo sie den Mut hernahm — sie blitzte mich triumphierend an, als wüßte sie alles, verdrehte die Kalbsaugen[5], bis das Weiße zu schillern anfing, und klappte dann wie eine Marionette zusammen. Oh, nun war es gewiß: er mußte früher Zirkusclown gewesen sein, denn alles brüllte[6] vor Lachen!

Aber da bellten die blauen Uniformen los, und das Lachen war weggewischt, als ob es nie gewesen war. Und einer trat[7] gegen den Liegenden und sagte so selbstverständlich, wie man sagt: es regnet — so sagte er: Er ist tot!

Ich muß noch etwas gestehen — aus Ehrlichkeit gegen mich selbst.

---

1. ***Tat-ort**: cf. **Tat** p. 32 n. 1; cf. aussi infra p. 50 n. 1.

2. **das *Un-geheure**: forme substantivée de ***un-geheuer** *extraordinaire, monstrueux;* ≠ ***Un-geheuer** n. *monstre.*

3. **Tarantella**: danse méridionale au rythme très vif; allusion aussi à la frénésie des possédés du tarentulisme: la perruque décline toutes les figures de l'énergumène.

4. **Drehung nach hinten**: cf. **die halbe Drehung... wagt sie nicht** p. 32; de même infra ((p. 50 l. 2) **Auge in Auge** qui renvoie à **Treffen unserer Augenpaare** (p. 32).

5. ***Kalbs-augen**: cf. supra p. 34 **die vorstehenden Augen eines Kalbes**: effet ironique, la description imaginaire et caricaturale correspond bien à la réalité... Cf. aussi les ***Stiel-augen** du gardien p. 42 (**Stiel** m. *manche*

c'était à l'avant-dernier tour que ça devait se passer. C'est alors que la perruque entra en action, et cela de la façon la plus retorse et la plus ignoble.

Nous venions justement d'entrer dans l'avant-dernier tour, les hommes bleus faisaient cliqueter d'un air important leurs trousseaux de clefs géants, je m'approchais du lieu du crime, d'où ma fleur me regardait venir avec anxiété. Jamais peut-être je n'ai été aussi excité que pendant ces quelques secondes. Encore vingt pas. Encore quinze pas, encore dix, cinq...

C'est alors qu'arriva l'abomination ! Tout à coup, comme si elle allait se mettre à danser une tarentelle, la perruque lança en l'air ses bras maigres, leva gracieusement la jambe jusqu'au nombril et pivota en arrière sur le pied gauche. Jamais je ne comprendrai où elle prit le courage — elle me jeta un regard fulgurant de triomphe, comme si elle savait tout, roula ses yeux de veau jusqu'à en faire chatoyer le blanc, et s'écroula alors comme une marionnette. Oh, maintenant c'était sûr : il devait avoir été clown de cirque, jadis, car tout le monde hurlait de rire !

Mais les uniformes bleus éclatèrent alors en aboiements, et le rire fut effacé comme s'il n'avait jamais eu lieu. Et l'un d'eux donna un coup de pied à l'homme étendu à terre, et dit aussi naturellement qu'on dit : « il pleut » — il dit : « il est mort ! »

Je dois avouer encore une chose — par honnêteté vis-à-vis de moi-même.

---

*d'outil, tige,* etc.) : au sens propre, œil qui fait saillie chez certains crustacés — d'où diverses expr. fam., ex. **Stielaugen machen** *regarder avec surprise, envie,* etc.

6. **alles brüllte :** neutre collectif (lang. parlé) = **alle Leute hier** *toutes les personnes présentes* ; cf. **alles feixte** p. 50 : autre ex. **alles aussteigen !** *tout le monde descend !*

7. **treten (a, e) :** *mettre le pied, s'avancer* ; **gegen** (+ acc.) idée de collision ; cf. supra p. 46 : **t. auf** (+ acc.), et ici l. 2 : **treten in** (+ acc.).

In dem Augenblick, als ich mit dem Mann, den ich die Perücke nannte, Auge in Auge war und fühlte, daß er unterlag, nicht mir, nein, dem Leben unterlag[1] — in dieser Sekunde verlief mein Haß wie eine Welle am Strand, und es blieb nichts als ein Gefühl der Leere. Eine Latte war aus dem Zaun gebrochen — der Tod war haarscharf an mir vorbeigepfiffen —, da bemüht man sich schnell, gut zu sein. Und ich gönne der Perücke noch nachträglich den vermeintlichen Sieg[2] über mich.

Am nächsten Morgen hatte ich einen anderen Vordermann, der mich die Perücke sofort vergessen machte. Er sah verlogen aus wie ein Theologe, aber ich glaube, er war eigens aus der Hölle beurlaubt, mir das Pflücken meiner Blume völlig unmöglich zu machen.

Er hatte eine impertinente Art aufzufallen. Alles feixte[3] über ihn. Sogar die blaßblauen Hunde konnten ein menschliches Grinsen nicht unterdrücken, was sich ungeheuer merkwürdig ausmachte. Jeder Zoll[4] ein Staatsbeamter — aber die primitive Würde der stumpfen Berufssoldatengesichter war zu einer Grimasse verzerrt. Sie wollten nicht lachen, bei Gott[5], nein! Aber sie mußten. Kennst du das Gefühl, das gönnerhafte, wenn du mit jemandem böse bist und ihr seid beide Masken der Unversöhnlichkeit, und nun geschieht irgend etwas Komisches, das euch beide zum Lachen zwingt — ihr wollt nicht lachen, bei Gott, nein!

---

1. **nicht mir, nein, dem Leben unterlag** : dénégation, car l'écriture, elle, établit bien un rapport entre cette mort et le narrateur : cf. infra **ich, ihr Mörder** (p. 34) et surtout **Tatort** (p. 48) qui dans ce voisinage n'est plus seulement une hyperbole pour la cueillette de la fleur et l'infraction ainsi commise, mais une anticipation de meurtre ironiquement vérifiée, — un aveu.

2. **den vermeintlichen Sieg** : (cf. **triumphierend** supra) : outre la mise en échec de la cueillette, la perruque se venge en réalisant l'autre désir, meurtrier, du narrateur (**Erfüllung meines Wunsches** p. 46) : c'est le visage fantasmé (cf. p. 48 n. 5), c'est surtout la mort grotesque de clown, jusque dans les bruits préparatoires : **Geklöppel, rasseln** (pp. 46 et 48) qui suggèrent les roulements de tambours et cliquetis de cymbales au cirque, avant un numéro périlleux : ici, le demi-tour mortel (p. 48 n. 4).

A l'instant où je me trouvai nez à nez avec cet homme que j'appelais la perruque, et que je sentis qu'il était vaincu, non pas par moi, non, vaincu par la vie — à cette seconde même ma haine se retira comme une vague sur la plage, et il ne resta rien qu'un sentiment de vide. Une latte de la palissade était arrachée — la mort avait sifflé à mes oreilles en me manquant de justesse — dans ces cas-là, on tâche vite d'être bon. Et rétrospectivement, je suis content après tout pour la perruque, de sa prétendue victoire sur moi.

Le matin suivant, j'avais un autre voisin de devant, qui me fit immédiatement oublier la perruque. Il avait l'air menteur comme un théologien, mais je crois que l'enfer lui avait accordé un congé exprès pour me rendre totalement impossible la cueillette de ma fleur.

Il avait une façon impertinente de se faire remarquer. Tout le monde se fichait de lui. Même les chiens bleu pâle ne pouvaient réprimer un ricanement humain, ce qui donnait quelque chose d'extrêmement curieux. Fonctionnaires jusqu'au bout des ongles — mais la dignité primitive des visages abrutis de ces soldats de métier était défigurée en une grimace. Ils n'avaient aucune envie de rire, bon Dieu non ! mais ils ne pouvaient pas s'en empêcher. Connais-tu ce sentiment, un sentiment condescendant, quand tu es fâché avec quelqu'un et que vous êtes tous deux des masques d'hostilité implacable, et alors survient quelque chose de comique qui vous force à rire tous les deux — vous n'avez aucune envie de rire, bon Dieu non !

---

3. **alles feixte** : rapport d'homologie entre le nouveau et la perruque : **verlogen** (p. 34 et ici l. 12), émissaire infernal (**komischer Dämon** p. 30, **Hölle** ici l. 13, **Teufel** infra p. 54), comportement risible (cf. **alles brüllte** p. 48).

4. **Jeder Zoll** : loc. (= **Z. für Z., in jedem Z.**) ; **Z.** m. *pouce* (unité de mesure), à ne pas confondre avec **Zoll** m. *douane*.

5. **bei Gott** : du fait du caractère culturellement marqué des jurons, la traduction-calque est rare : ainsi « *par Dieu* » > *pardi* a un tout autre sens.

Dann zieht sich das Gesicht aber doch in die Breite und nimmt jenen bekannten Ausdruck an, den man am treffendsten mit »Saures Grinsen[1]« benennen könnte. So erging es nun den Blauen, und das war die einzige menschliche Regung, die wir überhaupt an ihnen bemerkten. Ja, dieser Theologe, das war eine Motte! Er war gerissen genug, verrückt zu sein — aber er war nicht so verrückt, daß seine Gerissenheit darunter litt.

Wir waren siebenundsiebzig Mann[2] in der Manege, und eine Meute von zwölf uniformierten Revolverträgern umkläffte[3] uns. Einige mochten zwanzig und mehr Jahre diesen Kläfferdienst ausüben, denn ihre Münder waren im Laufe der Jahre bei vielen tausend Patienten eher schnauzenähnlich[4] geworden. Aber diese Angleichung an das Tierreich hatte nichts von ihrer Einbildung[5] genommen. Man hätte jeden einzelnen von ihnen so wie er war als Standbild benutzen können mit der Aufschrift: L'État c'est moi.

Der Theologe (später erfuhr ich, daß er eigentlich Schlosser[6] war und bei Arbeiten an einer Kirche verunglückte — Gott nahm sich seiner an[7]!) war so verrückt oder gerissen, daß er ihre Würde vollkommen respektierte. Was sag ich — respektierte? Er pustete die Würde der blauen Uniformen auf zu einem Luftballon von ungeahnten Dimensionen, von denen die Träger[8] selbst keine Ahnung hatten. Wenn sie auch über seine Blödheit lachen mußten, ganz heimlich blähte doch ein gewisser Stolz ihre Bäuche, daß sich die Lederkoppel spannten[9].

---

1. **« Saures Grinsen »** : variation sur des expr. fig. courantes du type **saures Lächeln** *sourire amer*, **saure Miene** *mine renfrognée*, etc.

2. **siebenundsiebzig Mann** : les noms m. et n. employés comme unités de mesure restent au sing. (sauf unités de temps).

3. **umkläffen** : même formation que **umwildern** (p. 30 n. 2); **kläffen** péjor. (cf. ***Kläffer-dienst** l. suivante).

4. ***schnauzen-ähnlich** : **ä.** *semblable*; renforcement, depuis p. 44, de la métaphore canine qui se fait ici « littérale » (mimétisme).

5. **Einbildung** : cf. **eingebildete Tür** p. 26 n. 6.

Et pourtant le visage s'étire alors dans le sens de la largeur, et prend cette expression bien connue qu'on pourrait désigner au plus près par « ricanement aigre ». C'est ce qui arrivait maintenant aux hommes bleus, et ce fut le seul mouvement humain que nous remarquâmes jamais chez eux. Oui, ce théologien, tu parles d'une teigne ! Il était assez rusé pour être fou — mais il n'était pas si fou que sa ruse en souffrît.

Nous étions soixante-dix-sept en tout sur la piste, et une meute de douze porteurs de revolver en uniforme nous encerclaient de jappements. Certains devaient exercer cette fonction de roquet depuis plus de vingt ans, car, au cours de ces années auprès de plusieurs milliers de patients, leur bouche avait fini par ressembler plutôt à une gueule. Mais cette adaptation au règne animal n'avait rien ôté de leur arrogance. On aurait pu utiliser n'importe lequel d'entre eux, tel quel, pour une statue portant l'inscription *L'État c'est moi.*

Le théologien (j'appris plus tard qu'il était en fait serrurier et qu'il avait eu un accident en travaillant dans une église — Dieu prit soin de lui !) était si rusé ou si fou qu'il avait le plus grand respect pour leur dignité. Que dis-je — respect ? Il gonflait la dignité des uniformes bleus en un ballon de dimensions inimaginables, dont les intéressés eux-mêmes n'avaient pas la moindre idée. Quoiqu'ils ne pussent pas s'empêcher de rire de sa stupidité, très secrètement pourtant un certain orgueil leur enflait le ventre, au point que leurs ceinturons se tendaient à bloc.

---

6. **Schlosser** m. : *serrurier*, mais aussi plus génériquement *ajusteur, monteur* ; cf. ***Auto-schlosser = (*Auto-)mechaniker, *Bau-Schlosserei** = *serrurerie du bâtiment.*

7. **sich an/nehmen (a, o)** : + gén., d'où dans cette fonction d'objet le gén. du pr. pers. qui autrement est assez rare.

8. **Träger** m. : de **tragen (u, a)** *porter* ; au fig., *tenant // représentant // champion, protagoniste,...*

9. **spannen** : sens 1er *tendre*, éventuellement « au maximum » (d'où la trad.), ex. **ein Bogen / die Muskeln s.** : *bander un arc / ses muscles.*

Immer wenn der Theologe einen der Wachthunde passierte, die breitbeinig stehend ihre Macht zum Ausdruck brachten und, sooft es ging, bissig auf uns losfuhren — jedesmal machte er eine durchaus ehrlich wirkende Verbeugung und sagte so innig-höflich und gut gemeint: Gesegnetes Fest[1], Herr Wachtmeister[2]! — daß kein Gott ihm hätte zürnen können — viel weniger die eitlen Luftballons in Uniform. Und dabei legte er seine Verbeugung so bescheiden an, daß es immer aussah, als wiche er einer Ohrfeige aus.

Und nun hatte der Teufel diesen Komiker-Theologen zu meinem Vordermann gemacht, und seine Verrücktheit strahlte so stark aus und nahm mich in Anspruch[3], daß ich meine neue kleine Geliebte, meine Hundeblume, beinahe vergaß. Ich konnte ihr kaum einen zärtlichen Blick zuwerfen, denn ich mußte einen irrsinnigen Kampf mit meinen Nerven austragen, der mir den Angstschweiß aus allen Löchern jagte. Jedesmal, wenn der Theologe seine Verbeugung machte und sein »Gesegnetes Fest, Herr Wachtmeister« wie Honig von der Zunge tropfen ließ — jedesmal mußte ich alle Muskeln anspannen, es ihm nicht nachzutun[4]. Die Versuchung war so stark, daß ich mehrere Male den Staatsdenkmälern schon freundlich zunickte und es erst[5] in der letzten Sekunde fertigbrachte, keine Verbeugung zu machen und stumm zu bleiben.

Wir kreisten täglich etwa eine halbe Stunde im Hof, das waren täglich zwanzig Runden, und zwölf Uniformen umstanden[6] unsern Kreis.

---

1. **Gesegnetes Fest**: **g.** (part. II - adj. de **segnen** *bénir*) = *bon, sain* dans des formules de souhait ou certaines tournures du lang. parlé. « Souhait » absurde plus encore que servile — et aussi ironique: la ronde comme une fête (cf. **fast ein Fest** p. 28), mais cette fois pour les gardiens, qui se défoulent sur les prisonniers.

2. ***Wacht-meister** m. : *brigadier de police // sergent-chef* (dans l'armée all. jusqu'en 1945).

3. **in Anspruch nehmen**: *requérir, prendre (énergie, temps, etc.)*; **A.** m. *exigence, prétentions // droits*, présent dans de nombreuses loc.

Chaque fois que le théologien passait devant l'un des chiens de garde qui, debout les jambes écartées, faisaient étalage de leur puissance, et qui à la première occasion se jetaient sur nous les crocs en avant — à chaque fois, il faisait une révérence qui donnait l'effet d'être parfaitement sincère, et il disait d'un ton si cordialement poli et si bien intentionné: « Bonne fête, mon brigadier! » — que nul Dieu n'aurait pu lui en vouloir. Encore bien moins les vaniteux ballons en uniforme. Et en même temps il glissait sa révérence de façon si modeste qu'il avait toujours l'air d'éviter une gifle.

Et voilà que le diable avait fait de ce bouffon-théologien mon voisin de devant, et sa folie rayonnait si fort, et m'absorbait à tel point que j'en oubliai presque ma récente petite maîtresse, ma fleur de pissenlit. Je pouvais à peine lui lancer un regard tendre, car il me fallait livrer avec mes nerfs un combat démentiel, qui me chassait une sueur froide de tous les pores. Chaque fois que le théologien exécutait sa révérence et qu'il faisait couler de sa langue, comme du miel, son « Bonne fête, mon brigadier » — chaque fois, je devais bander tous mes muscles pour ne pas l'imiter. La tentation était si forte qu'à plusieurs reprises, je faisais déjà un signe de tête amical aux monuments officiels, et c'était seulement à la dernière seconde que je parvenais à ne pas faire de révérence et à rester muet.

Nous tournions dans cette cour environ une demi-heure chaque jour, ça faisait chaque jour vingt tours, et douze uniformes entouraient notre cercle.

---

4. **nach/tun**: cf. **nach/machen** p. 30 n. 3. Le ***Herden-trieb** exploité par le narrateur (p. 46) se retourne ici contre lui.

5. **erst**: s'oppose à **nur**, en ce que erst n'est pas nécessairement exclusif: ex. **der Zug hält erst in Berlin / nur in B.** *le train ne s'arrête pas avant Berlin* (autres arrêts possibles après) / *qu'à B.* (nulle part ailleurs).

6. **umstanden unser Kreis**: motif du cercle concentrique: 1) murs (**Mauern ringsum**, p. 26), 2) gardiens (**umkläffen** p. 52, **umstehen** ici), 3) ronde, 4) herbe au milieu (**umkreisen** p. 42), 5) fleur (infra p. 58 **umfangen**).

Der Theologe machte also auf jeden Fall zweihundertundvierzig Verbeugungen pro Tag, und zweihundertundvierzigmal mußte ich alle Konzentration aufbieten, nicht verrückt zu werden. Ich wußte, wenn ich das drei Tage gemacht hätte, würde ich mildernde Umstände bekommen — dem war ich nicht gewachsen[1]. Ich kam völlig erschöpft in meine Zelle zurück. Die ganze Nacht aber ging ich im Traum eine unendliche Reihe blauer Uniformen entlang, die alle wie Bismarck[2] aussahen — die ganze Nacht bot ich diesen Millionen blaßblauer Bismarcks mit tiefem Bückling[3] ein »Gesegnetes Fest, Herr Wachtmeister!«

Am nächsten Tag[4] wußte ich es so einzurichten, daß die Reihe an mir vorbeiging und ich einen andern Vordermann bekam. Ich verlor meinen Pantoffel, fischte ihn ganz umständlich[5] und humpelte in den Lattenzaun zurück. Gott sei Dank! Vor mir ging die Sonne auf. Vielmehr — sie verdunkelte sich. Mein neuer Vordermann war so unverschämt lang, daß meine 1,80 m glatt in seinem Schatten verschwanden. Es gab also doch eine Vorsehung — man mußte ihr nur mit dem Pantoffel nachhelfen. Seine unmenschlich langen[6] Gliedmaßen ruderten sinnlos durcheinander[7], und das Originelle war, er kam dabei sogar vorwärts, obgleich er sicher keinerlei Übersicht über Beine und Arme hatte. Ich liebte ihn beinahe — ja, ich betete, er möchte nicht plötzlich tot umsinken wie die Perücke oder verrückt werden und anfangen, feige Verbeugungen zu machen.

---

1. **gewachsen**: part. II - adj. de **wachsen (u, a)** *grandir, croître*; au fig. dans loc. (+ dat.) **g. sein** *être de taille, à la hauteur.*

2. **wie Bismarck**: allusion à la statue de Bismarck à Hambourg (ville natale de W.B.), qui poursuit la comparaison des gardiens-monuments (***Stand-bild** p. 52, ***Staats-denk-mäler** p. 54); cf. aussi Préf. p. 9.

3. **Bückling**: formé sur **(sich) bücken**, reprend ironiquement le geste de la cueillette de la fleur (supra **gebückt... bückte mich** p. 46), que **Verbeugung** évoquait déjà (cf. **sich beugen** *se pencher*). Cf. auparavant le **bückliger Eros** (p. 32 n. 5), et aussi infra p. 58 n. 2.

Le théologien faisait donc, dans tous les cas, deux cent quarante révérences par jour, et deux cent quarante fois, je dus faire appel à toute ma concentration pour ne pas devenir fou. Je savais que si je faisais ça trois jours de suite, je bénéficierais de circonstances atténuantes — c'était au-dessus de mes forces. Je regagnai ma cellule complètement épuisé. Mais toute la nuit je passai en rêve le long d'une file interminable d'uniformes bleus qui ressemblaient tous à Bismarck, toute la nuit je saluai ces millions de Bismarck bleu pâle, avec une profonde courbette, d'un « Bonne fête, mon brigadier ! ».

Le lendemain, je sus m'arranger pour laisser passer la file devant moi et me procurer un autre voisin de devant. Je perdis une savate, la repêchai après bien des complications et retournai en clopinant dans la palissade. Dieu merci ! Le soleil se levait devant moi. Ou plutôt — il se voilait. Mon nouveau voisin de devant était si scandaleusement long que mon mètre quatre-vingts disparaissait carrément dans son ombre. Il y avait donc une providence, malgré tout — il suffisait seulement de l'aider un peu avec la savate. Ses membres monstrueusement longs ramaient follement en désordre, et ce qu'il y avait de drôle c'était qu'il avançait aussi en même temps, quoiqu'il n'eût certainement aucune vue d'ensemble de ses bras et de ses jambes. Je l'aimais presque — oui, je priais pour qu'il voulût bien ne pas tomber raide mort comme la perruque ou devenir fou et se mettre à faire de lâches révérences.

---

4. **Am nächsten Tag** : accélération narrative : la 2e épreuve — celle du théologien — n'a duré que le temps d'une ronde ; la 1re (perruque) s'étendait sur des mois, sans autre précision (**monatelang** pp. 28 et 38).

5. **umständlich** : cf. **Umstand** m., surtout au plur. **Umstände** : *circonstances // façons, difficultés, chichis.*

6. **unmenschlich lang** : 3e « monstre grotesque » (cf. ***Un-mensch** *brute, être inhumain*), 3e épreuve après la « copie d'homme » et le « fou ». Mais cette fois, l'excentricité de son voisin sert le narrateur.

7. ***durch-ein-ander** : fonctionne comme partic. sép. (ici), ou adv. ou substantif n. *(pêle-mêle // imbroglio).*

Ich betete für sein langes Leben und seine geistige Gesundheit. Ich fühlte mich in seinem Schatten so geborgen, daß meine Blicke länger als sonst die kleine Hundeblume umfingen, ohne daß ich Angst zu haben brauchte, mich zu verraten. Ich verzieh diesem himmlischen[1] Vordermann sogar sein abscheulich näselndes Organ, oh, ich verkniff mir großzügig, ihm allerlei Spitznamen[2] wie Oboe, Krake oder Gottesanbeterin zu verleihen. Ich sah nur noch meine Blume — und ließ meinen Vordermann so lang und so blöde sein, wie er es wollte!

Der Tag war wie alle anderen. Er unterschied sich nur dadurch von ihnen, daß der Häftling aus der Zelle 432[3] zum Ende der halben Stunde einen rasenden Pulsschlag bekam und seine Augen den Ausdruck von kaschierter Harmlosigkeit und schlecht verdeckter Unsicherheit annahmen.

Wir bogen in die vorletzte Runde ein — wieder wurden die Schlüsselbunde lebendig, und der Lattenzaun döste durch die sparsamen Sonnenstrahlen wie hinter ewigen Gittern.

Aber was war das? Eine Latte döste ja gar nicht! Sie war hellwach und wechselte vor Aufregung alle paar Meter die Gangart. Merkte das denn kein Mensch? Nein. Und plötzlich bückte sich die Latte 432, fummelte an ihrem runtergerutschten Strumpf herum und — fuhr dazwischen blitzschnell mit der einen Hand auf eine erschrockene kleine Blume zu, riß sie ab — und schon klöppelten wieder siebenundsiebzig Latten[4] in gewohntem Schlendrian in die letzte Runde.

---

1. **himmlisch :** (cf. **Himmel** m. *ciel*) opposé à ses deux prédécesseurs démoniaques (cf. p. 50 n. 3).

2. ***Spitz-name** m. : cf. **spitz** *pointu // caustique*, comparer en fr. le sens fig. de *pointe* ; un surnom, comme pour ses prédécesseurs : les 3 voisins de devant sont des variations sur le même paradigme. Mais ce sont aussi des doubles du narrateur : 3 figures de gesticulation loufoque en rapport avec le geste interdit à effectuer : 1) la perruque en tombant morte au moment clef, 2) le théologien dont la révérence est une parodie de la cueillette, 3) la pieuvre aux mouvements désordonnés.

Je priais pour sa longévité et sa santé mentale. Je me sentais tellement à l'abri dans son ombre que mes regards entouraient plus longtemps que d'habitude le petit pissenlit, sans que j'eusse à avoir peur de me trahir. Je pardonnai même à ce divin voisin de devant son organe affreusement nasillard, oh, je renonçai généreusement à lui attribuer toutes sortes de sobriquets comme « le hautbois », « la pieuvre », « la mante religieuse ». Je ne voyais plus que ma fleur — et je laissais mon voisin de devant être aussi long et stupide qu'il le voulait !

Ce jour fut pareil à tous les autres. Il se distingua seulement par le fait que le détenu de la cellule 432, à la fin de la demi-heure, eut une accélération folle du pouls, et que ses yeux prirent une expression de feinte innocence et d'insécurité mal dissimulée.

Nous entrions dans l'avant-dernier tour — les trousseaux de clefs reprenaient vie, et la palissade sommeillait dans les maigres rayons de soleil comme derrière d'éternels barreaux.

Mais qu'est-ce que c'était que ça ? Mais il y avait une latte qui ne sommeillait pas du tout ! Elle était bien éveillée et changeait d'allure tous les deux mètres, tellement elle était énervée. Est-ce que personne ne le remarquait, donc ? Non. Et tout à coup la latte 432 se pencha, tripota sa chaussette qui avait glissé, et — rapide comme l'éclair, fonça en même temps de l'autre main sur une petite fleur terrorisée, l'arracha — et déjà soixante-dix-sept lattes battaient de nouveau, dans leur petit train-train habituel.

---

3. **der Häftling aus der Zelle 432** : brusque rupture par le passage au « il » et le ton parodique de « rapport objectif » : effet de distanciation ironique, mais aussi annonce d'une <u>autre rupture</u> : cf. p. 60 n. 4 et p. 62 n. 3.

4. **Latten** : narration humoristique qui accentue l'effet de détachement (**L. 432** après **Häftling... 432**, etc.), mais qui rappelle aussi, par la métaphore de la latte qui se détache de la palissade, la mort de la perruque (supra p. 50).

Was ist so komisch: Ein blasierter, reuiger Jüngling[1] aus dem Zeitalter der Grammophonplatten und Raumforschung steht in der Gefängniszelle 432 unter dem hochgemauerten Fenster und hält mit seinen vereinsamten Händen eine kleine gelbe Blume in den schmalen Lichtstrahl — eine ganz gewöhnliche Hundeblume. Und dann hebt dieser Mensch, der gewohnt war, Pulver, Parfüm und Benzin, Gin und Lippenstift zu riechen, die Hundeblume an seine hungrige Nase, die schon monatelang nur das Holz der Pritsche, Staub und Angstschweiß gerochen hat — und er saugt so gierig aus der kleinen gelben Scheibe ihr Wesen in sich hinein, daß er nur so aus Nase besteht.

Da öffnet sich in ihm etwas und ergießt sich wie Licht[2] in den engen Raum, etwas, von dem er bisher nie gewußt hat: Eine Zärtlichkeit, eine Anlehnung[3] und Wärme ohnegleichen erfüllt ihn zu der Blume und füllt ihn ganz aus.[4]

Er ertrug den Raum nicht mehr und schloß die Augen und staunte: Aber du riechst ja nach Erde. Nach Sonne, Meer und Honig, liebes Lebendiges! Er empfand ihre keusche Kühle wie die Stimme des Vaters[5], den er nie sonderlich beachtet hatte und der nun soviel Trost war mit seiner Stille — er empfand sie wie die helle Schulter einer dunklen Frau[6].

---

1. **Jüngling** m.: (**jung** adj. *jeune*) *adolescent*; contexte péjor. ou ironique (comme ici) *jeunot, blanc-bec*; suff. **-ling**, cf. p. 24 n. 4.

2. **öffnet sich in ihm etwas... wie Licht**: s'oppose au début du récit (p. 22) **trat etwas... auf mich zu... etwas da... wächst**: intérieur / extérieur, effusion / agression, lumière / obscurité,...

3. ***An-lehn-ung... zu**: cf. **lehnen (an, gegen** + acc.) *appuyer (contre)*. **A.** au fig. *appui, soutien*, commande les prép. **an** (+ acc.) ou **bei** (+ dat.) *auprès de*; **zu** relationnel ne se justifie ici que par contamination avec les autres termes de l'énumération; la trad. adapte donc **A.**, pour garder la même structure sans incohérence.

4. **erfüllt ihn... füllt ihn... aus**: une plénitude qui est symétrique du vide du début: **ich langsam leerlief** (p. 26). Le récit se referme en boucle sur ces oppositions qui étayent le passage du « je » prisonnier au « il » extatique.

Qu'y a-t-il de si comique : un petit jeune homme blasé et contrit, de l'époque des phonographes et de la recherche spatiale, se trouve debout sous la fenêtre haut placée de la cellule 432, et il tient entre ses mains solitaires une petite fleur jaune dans le mince rayon de lumière — une petite fleur de pissenlit tout ce qu'il y a d'ordinaire. Et alors cet homme qui était habitué à respirer l'odeur de la poudre, du parfum et de l'essence, du gin et du rouge à lèvres, approche la fleur de pissenlit de son nez affamé qui depuis des mois n'a respiré que l'odeur du bois du châlit, la poussière et la sueur froide — et il aspire en lui si avidement la substance du petit disque jaune qu'il n'est plus ainsi tout entier qu'un nez.

Alors quelque chose s'ouvre en lui et se répand comme de la lumière dans la pièce étroite, quelque chose qu'il n'avait jamais connu jusque-là : une tendresse, un abandon, et une chaleur sans pareille pour cette fleur le remplissent et le comblent de part en part.

Il ne supportait plus cette pièce et il ferma les yeux en s'étonnant : mais c'est que tu sens la terre. Tu sens le soleil, la mer et le miel, chère chose vivante ! Sa fraîcheur chaste était pour lui comme la voix du père, à laquelle il n'avait jamais fait vraiment attention, et qui était une telle consolation maintenant avec sa paix — elle était pour lui comme l'épaule claire d'une femme en noir.

---

5. **Stimme des Vaters :** ambiguïté de **Vater** ici — *Père* (Dieu) ou *père* — de même que **Trost** (l. suiv.), évoquant la religion ou l'enfance ; cependant le choix de la minuscule préserve mieux l'ambivalence de cette régression-refuge.

6. **dunkle Frau :** cf. le poème de W.B. « **Die Nacht** » « *La Nuit* » : **Nimm, dunkelblaue Frau, die ohne Ruhe sind, / in deinen gnadenreichen Schoß !** *Reçois, femme en bleu noir, ceux qui n'ont pas de repos / dans ton sein plein de grâce !* (Noter la série : femme-nuit-mère-mort).

Er trug sie behutsam wie eine Geliebte zu seinem Wasserbecher, stellte das erschöpfte kleine Wesen da hinein, und dann brauchte er mehrere Minuten — so langsam setzte er sich, Angesicht in Angesicht mit seiner Blume.

Er war so gelöst[1] und glücklich, daß er alles abtat und abstreifte, was ihn belastete: die Gefangenschaft, das Alleinsein, den Hunger nach Liebe, die Hilflosigkeit seiner zweiundzwanzig Jahre, die Gegenwart und die Zukunft, die Welt und das Christentum — ja, auch das!

Er war ein brauner Balinese, ein »Wilder« eines »wilden« Volkes, der das Meer und den Blitz und den Baum fürchtete und anbetete. Der Kokosnuß, Kabeljau und Kolibri verehrte, bestaunte, fraß und nicht begriff[2]. So befreit war er, und nie war er so bereit zum Guten gewesen, als er der Blume zuflüsterte... werden wie du...

Die ganze Nacht umspannten seine glücklichen Hände das vertraute Blech seines Trinkbechers, und er fühlte im Schlaf, wie sie Erde auf ihn häuften[3], dunkle, gute Erde, und wie er sich der Erde angewöhnte und wurde wie sie — und wie aus ihm Blumen brachen[4]: Anemonen, Akelei und Löwenzahn — winzige, unscheinbare Sonnen[5].

---

1. **gelöst**: adj. *détendu, soulagé*; cf. **lösen** *détacher // délier.*

2. **...und nicht begriff**: la régression se poursuit dans le pré-rationnel et le pseudo-primitif; noter le lyrisme parodique: série de monosyllabes **Meer-Blitz-Baum**, allitérations en / **K** /, cascade comique de verbes.

3. **wie sie Erde auf ihn haüften**: dans une première ébauche du récit — lointaine dans le temps (1941) et surtout dans l'écriture — le prisonnier (un condamné à mort) est exécuté. On mesure ici le changement radical de signification: une mort à la fois suggérée et conjurée par son ambiguïté énigmatique; les « fossoyeurs » **(sie)** restent indéterminés, dans le cadre onirique-symbolique de cette dissolution qui aboutit à la « mort » maternelle, bonne (**gute Erde** infra), et, dans une dernière fusion **(werden wie... wurde wie)**, à une chair-terre, un corps de fleurs.

Il la porta à son gobelet, avec précaution, comme une maîtresse, il mit dedans le petit être épuisé, et alors il lui fallut plusieurs minutes — tant il s'assit lentement, face à face avec sa fleur.

Il était si apaisé et si heureux, qu'il se débarrassait et se dépouillait de tout ce qui pesait sur lui : la captivité, l'isolement, la faim d'amour, le désarroi de ses vingt-deux ans, le présent et l'avenir, le monde et la chrétienté — oui, même ça !

Il était un Balinais bronzé, un « sauvage » issu d'un peuple « sauvage », qui craignait et vénérait la mer et l'éclair et l'arbre. Qui révérait la noix de coco, le cabillaud et le colibri, les regardait bouche bée, les bouffait et ne les comprenait pas. Il était si délivré, et jamais il n'avait été si disposé à être bon, quand il murmura à sa fleur... devenir comme toi...

Toute la nuit ses mains heureuses étreignirent le fer-blanc familier de son gobelet, et il sentit dans son sommeil qu'ils amoncelaient de la terre sur lui, de la bonne terre noire, et qu'il s'habituait à cette terre et devenait comme elle — et que des fleurs jaillissaient de lui : anémones, ancolies et dents-de-lion — minuscules, insignifiants soleils.

---

4. **brechen... aus** : *surgir de* (source, par ex.) ; figure ici d'une éclosion et d'un épanouissement instantanés (≠ **aus/brechen** cf. p. 22 n. 1).

5. **winzige, unscheinbare Sonnen** : transfiguration du **unscheinbarer gelbe Punkt** (1re apparition du pissenlit, p. 42). Double oxymore de cette fin : soleils qui, littéralement, « ne brillent pas » (***un-schein-bar**, cf. **scheinen** sens 1er *briller, luire*), et mort qui débouche sur un scintillement de lumière.

# MARIA, ALLES MARIA[1]

*Marie, tout Marie*

Als er dann seine Stiefel auszog, hätten wir ihn am liebsten erschlagen[2].

Als er in unsere Zelle kam, roch es plötzlich nach Tier und Tabak und Schweiß und Angst und Leder. Er war Pole. Aber er war so geistlos blond wie ein Germane[3]. Und diese blonden Männer waren immer etwas fade. Er auch. Und auch noch ein wenig fadenscheinig[4]. Er konnte nur wenige Worte deutsch[5]. Aber er hatte ein schönes buntes Abziehbild in der Tasche. Das betete er immer sehr lange an. Er stellte es dann auf seinen Schemel gegen den Trinkbecher. Er betete laut und auf polnisch. Das Abziehbild hatte einen goldenen Rand und war sehr bunt. Ein Mädchen war da drauf mit einem roten Tuch und einem blauen Kleid. Das Kleid war offen. Eine Brust war zu sehen. Weiß. Sie war reichlich mager. Aber zum Beten mochte sie genügen. Vielleicht war sie auch nur als Requisit gedacht, die weiße Brust. Außerdem hatte das Mädchen noch einige Sonnenstrahlen um den Kopf. Aber sonst sah sie ziemlich stur aus. Wir fanden das jedenfalls. Aber der Pole sagte Maria zu[6] ihr. Und dabei machte er eine Handbewegung, als wollte er sagen: Na, is se nich 'n prächtiger Kerl[7]! Aber er meinte wohl etwas Zärtlicheres, wenn er uns angrinste und Maria sagte. Vielleicht sollte es ein sanftes, frommes Lächeln werden, aber wir haßten ihn so sehr, für uns war das eben Grinsen. Er sagte: Maria.

---

1. **alles Maria**: formule elliptique (« petit nègre »): on peut comprendre à première vue: **alles ist Maria** *tout est Marie*, ou **alles tut Maria** *Marie fait tout*. Cf. p. 78 n. 2.

2. **erschlagen (u, a)**: *tuer en frappant* (**schlagen** *battre*); aspect résultatif de la partic. **er-**, d'où une série de v. indiquant une manière de tuer ou de mourir, ex. **erschießen** *tuer d'un coup de feu, fusiller*, **ertrinken** *se noyer*, etc.

3. **Germane** m.: au fig. par plaisanterie courante, désigne le « grand blond aux yeux bleus ». **G.** masc. faible comme **der Pole**. Noter que **Polen** peut signifier *la Pologne* ou/et *les Polonais*.

4. ***faden-schein-ig**: (**Faden** m. *fil*), jeu de mots avec **fade** supra; littéralement « *au fil apparent* », sens 1er *usé jusqu'à la corde*, fig. *cousu de fil blanc*.

Quand il a enlevé ses bottes alors, nous l'aurions assommé avec le plus grand plaisir.

Quand il est entré dans notre cellule, ça s'est mis tout d'un coup à sentir la bête et le tabac et la sueur et la peur et le cuir. Il était polonais. Mais il était aussi bêtement blond qu'un Germain. Et ces hommes blonds étaient toujours un peu fades. Lui aussi. Et un peu râpé, en plus. Il ne connaissait que quelques mots d'allemand. Mais il avait dans sa poche une belle décalcomanie en couleur. Il lui faisait tout le temps de très longues prières. Il la posait alors sur son tabouret, contre le gobelet. Il priait tout haut et en polonais. La décalcomanie avait une bordure dorée et elle était toute en couleurs. Il y avait dessus une jeune fille avec un fichu rouge et une robe bleue. La robe était ouverte. On pouvait voir un sein Blanc. Il était rudement maigre. Mais pour prier il devait suffire, probablement. Peut-être aussi qu'il n'était conçu que comme un accessoire, le sein blanc. La jeune fille avait encore, par-dessus le marché, quelques rayons de soleil autour de la tête. Mais sinon elle avait l'air assez bornée. Nous trouvions, en tous cas. Mais le Polonais l'appelait Marie. Et en même temps, il faisait un geste de la main comme pour dire : « hein, si c'est pas une nana sensass ! » Mais il voulait dire probablement quelque chose de plus tendre, quand il nous ricanait au nez en disant « Marie ». Ça se voulait peut-être un doux sourire pieux, mais nous le haïssions tellement, pour nous c'était un ricanement, ni plus ni moins. Il disait : « Marie ».

---

5. **können... deutsch : k.**, au sens de capacité acquise *(savoir)*, admet usuellement une construction directe avec ellipse d'inf.

6. **sagen... zu** : (+ dat.) nuance par rapport à **nennen** ou **heißen** *(nommer, appeler)* : comme s'il s'agissait d'un prénom « privé » et purement affectif que le Polonais donne à cette figure de femme ; s'inscrit dans la même impression d'étrangeté que toute la description de l'image : cf. p. 68 n. 1.

7. **Kerl** : lang. parlé — éventuel. péjor. : m. *(type, gars)* ; familièrement et dans un sens positif, désigne une personne des deux sexes.

Aber als er am ersten Abend seine Stiefel auszog, hätten wir ihn am liebsten erschlagen[1]. Er brauchte eine Stunde dazu, er hatte Handschellen um. Es ist schwer, mit Handschellen die Stiefel auszuziehen. Es ist schon übel, wenn man sich mit Handschellen im Gesicht kratzen muß. Und dann hatten wir nachts die Wanzen. Und der Pole hatte auch nachts seine 'Manschetten' um. Er war zum Tode verurteilt. Als die Stiefel neben ihm lagen, machte sich ein toller Geruch in unserer Zelle bemerkbar. Er machte sich an uns heran[2] wie ein aufdringlicher Zigeuner[3], frech, unwiderstehlich, scharf, heiß und sehr fremd[4]. Man kann nicht sagen, daß er unbedingt übel war. Aber wir waren ihm ausgeliefert. Er war anmaßend und tierisch. Ich sah Liebig an. Der Pole saß zwischen Pauline, Liebig[5] und mir auf der Erde. Liebig sah mich an. Polen, sagte er dann und starrte wieder aus dem Fenster. Liebig stand die ganzen Wochen auf Zehenspitzen und starrte aus dem Fenster. Drei- oder viermal am Tag sagte er was. Als der Neue die Stiefel auszog, sagte Liebig: Polen. Und dabei sah er mich an, als müsse er weinen.

Allmählich gewöhnten wir uns an ihn. Er roch nach Polen. (Wer weiß, wonach wir rochen!) Aber er brauchte eine Stunde, um sich die Stiefel auszuziehen. Das war eine Leistung[6] für unsere Geduld. Aber er hatte ja die Handschellen. Man konnte ihn nicht erschlagen. Er mußte die Stunde haben zum Stiefelausziehen.

---

1. **hätten wir ihn am liebsten erschlagen**: agressivité comique (répétition et hyperbole) devant l'étrangeté radicale, insupportable, du Polonais — dont toute la description (p. précédente) mime le point de vue d'un enfant ou d'un « païen » avec les effets ironiques correspondants (le sein peu érotique, l'inexpressivité de l'« icône », etc.). Noter d'autre part l'aspect typiquement polonais de cette dévotion mariale : ce nom répété comme celui d'une amie ou d'une sœur (et non pas « mère » ou « sainte Marie » comme dans les litanies latines par ex.), le fichu rouge de paysanne polonaise à côté du bleu couleur de la Vierge... Noter enfin l'absence de l'Enfant (culte « autonome » de la jeune fille — **Mädchen** supra).

2. **sich heran/machen** : ***her-an** partic. d'approche ou contact ; **sich an**

Mais quand il a enlevé ses bottes, le premier soir, nous l'aurions assommé avec le plus grand plaisir. Il a mis une heure pour faire ça, il portait des menottes. C'est difficile d'enlever ses bottes avec des menottes. C'est déjà pénible quand il faut se gratter la figure avec des menottes. Et alors la nuit, nous avions les punaises. Et le Polonais portait ses « manchettes » la nuit aussi. Il était condamné à mort. Quand il a posé ses bottes à côté de lui, une odeur de tous les diables s'est faite perceptible dans notre cellule. Elle nous tournicotait autour comme un tzigane crampon, insolente, irrépressible, aiguë, brûlante et très insolite. On ne peut pas dire qu'elle était absolument pénible. Mais nous étions à sa merci. Elle était outrecuidante et animale. J'ai regardé Liebig. Le Polonais était assis par terre entre Pauline, Liebig et moi. Liebig m'a regardé. « La Pologne », a-t-il dit alors, et il s'est remis à regarder fixement par la fenêtre. Liebig se tenait à longueur de semaines sur la pointe des pieds, à regarder fixement par la fenêtre. Trois ou quatre fois dans la journée, il disait quelque chose. Quand le nouveau a enlevé ses bottes, Liebig a dit : « la Pologne ». Et en même temps il m'a regardé comme s'il allait se mettre à pleurer.

Nous nous sommes habitués à lui, peu à peu. Il sentait la Pologne. (Qui sait ce que nous sentions, nous !) Mais il mettait une heure pour enlever ses bottes. Pour notre patience, c'était un bel exploit. Mais il avait les menottes, il faut dire. On ne pouvait pas l'assommer. Il lui fallait forcément une heure pour enlever les bottes.

---

**etwas** (+ acc.) **h.** *se mettre à faire, aborder qqch.* ; **an jemanden,** fam. et péjor. *accoster, entreprendre qqn.*

3. **wie ein... Zigeuner :** comparaison non fortuite... Cf. p. 70 n. 6.

4. **fremd :** *étranger // non familier, inhabituel* ; champ sémantique de l'altérité, par opposition au sens restreint **ausländisch** *(de l') étranger.*

5. **Pauline, Liebig :** personnages plus développés dans un autre récit de prison, « **Unser kleiner Mozart** » « *Notre petit Mozart* », notamment Pauline (cf. p. 70 n. 3).

6. **Leistung :** *performance, résultat, rendement* ; tournure intonative de mise en relief (cf. « **Die Hundeblume** » p. 52 : **das war eine Motte !**).

Abends immer, wenn die Sonne das Fenstergitter über die Decke spazieren ließ. Das Gitter war stabil[1]. Aber an der Decke sah es aus wie Spinngewebe. Es war Spinngewebe. Und abends roch es bei uns nach Polen. Liebig sagte schon lange nichts mehr. Er sah mich nur manchmal noch an, wenn der Pole zwischen uns auf der Erde saß. Das genügte dann auch. Und allmählich gewöhnten wir uns an ihn.

Er machte dafür unsern Kübel sauber[2]. Einer mußte das. Pauline hatte zu gepflegte Finger dazu[3]. Liebig tat es einfach nicht. Meistens hatte ich den Kübel saubergemacht. Ich hatte mir dann dazu Mut angeredet[4]. Und unter Vorwänden wie 'Es ist doch alles Scheiße' oder 'Arbeit adelt' hatte ich mich dann überwunden[5]. Jetzt machte der Pole das. Was er für Vorwände gebrauchte, wußte ich nicht. Sie müssen sehr positiv gewesen sein, denn er machte den Kübel sehr gründlich, das fanden wir alle. Er machte das wohl auch ganz gern, denn er summte dabei leise. Lustige Sachen auf polnisch. So gewöhnten wir uns langsam an ihn, an sein Abziehbild, sein Beten, seinen Geruch. Wir gewöhnten uns an Polen[6].

Wir gewöhnten uns sogar an seine roten Fußlappen. Er hatte zwei wunderbare blutrote Fußlappen aus selbstgewebtem Leinen. Johannisbeergrützenrot. Die wickelte er abends sorgfältig ab, faltete sie zusammen, erst den linken, dann den rechten,

---

1. **stabil**: *stable, robuste*, ici *solidement fixé*: toujours le procédé humoristique de la feinte naïveté (le narrateur précise, au cas où la métaphore de la phrase précédente aurait été prise littéralement).

2. **sauber/machen**: *faire le ménage*, ≠ **sauber machen** *faire (qqch.) proprement*.

3. **Pauline... dazu**: cf. le récit « **Unser kleiner Mozart** » **Pauline... behauchte seine Fingernägel. Dann polierte er sie an der Hose. Das tat er immer... Pauline war homosexuell... Er hieß Paul. Für uns natürlich Pauline. Natürlich.** *Pauline... soufflait sur ses ongles. Puis il les polissait sur son pantalon. Il faisait toujours ça... Pauline était homosexuel... Il s'appelait Paul. Pour nous, naturellement, Pauline. Naturellement.*

4. **sich Mut an/reden**: cf. loc. syn. **sich** (ou **jemandem**) **Mut (Trost,**

Le soir toujours, quand le soleil promenait les barreaux sur le plafond. Les barreaux étaient solides. Mais au plafond ça faisait comme une toile d'araignée. C'était une toile d'araignée. Et le soir ça sentait la Pologne chez nous. Liebig ne disait plus rien depuis longtemps. Il me regardait seulement encore, de temps en temps, quand le Polonais s'asseyait par terre parmi nous. Ça suffisait alors, aussi bien. Et nous nous sommes habitués à lui, peu à peu.

En échange, il nettoyait notre tinette. Il fallait bien quelqu'un. Pauline avait des doigts trop soignés pour ça. Liebig ne le faisait tout simplement pas. La plupart du temps, c'était moi qui avais nettoyé la tinette. Je m'étais prodigué des paroles d'encouragement à cet effet. Et avec des prétextes du genre « c'est tout de la merde, de toute façon » ou « le travail ennoblit », j'avais fait effort sur moi-même. Maintenant c'était le Polonais qui faisait ça. Ce qu'il employait, lui, comme prétextes, je ne savais pas. Ils devaient s'être révélés très positifs, car il nettoyait la tinette très à fond, nous trouvions, tous. Il avait même l'air de faire ça le plus volontiers du monde, car il fredonnait à mi-voix en même temps. Des choses guillerettes en polonais. Ainsi nous nous sommes habitués à lui lentement, à sa décalcomanie, ses prières, son odeur. Nous nous sommes habitués à la Pologne.

Nous nous sommes même habitués à ses chaussettes russes rouges. Il avait une paire de fantastiques chaussettes russes, rouge sang, de lin tissé maison. Rouge gelée de groseille au gruau. Il les déroulait soigneusement le soir, les repliait, d'abord la gauche, puis la droite,

---

etc.) **zu/sprechen** : agir positivement (sur soi, sur autrui) par le discours — *(se) donner du courage, (s')adresser des paroles de réconfort,* etc.

5. **überwinden (a, u)** : *vaincre, dominer, surmonter* (étym., du vieux haut-all. « **winnan** » : cf. **gewinnen** *gagner*).

6. **Polen** : le narrateur, avec Liebig, reprend à son compte les clichés du racisme nazi antislave : le Polonais-type comme être animal (**Tier, tierisch** pp. 66-68) irrationnel (culte) et primitif.

legte sie dann beide übereinander und so auf seinen Strohsack ans Kopfende. Dann ging er mit seinem Abziehbild in die Ecke, stellte es auf seinem Schemel gegen den Trinkbecher und betete laut und polnisch. Dann grinste er jedem von uns zu[1] und legte sich hin. Dabei schob er sich seine beiden johannisbeerroten[2] Fußlappen[3] als Kopfkissen unter den Kopf. Das sah natürlich sehr hübsch aus, das blonde Haar auf dem Johannisbeerlappen. Wir hätten ihn am liebsten erschlagen, als wir das am ersten Abend zum erstenmal erlebten. Liebig machte schon den Mund auf, um wieder Polen zu sagen. Aber dann ließ er es. Nur seine Nasenflügel bewegten sich etwas. Das genügte dann auch. Aber mit der Zeit gewöhnten wir uns auch an die Fußlappen. Und an das Kopfkissen[4].

Als sie mit den Essenkannen[5] kamen, war er gerade beim Beten. Plötzlich drehte er uns aus seiner dunklen Ecke sein kleines fades Gesicht zu und rief mitten aus seinem Mariasingsang[6] heraus: Marmelade! Wir wußten nicht, was er meinte. Es hätte ja auch polnisch sein können. Aber da sprang er wütend auf. Polnisch sprang er auf[7], drückte Liebig die Porzellanschüssel in die Hand und schrie: Marmelade! Marmelade! Bitte, um Gott[8]!

Dann drehte er sich um, sackte in die Knie und betete schon wieder. Aber da stieß Liebig ihn von hinten an. Mit dem Fuß.

---

1. **zu/grinsen**: sur le modèle de **zu/lächeln** *sourire (à qqn)*, **zu/lachen** *regarder (qqn) en riant* (**zu** d'orientation / approche); cf. supra p. 66: le sourire du Polonais ne peut être perçu que comme un ricanement.

2. ***Johannis-beer-rot**: (**Beere** f. *baie*), ***J.-beer** littéral. « *baie de Saint-Jean* » (par allusion à la maturité des groseilles vers la fin juin); supra p. 70 ***Johannis-beer-grützen-rot**: cf. **Grütze** f. *gruau*, **rote G.**: *dessert préparé avec de la gelée de fruits rouges.*

3. ***Fuß-lappen** m.: littéral. « *chiffons pour les pieds* »: bandes de tissu qu'on enroule autour des pieds en guise de chaussettes (dites *chaussettes russes* en fr. par référence à leur origine).

4. **...das Kopfkissen**: par-delà la comicité de l'exaspération à la fois haineuse et fascinée: le rapport blond / rouge de la tête du Polonais rappelle le fichu rouge et l'auréole (plus exactement une gloire: **einige**

puis les posait l'une sur l'autre, comme ça sur sa paillasse, au chevet. Puis il se mettait dans le coin avec sa décalcomanie, la plaçait sur son tabouret contre le gobelet, et priait tout haut et en polonais. Puis il ricanait à chacun d'entre nous, et se couchait. En glissant sous sa tête ses deux chaussettes russes rouge groseille, en guise d'oreiller. Ça faisait évidemment très joli, les cheveux blonds sur le chiffon groseille. Nous l'aurions assommé avec le plus grand plaisir, quand nous avons assisté à ça pour la première fois, le premier soir. Liebig ouvrait déjà la bouche pour dire à nouveau « la Pologne ». Mais finalement il y a renoncé. Ses narines seulement ont remué un peu. Ça suffisait alors, aussi bien. Mais avec le temps nous nous sommes habitués aussi aux chaussettes russes. Et à l'oreiller.

Il était justement en train de prier quand ils sont arrivés avec les bidons de repas. Tout d'un coup, de son coin sombre, il a tourné vers nous son petit visage fade et, au beau milieu de ses ritournelles à Marie, il a poussé un cri : « Marmelade ! » On ne savait pas ce qu'il voulait dire. C'est que ç'aurait pu être du polonais aussi, pour le coup. Mais alors il a bondi en fureur. Il a bondi en polonais, il a fourré son bol en porcelaine dans la main de Liebig et il a crié : « Marmelade ! Marmelade ! s'il te plaît pour Dieu ! »

Puis il s'est retourné, il s'est effondré à genoux et déjà il se remettait à prier. Mais alors Liebig l'a poussé par-derrière. Du pied.

---

**Sonnenstrahlen** p. 66) autour de la tête de la Vierge sur la décalcomanie.

5. ***Essen-kanne** f. : cf. **essen (a, e)** *manger* ; récipient collectif, et non pas *gamelle* (***Eß-schüssel, *Koch-geschirr**).

6. ***Maria-sing-sang : Singsang** m. (cf. **singen** *chanter*, **Sang** m. = **Gesang (a, u)** *chant*) désigne un chantonnement monotone.

7. **polnisch sprang er auf : polnisch** ironiquement superposé à **wütend** supra : cf. loc. proverbiale **da ist Polen offen** *c'est parti pour la bagarre.*

8. **um Gott :** l'expr. correcte est **um Gottes willen** *pour l'amour de Dieu.*

Und dann hielt Liebig seine längste Rede in der Zelle 432[1]. Er versuchte, um den Polen zu reizen, ihm dabei seine Sprache nachzuäffen.

Was? schrie Liebig, du elender Krüppel, du! Du erzmasurische[2] Wildsau[3]! Du Heuchler, du! Marmelade, schreist du, Marmelade? Wir denken, du betest und bist im achten Himmel mit deiner dünnbusigen Madonna! Und dabei spitzt du die Ohren, was es wohl zu fressen gibt, wie? Dabei hörst du nur Marmelade, du verfressenes Stück[4] Polen, du!

Der Pole stand auf. Er sagte sehr sanft und geduldig: Was willst du? Ein Ohr drinnen, ein Ohr draußen. Marmelade draußen. Maria drinnen[5]. Dabei drückte er das Bild gegen seinen Drillichanzug. Da, wo das Herz war.

Liebig sagte nichts. Er gab mir die Marmeladenschüssel[6]. Aber er sah mich nicht an. Eine Viertelstunde später schlossen sie die Zellen auf. Es gab Kaffee. Es gab Brot. Und heute gab es keinen Käse. Es gab Marmelade.

Aber er war auch nachts mit Maria zugange. Nachts ließen uns die Wanzen nicht schlafen. Und die Frauen nicht, die smaragdäugigen, katzengliedrigen[7]. Die Wanzen stanken süß wie Marzipan, wenn man sie zerdrückte. Sie rochen nach frischem Blut. Wie Frauen rochen, das war schon lange her. Die Frauen machten uns still nachts.

---

1. **Zelle 432**: même numéro de cellule que dans « **Die Hundeblume** ».

2. ***erz-masurisch**: préf. **erz-** (= *archi-*, dont il provient étym.) employé, de façon comparable au fr., d'une part dans des composés savants (ex. **Erzherzog** *archiduc*), d'autre part (lang. parlé) pour donner une valeur superlative (ex. **Erzfeind** *ennemi juré*); **Masuren** n. région de la Prusse orientale.

3. ***Wild-sau** f. : *laie (femelle du sanglier)*; injure triviale qui renchérit sur **Schwein** n. *cochon // salaud* ou **Sau** f. *truie*.

4. **Stück** n. : *morceau, bout, pièce*; cf. « **Die Hundeblume** » p. 42 n. 3 pour la construction **S. Polen**. Nombreux emplois fig. de S., notamment substitut fam. de *personne, individu, etc.* (amical, ou plus souvent péjor.).

5. **...Maria drinnen**: l'écho **MARmelade / MARia** illustre et rend effectif ce que dit le Polonais: non seulement l'une n'empêche pas l'autre, mais: c'est la même chose...

Et Liebig a tenu alors son plus long discours dans la cellule 432. Il essayait en même temps de singer le langage du Polonais, pour le provoquer.

« Quoi ? » a crié Liebig, « espèce de misérable avorton, va ! espèce de salopard de cochon du fin fond de la Mazurie ! espèce d'hypocrite, va ! Marmelade, que tu cries, marmelade ? Nous on croit que tu pries et que tu es au huitième ciel avec ta Madone aux seins maigrichons ! Et pendant ce temps, tu dresses l'oreille pour savoir qu'est-ce qu'il peut bien y avoir à bouffer, hein ? Pendant ce temps, tu n'entends qu'une chose, c'est marmelade, espèce de goinfre de foutu Polonais, va ! »

Le Polonais s'est levé. Il a dit très doucement et placidement : « Que veux-tu ? Une oreille dedans, une oreille dehors. Marmelade dehors. Marie dedans. » En même temps il serrait l'image sur son treillis. Là où était le cœur.

Liebig n'a rien dit. Il m'a passé le bol à marmelade. Mais il ne m'a pas regardé. Un quart d'heure après ils ont ouvert les cellules. Il y a eu du café. Il y a eu du pain. Et ce jour-là il n'y a pas eu de fromage. Il y a eu de la marmelade.

Mais la nuit aussi, il était occupé avec Marie. La nuit, les punaises ne nous laissaient pas dormir. Et les femmes non plus, les femmes aux yeux d'émeraude et au corps de félin. Les punaises puaient d'une odeur douceâtre comme du massepain, quand on les écrasait. Elles sentaient le sang frais. Comment sentaient les femmes, il y avait déjà longtemps de ça. Les femmes nous rendaient silencieux, la nuit.

---

6. ***Marmeladen-schüssel** : ambigu en all. : contenu *(de marmelade)* ou destination *(à marmelade)* ; en fait, il s'agit du ***Porzellan-schüssel** remis à Liebig (p. 72), ainsi re-baptisé par ironie ; la marmelade arrive plus tard (cf. infra), comme accédant au désir du Polonais.

7. ***smaragd-äugig, *katzen-gliedrig** : ces formes composées (effet de figé) soulignent ironiquement le cliché.

Aber die Wanzen ließen uns fluchen, bis es hell wurde. Nur der Pole fluchte nicht. Aber in einer hellen Nacht sah ich, daß er sein Bild in der Hand hielt. Und wenn wir mit unsern Flüchen den Dreck der ganzen Welt umrührten[1], dann sagte er höchstens mal leise vor sich hin: Maria, Maria. Gegen Hellwerden rasselten manchmal Enten vorbei, mit verrostetem Flügelschlag, zum nächsten Kanal[2]. Dann stöhnte Liebig jedesmal, jedesmal stöhnte er: Mensch, wenn man so 'ne Ente wär. Und dann war wieder alles voll Wanzen und Flüchen und Frauen[3]. Nur der Pole sagte dann heimlich: Maria, Maria.

Eine Nacht wachten wir auf, weil die Tür von unserem Geschirrschrank knarrte. Es war der Pole. Er stand da und kaute. Wir wußten genau, daß er abends alles aufgegessen hatte. Er aß abends immer alles auf. Jetzt stand er da und kaute. Liebig sprang vom Strohsack hoch und griff ihn bei den Haaren. Aber bevor er etwas tun konnte, sagte der Pole: Was willst du machen? Hungä[4]! Da ließ Liebig ihn los, legte sich wieder hin und sagte kein Wort mehr. Aber nach einer halben Stunde hörte ich dann doch, wie er vor sich hin fluchte. Polen, sagte er. Mehr nicht[5].

Aber tagsüber hatten wir es schwer mit ihm. Immer wenn am Ende unseres Korridors ein benagelter Schritt hörbar wurde, fing der Pole leise und schnell seinen Singsang an. Er war zum Tode verurteilt. Immer wenn draußen ein Wachtposten vorbeiging, wurde er abgeholt.

---

1. **Dreck... um/rühren**: **Dreck** m. *saleté, boue, crotte*, syn. atténué de **Scheiße** f. *merde* dans nombre d'expr. pop. comme ici.

2. **Enten... zum nächsten Kanal**: cette description d'une nuit de prison est en partie une réécriture du poème « **Moabit 1944** » (du nom de la prison de Berlin où W.B. fut emprisonné); **Kanal** ici, au lieu de **zum nächsten Binnenmeer** *(mer intérieure)* dans le poème, est peut-être un renvoi fictif à Hambourg — cf. la même évocation dans « **Gespräch über den Dächern** » p. 216.

3. **...und Frauen**: énumération allitérative comique **/V/ar -/V/ieder -/F/oll -/V/anzen -/F/lüchen -/F/rauen**: marmonnement opposé au **Singsang** du Polonais (l. suivante).

Mais les punaises nous tiraient des jurons jusqu'au lever du jour. Il n'y avait que le Polonais qui ne jurait pas. Mais par une nuit claire, j'ai vu qu'il tenait son image dans la main. Et quand nous remuions la merde du monde entier avec nos jurons, il disait alors tout au plus, à mi-voix entre ses dents : « Marie, Marie. » Vers le lever du jour, on entendait parfois un raclement de canards qui passaient avec un battement d'ailes rouillées, en direction du canal tout proche. Liebig gémissait alors chaque fois, chaque fois il gémissait : « Mec, si on pouvait être un canard de ce genre. » Et puis tout était à nouveau plein de punaises et de jurons et de femmes. Il n'y avait que le Polonais qui disait alors secrètement : « Marie, Marie. »

Une nuit, nous nous sommes réveillés parce que la porte de notre armoire à vaisselle grinçait. C'était le Polonais. Il était là debout et il mâchait. Nous savions parfaitement qu'il avait tout fini, le soir. Il finissait toujours tout, le soir. Maintenant il était là debout et il mâchait. Liebig a bondi de sa paillasse et l'a pris par les cheveux. Mais avant qu'il ait pu faire quelque chose, le Polonais a dit : « Que veux-tu faire ? La fan ! » Alors Liebig l'a lâché, il s'est recouché et n'a plus dit un mot. Mais alors une demi-heure après, je l'ai entendu pourtant qui jurait entre ses dents. « La Pologne », a-t-il dit. Pas plus.

Mais pendant la journée, on avait du mal avec lui. Toutes les fois qu'au bout de notre corridor un pas clouté se faisait entendre, le Polonais entamait ses ritournelles, à mi-voix et à toute vitesse. Il était condamné à mort. Toutes les fois que, dehors, une sentinelle passait, il était emmené.

---

4. **Was willst du machen? Hungä!** : = **Was ist da zu machen? Ich habe Hunger!** *Que faire? J'ai faim!* (toujours l'effet de « petit nègre »).

5. **Polen, sagte er. Mehr nicht.** : parallélisme entre Liebig et le Polonais : cf. supra l. 2, **aber in einer hellen Nachts sah ich... dann sagte (der Pole) höchstens mal... vor sich hin...** et l. 19-21, **aber nach einer halbe Stunde hörte ich... wie (Liebig) ... vor sich hin fluchte** ; tous deux, sans dormir, ruminent un mot entre leurs dents, **Maria / Polen** : une identité se crée entre les deux noms, entre ce qui est prière et ce qui se veut injure.

Immer wenn der Wachtposten vorüber war, durfte er noch leben bleiben[1]. Bis zum nächsten Wachtposten. Er wurde tausendmal am Tag abgeholt. Und tausendmal am Tag durfte er leben bleiben. Denn sie gingen den ganzen Tag vorbei. Und immer wenn einer vorbei war, brach der Pole seinen Singsang ab, atmete, und dann sah er uns an und sagte: Maria, alles Maria. Er sagte das wie: Na, seht ihr, sie hilft[2] immer, das gute Mädchen. Und er mußte das oft sagen am Tag, das Maria[3], denn sie gingen den ganzen Tag vorbei. Und immer wenn sie vorbei waren, sagte er seelenruhig: Alles Maria. Und es hörte sich an wie: Na also. Und es machte uns verrückt. Und er grinste dabei. Aber über seinen Augenbrauen war eine Postenkette aufmarschiert: kleine helle Wassertropfen.

Einmal holten sie ihn dann doch. Er war sehr erschrocken. Und er kriegte das Grinsen nicht mehr hin. Er stand nur und war maßlos erstaunt. Wir hätten ihn am liebsten erschlagen.

Mitten in der Nacht zog Liebig plötzlich laut die Luft ein. Dann sah er auf den leeren Strohsack. Ich finde, es riecht immer noch nach Polen, sagte er. Und dann sagte er: Und jetzt ist er weg[4]. Pauline und ich, wir sagten nichts. Wir wußten, Liebig tat es leid, daß er den Polen gehaßt hatte.

Nach vier Monaten wurde ich entlassen. Ich mußte noch in den Keller runter[5] zur Bekleidungskammer und meine Wäsche abgeben.

---

1. **leben bleiben**: rôle de semi-auxiliaire de **bleiben (ie, ie)**, d'où la construction avec inf. (autre ex.: **er blieb sitzen / stehen**, *il resta assis / debout*). La construction avec **zu** + inf. a un tout autre sens (obligation) ex. **das bleibt abzuwarten** *il faut voir*. A noter cependant que **am Leben bleiben** est une formulation plus courante que **leben bleiben**.

2. **helfen (a, o)**: jouant sur le double sens *aider / secourir*, la familiarité de ce discours prêté au Polonais défait la solennité du secours céleste au profit de l'image de la *bonne fille* toujours prête à rendre service.

3. **das Maria**: (**das** = **dieses** ou **sein**, comme toujours avec le déterminant **der, die, das** lorsqu'il renvoie à un contexte immédiat): homophonie malheureuse en fr. « *son Marie (mari)* » d'où l'adaptation.

Toutes les fois que la sentinelle était passée, il pouvait rester encore en vie. Jusqu'à la prochaine sentinelle. Mille fois par jour il était emmené. Et mille fois par jour il pouvait rester en vie. Car elles passaient à longueur de journée. Et toutes les fois qu'une était passée, le Polonais arrêtait net ses ritournelles, respirait, et nous regardait alors en disant : « Marie, tout Marie. » Il disait ça comme : « Ben vous voyez, elle donne toujours un coup de main, la brave fille. » Et forcément il le disait souvent dans la journée, le truc sur Marie, car elles passaient à longueur de journée. Et chaque fois qu'elles étaient passées, il disait avec un calme imperturbable : « Tout Marie. » Et ça sonnait comme : « Ben voyez. » Et ça nous rendait fous. Et il ricanait en même temps. Mais au-dessus de ses sourcils, une rangée de sentinelles était déployée : de petites gouttes d'eau qui brillaient.

Une fois alors, pourtant, ils sont venus le chercher. Il était très effrayé. Et il n'arrivait plus à faire le ricanement. Il restait debout seulement, et il était complètement abasourdi. Nous l'aurions assommé avec le plus grand plaisir.

Au milieu de la nuit, Liebig s'est mis tout d'un coup à aspirer l'air à grand bruit. Puis il a regardé la paillasse vide. « Je trouve que ça sent toujours la Pologne », a-t-il dit. Et alors il a dit : « Et maintenant il est parti. » Pauline et moi, nous n'avons rien dit. Nous savions que Liebig regrettait d'avoir haï le Polonais.

Quatre mois plus tard, j'ai été libéré. Il fallait encore que je descende au sous-sol, au magasin d'habillement, pour remettre mon linge.

---

4. **weg** : partic. dans sa fonction d'adj.-adv. *disparu // égaré // loin* ; cf. autres partic., ex. **das Geschäft ist auf** *le magasin est ouvert*, **es ist vorüber** *c'est fini*, **die Frist ist um** *le délai est passé*, etc.

5. **ich mußte... runter** : construction directe (ellipse de l'inf.) des v. de modalité (possibilité, obligation, volonté) avec un terme directif.

Der Keller[1] wurde gerade geschrubbt. Zwanzig Gefangene lagen auf den Knien und rieben mit Stahlspänen den Fußboden ab, damit der Gang hell und freundlich wurde. Plötzlich zupfte mich einer an der Hose. Ich sah runter. Es war der Pole. Er grinste mich von unten her an:

Begnadigt, flüsterte er, begnadigt! Fünfzehn Jahr, nur fünfzehn Jahr! Und dann strahlte[2] er und strich über seine Tasche: Maria, flüsterte er, alles Maria. Und dabei machte er ein Gesicht, als hätte er die Justiz ganz gewaltig übers Ohr gehauen[3]. Er hatte es. Die Justiz der ganzen Welt[4].

---

1. **Keller** m. : *cave*, ici au sens de ***Keller-geschoß** n. *étage souterrain.*

2. **strahlen**: le sens métaphorique courant *être radieux* (*de joie*, etc.) se trouve ici revalorisé en une illumination quasi mystique: cf. les ***Sonnen-strahlen** du visage de la Vierge p. 66.

3. **hauen (hieb, gehauen)**: *tailler (pierre,* etc.) // (fam.) *frapper, battre*; l'expr. fam. **übers (= über das) Ohr h.** *tromper, flouer* est tirée du langage de l'escrime.

On était justement en train de frotter le sous-sol. Vingt prisonniers étaient à genoux en train de frotter par terre avec de la paille de fer, afin de rendre le couloir clair et souriant. Tout d'un coup, l'un d'eux m'a tiré par le pantalon. J'ai regardé à mes pieds. C'était le Polonais. Il me ricanait, d'en bas :

« Gracié », a-t-il chuchoté, « gracié ! Quinze ans, seulement quinze ans ! » Et alors il a rayonné, en caressant sa poche : « Marie », a-t-il chuchoté, « tout Marie ». Et en même temps il faisait une tête, comme s'il avait roulé la justice d'une manière absolument colossale. Il l'avait fait. La justice du monde entier.

---

4. **Die Justiz der ganzen Welt :** ironie en chaîne de tout ce rebondissement final : victoire sur le narrateur d'abord, forcé d'admettre la vérité de l'autre, victoire aussi, sur l'Allemagne nazie, du « sous-homme », et de la Pologne écrasée, victoire enfin de Marie sur le monde **(die ganze Welt)**. On note déjà le rôle fondamental des *objets magiques* dans les récits de W.B. (fétichisme de la décalcomanie, comme celui de la fleur dans « **Die Hundeblume** »).

# JESUS MACHT NICHT MEHR MIT[1]

*Jésus ne marche plus*

Er lag[2] unbequem in dem flachen Grab[3]. Es war wie immer reichlich kurz geworden, so daß er die Knie krumm machen mußte. Er fühlte die eisige Kälte im Rücken. Er fühlte sie wie einen kleinen Tod[4]. Er fand, daß der Himmel sehr weit weg war. So grauenhaft weit weg, daß man gar nicht mehr sagen mochte, er ist gut oder er ist schön. Sein Abstand von der Erde war grauenhaft. All das Blau, das er aufwandte, machte den Abstand nicht geringer. Und die Erde war so unirdisch kalt und störrisch in ihrer eisigen Erstarrung, daß man sehr unbequem in dem viel zu flachen Grab lag. Sollte man das ganze Leben so unbequem liegen? Ach nein, den ganzen Tod hindurch sogar! Das war ja noch viel länger.

Zwei Köpfe erschienen am Himmel über dem Grabrand. Na, paßt[5] es, Jesus? fragte der eine Kopf, wobei er einen weißen Nebelballen[6] wie einen Wattebausch aus dem Mund fahren ließ. Jesus stieß aus seinen beiden Nasenlöchern zwei dünne ebenso weiße Nebelsäulen und antwortete: Jawoll[7]. Paßt.

Die Köpfe am Himmel verschwanden. Wie Kleckse waren sie plötzlich weggewischt. Spurlos. Nur der Himmel war noch da mit seinem grauenhaften Abstand.

Jesus setzte sich auf und sein Oberkörper ragte etwas aus dem Grab heraus. Von weitem sah es aus, als sei er bis an den Bauch eingegraben. Dann stützte er seinen linken Arm auf die Grabkante und stand auf.

---

1. **mit/machen**: *participer, suivre* (un cours, une mode, etc.); intrans. (fam.) *être d'accord, jouer le jeu.*

2. **liegen (a, e)**: il faudrait ici *il gisait* — mais la rigidité d'emploi de ce v. en fr. empêcherait la concordance avec les autres occurrences de **l.** dans le texte — pour rendre la signification immédiate de « cadavre » (étayée par **Grab**, cf. n. suivante).

3. **Grab** n. : cf. **graben (u, a)** *creuser*; **G.** non pas au sens de monument funéraire ici *(tombe, tombeau)*, mais syn. de **Grube** (cf. « **An diesem Dienstag** » p. 96 n. 6).

4. **wie einen kleinen Tod**: ≠ sens métaphorique fr. *petite mort*! La comparaison joue sur l'ambivalence du début : un personnage qui mime un cadavre jusqu'à subir une forme de mort — le « froid de la mort ».

Il était couché inconfortablement dans la fosse peu profonde. Elle était comme toujours beaucoup trop courte, de sorte qu'il devait recroqueviller les genoux. Il sentait le froid glacial dans son dos. Il le sentait comme une mort, presque. Il trouvait que le ciel était très loin. Si effroyablement loin qu'on n'avait plus la moindre envie de dire qu'il était beau ou qu'il était bon. Sa distance à la terre était effroyable. Tout le bleu qu'il dépensait ne diminuait pas cette distance. Et la terre était si froide, sans plus rien de terrestre, et si intraitable dans sa raideur glacée, qu'on était très inconfortablement couché, dans cette fosse qui n'avait aucune profondeur. Est-ce qu'il fallait rester toute la vie couché aussi inconfortablement ? Au fait non, toute la mort durant, même ! C'était encore beaucoup plus long, ça.

Deux têtes apparurent dans le ciel, au bord de la fosse. « Alors Jésus, c'est la bonne taille ? » demanda l'une des têtes, en laissant partir de sa bouche un paquet de brouillard blanc comme un tampon d'ouate. Jésus projeta par les narines deux minces colonnes de brouillard pareillement blanc, et répondit : « Ouais. C'est bon. »

Les têtes dans le ciel disparurent. Comme des taches essuyées d'un seul coup. Sans laisser de traces. Il n'y avait plus que le ciel encore là avec son effroyable distance.

Jésus s'assit, et son buste dépassait un peu de la fosse. De loin on l'aurait dit enterré jusqu'au ventre. Alors il s'appuya du bras gauche sur l'arête de la fosse et se leva.

---

5. **passen** : *être juste, aller bien // s'adapter à // être de mise // convenir* ; **es paßt** peut avoir le sens fam. général *ça colle, ça va*, mais il s'agit bien ici d'un ajustement très concret : essayer une tombe comme un vêtement ou un moule.

6. ***Nebel-ballen** : **B.** m. *ballot, balle* : métaphore hyperbolique pour la condensation de l'haleine, comme **N.** m. (plutôt que **Dunst** m. ou **Dampf** m. *vapeur*) ; souligne l'atmosphère irréelle et burlesque où sont plongés les personnages, comme dans un autre monde (cf. supra **die Erde... unirdisch**).

7. **Jawoll** : fam., parodique du **Jawohl** militaire.

Er stand in dem Grab und sah traurig auf seine linke Hand. Beim Aufstehen[1] war der frischgestopfte[2] Handschuh am Mittelfinger wieder aufgerissen. Die rotgefrorene Fingerspitze kam daraus hervor. Jesus sah auf seinen Handschuh und wurde sehr traurig. Er stand in dem vielzuflachen[3] Grab, hauchte einen warmen Nebel gegen seinen entblößten frierenden Finger und sagte leise: Ich mach nicht mehr mit. Was ist los, glotzte der eine von den beiden, die in das Grab sahen, ihn an[4]. Ich mach nicht mehr mit, sagte Jesus noch einmal ebenso leise und steckte den kalten nackten Mittelfinger in den Mund.

Haben Sie gehört, Unteroffizier[5], Jesus macht nicht mehr mit.

Der andere, der Unteroffizier, zählte die Sprengkörper in eine Munitionskiste und knurrte: Wieso? Er blies den nassen Nebel aus seinem Mund auf Jesus zu: Hä, wieso? Nein, sagte Jesus noch immer ebenso leise, ich kann das nicht mehr. Er stand in dem Grab und hatte die Augen zu. Die Sonne machte den Schnee so unerträglich weiß[6]. Er hatte die Augen zu und sagte: Jeden Tag die Gräber aussprengen. Jeden Tag sieben oder acht Gräber. Gestern sogar elf. Und jeden Tag die Leute da reingeklemmt in die Gräber, die ihnen immer nicht passen. Weil die Gräber zu klein sind. Und die Leute sind manchmal so steif und krumm gefroren. Das knirscht dann so, wenn sie in die engen Gräber geklemmt werden. Und die Erde ist so hart und eisig und unbequem.

---

1. **Beim Aufstehen: (beim = bei dem)** emploi très courant de **b.** avec inf. substantivé (ou subst. désignant un procès), marquant la pure circonstance; sans art. dans quelques formes figées, ex. **Paris bei Nacht** *Paris la nuit.*

2. ***frisch-gestopft:** (**f.** *frais // nouveau, récent*) soudure fréquente de l'adj. épithète à son déterminé; cf. de même ***rot-gefroren** l. suivante.

3. **vielzuflach:** effet stylistique — par rapport au simple fait de langue relevé à la n. 2 — de marmottement comique (reprise de p. 84 **flach... viel zu flach**).

4. **an/glotzen:** (fam.) cf. **glotzen** *regarder d'un air éberlué ou abruti,* ***Glotz-Augen** (pl.) *des yeux en boule de loto,* **die Glotze** *la T.V.*

Il resta debout dans la fosse et regarda tristement sa main gauche. En se levant il avait redéchiré, au doigt du milieu, son gant fraîchement raccommodé. Le bout du doigt en sortait, rougi par le froid. Jésus regarda son gant et il devint très triste. Il resta debout dans cette fosse qui n'avait aucune profondeur, souffla un brouillard chaud sur son doigt découvert et gelé, et dit tout bas : « Je ne marche plus. » — « Qu'est-ce qui se passe », demanda, les yeux ronds, l'un des deux qui avaient regardé dans la fosse. « Je ne marche plus », répéta Jésus toujours aussi bas, et il se fourra dans la bouche le doigt du milieu, nu et froid.

« Vous avez entendu sergent, Jésus ne marche plus. »

L'autre, le sergent, était en train de compter les bâtons de dynamite dans une caisse de munitions, et il grogna : « Comment ça ? » Il soufflait par la bouche un brouillard humide vers Jésus : « Hein, comment ça ? » — « Non », dit Jésus toujours aussi bas, « ça, je ne peux plus ». Il restait debout dans la fosse et il avait les yeux fermés. Le soleil rendait la neige si blanche que c'en était insoutenable. Il avait les yeux fermés et il dit : « Tous les jours creuser les fosses à la dynamite. Tous les jours sept ou huit fosses. Onze même, hier. Et tous les jours les gens coincés là-dedans, dans ces fosses qui ne sont jamais à leur taille. Parce que ces fosses sont trop petites. Et les gens sont quelquefois si raides et recroquevillés par le froid. Ça crisse tellement alors, quand on les coince dans ces fosses étroites. Et la terre est si dure et glacée et inconfortable.

---

5. ***Unter-offizier** : dans l'infanterie, grade échelonné de *sergent* à *adjudant-chef*.

6. **unerträglich weiß** : valeur symbolique de la blancheur aveuglante de la neige dans ces récits de guerre, cf. « **Mein bleicher Bruder** » « *Mon frère blafard* » : **Noch nie war etwas so weiß wie dieser Schnee... So fürchterlich weiß** *Jamais encore il n'y avait eu quelque chose d'aussi blanc que cette neige... Si effroyablement blanche*, et « **Die Nachtigall singt** » « *Le rossignol chante* » : **Und der Schnee war widerlich weiß... widerlich blaß** *Et la neige était blanche à vous dégoûter... pâle à vous dégoûter.*

Das sollen sie den ganzen Tod lang aushalten. Und ich, ich kann das Knirschen nicht mehr hören. Das ist ja, als wenn Glas zermahlen wird. Wie Glas.

Halt das Maul, Jesus. Los, raus[1] aus dem Loch. Wir müssen noch fünf Gräber machen. Wütend flatterte der Nebel vom Mund des Unteroffiziers weg auf Jesus zu. Nein, sagte der und stieß zwei feine Nebelstriche[2] aus der Nase, nein. Er sprach sehr leise und hatte die Augen zu: Die Gräber sind doch auch viel zu flach. Im Frühling kommen[3] nachher überall die Knochen aus der Erde. Wenn es taut. Überall die Knochen. Nein, ich will das nicht mehr. Nein, nein. Und immer ich. Immer soll ich mich in das Grab legen, ob es paßt. Immer ich. Allmählich[4] träume ich davon. Das ist mir gräßlich, wißt ihr, daß ich das immer bin, der die Gräber ausprobieren soll. Immer ich. Immer ich. Nachher träumt man noch davon. Mir ist das gräßlich, daß ich immer in die Gräber steigen soll. Immer ich.

Jesus sah noch einmal auf seinen zerrissenen Handschuh. Er kletterte aus dem flachen Grab heraus und ging vier Schritte auf einen dunklen Haufen los. Der Haufen bestand aus toten Menschen. Die waren so verrenkt[5], als wären sie in einem wüsten[6] Tanz überrascht worden. Jesus legte seine Spitzhacke leise und vorsichtig neben den Haufen von toten Menschen. Er hätte die Spitzhacke auch hinwerfen können, der Spitzhacke hätte das nicht geschadet. Aber er legte sie leise und vorsichtig hin, als wollte er keinen stören oder aufwecken.

---

1. **Los, raus :** **l.** partic. et adj.-adv. de détachement, employé comme interj. *allons! vas-y! filons!* etc. ; **r.** (cf. « **Die Hundeblume** » p. 32 n. 6), autre ex. **rein oder raus!** *tu entres ou tu sors!*

2. ***Nebel-strich :** cf. **Strich** m. *trait.* Système d'oppositions entre Jésus et les autres : paquet de brouillard / minces lignes ; bouche / nez ; cri / murmure ; yeux écarquillés / yeux fermés ; procédé d'affrontement statique fréquent chez W.B., cf. « **Gespräch über den Dächern** » p. 230 n. 1 et 6.

3. **kommen... aus :** le contexte (printemps, terre) attire le sens de germination, d'éclosion que peut prendre **k.** : *pousser, pointer* (ex. **die Saat kommt** *le blé commence à lever*). Vision presque hallucinée,

Il leur faudra supporter ça toute la mort durant. Et moi je ne peux plus entendre ce crissement. C'est vraiment comme si on broyait du verre. Comme du verre. »

« Ferme ta gueule, Jésus. Allez, sors du trou. On a encore cinq fosses à faire. » Le brouillard voletait furibond de la bouche du sergent vers Jésus. « Non », dit celui-ci en projetant par le nez deux fines lignes de brouillard, « non ». Il parlait très bas et il avait les yeux fermés : « Et puis vraiment, ces fosses n'ont aucune profondeur. Après, au printemps, les os sortent de terre partout. Au dégel. Les os partout. Non, je ne veux plus. Non, non. Et toujours moi. Toujours moi qui dois me coucher dans la fosse, pour voir si c'est la bonne taille. Toujours moi. À la fin j'en rêve la nuit. C'est affreux pour moi, vous savez, d'être toujours ça, celui qui doit essayer les fosses. Toujours moi. Toujours moi. Après on en rêve encore la nuit. C'est affreux pour moi de devoir toujours descendre dans les fosses. Toujours moi. »

Jésus regarda encore une fois son gant déchiré. Il grimpa hors de la fosse peu profonde et fit quatre pas, droit vers un tas de couleur sombre. Ce tas était fait de morts. Ils étaient contorsionnés comme si on les avait surpris au milieu d'une danse sauvage. Jésus posa sa pioche doucement, avec précaution, près du tas de morts. Il aurait pu jeter la pioche aussi bien, la pioche n'aurait pas été abîmée. Mais il la posa doucement, avec précaution, comme pour n'en déranger ou n'en réveiller aucun.

---

congruente à l'atmosphère fantastique instaurée dès le début du texte (le « cadavre vivant » dans la fosse).

4. **allmählich** : *peu à peu, graduellement* ; souvent nuance résultative (ici), autre ex. **sich a. aufregen** *commencer à / finir par s'énerver*.

5. **verrenken (sich)** : *se luxer* (un membre) // fig. *se tordre, se disloquer* (douleur, danse, etc.) ; reprend **krumm** p. 86 (cadavres) et p. 84 (le corps de Jésus — tordu comme ces cadavres).

6. **wüst** : *désert, désolé // en désordre // obscène, orgiaque // sauvage* ; cf. **Wüste** f. *désert*, **Wüstling** m. *débauché, noceur*. Comparaison dans le prolongement de la tonalité grotesque - irréelle (cf. n. 3 et p. 84 n. 6).

Um Gottes willen keinen wecken. Nicht nur aus Rücksicht, aus Angst auch. Aus Angst. Um Gottes willen keinen wecken. Dann ging er, ohne auf die beiden anderen zu achten, an ihnen vorbei durch den knirschenden Schnee auf das Dorf zu.

Widerlich[1], der Schnee knirscht[2] genau so, so ganz genau so. Er hob die Füße und stelzte[3] wie ein Vogel durch den Schnee, nur um das Knirschen zu vermeiden.

Hinter ihm schrie der Unteroffizier: Jesus! Sie kehren sofort um! Ich gebe Ihnen den Befehl! Sie haben sofort weiterzuarbeiten! Der Unteroffizier schrie, aber Jesus sah sich nicht um. Er stelzte wie ein Vogel durch den Schnee, wie ein Vogel[4], nur um das Knirschen zu vermeiden. Der Unteroffizier schrie — aber Jesus sah sich nicht um. Nur seine Hände machten eine Bewegung, als sagte er: Leise, leise! Um Gottes willen keinen wecken! Ich will das nicht mehr. Nein. Nein. Immer ich. Immer ich. Er wurde immer kleiner, kleiner, bis er hinter einer Schneewehe verschwand.

Ich muß ihn melden[5]. Der Unteroffizier machte einen feuchten wattigen Nebelballen in die eisige Luft. Melden muß ich ihn, das ist klar. Das ist Dienstverweigerung[6]. Wir wissen ja, daß er einen weg hat[7], aber melden muß ich ihn.

Und was machen sie dann mit ihm? grinste der andere.

---

1. **widerlich**: cf. prép. **wider** (+ acc.) *contre* (syn. **gegen** + acc.). Même horreur et nausée devant la blancheur de la neige: cf. la cit. p. 86 n. 6.

2. **knirschen**: cf. p. 88 **knirscht... wie Glas** (les morts): assimilation neige - cadavre, neige - mort (de même supra la blancheur spectrale); cf. le cri de la neige dans d'autres récits du front, par ex. « **Die Katze war in Schnee erfroren** » « *Le chat était mort de froid dans la neige* »: **und der Schnee schrie unter ihren benagelten Schuhen. Schrie häßlich...** *et la neige criait sous leurs souliers cloutés. Criait hideusement...*, ainsi que l'écho **SCHnee / SCHrei** (comme *cri de mort*), prégnant dans ce même récit et dans « **Mein bleicher Bruder** ».

3. **stelzen**: sens fig. ici (démarche avec les jambes raides), cf. **Stelze** f. *échasse // oiseau échassier*; cf. aussi « **Die Hundeblume** » p. 34 n. 2.

Pour l'amour de Dieu n'en réveiller aucun. Pas seulement par égard, par peur aussi. Par peur. Pour l'amour de Dieu n'en réveiller aucun. Puis il passa devant les deux autres, sans faire attention à eux, et se dirigea vers le village à travers la neige qui crissait.

C'est dégoûtant, la neige fait exactement le même crissement, exactement le même, tout à fait. Il leva les pieds et se mit à marcher sur des échasses comme un oiseau dans la neige, rien que pour éviter le crissement.

Derrière lui le sergent criait : « Jésus ! Faites demi-tour immédiatement ! C'est un ordre ! Vous allez reprendre le travail immédiatement ! » Le sergent criait, mais Jésus ne se retourna pas. Il marchait sur des échasses comme un oiseau dans la neige, comme un oiseau, rien que pour éviter le crissement. Le sergent criait — mais Jésus ne se retourna pas. Seules ses mains faisaient un geste comme s'il disait : « Plus bas, plus bas ! Pour l'amour de Dieu n'en réveiller aucun ! Ça, je ne veux plus. Non. Non. Toujours moi. Toujours moi. » Il devenait de plus en plus petit, plus petit, jusqu'au moment où il disparut derrière une congère.

« Je dois le signaler. » Le sergent lâchait un paquet de brouillard humide dans l'air glacé. « Il faut que je le signale, c'est clair. C'est un refus d'exécution. On sait bien qu'il est un peu cinglé, mais quand même, il faut que je le signale. »

« Et alors, qu'est-ce qu'ils vont faire de lui ? » ricana l'autre.

---

4. **Vogel** m. : la comparaison fait affleurer le motif du bouffon ou du « fêlé » : plus largement qu'en fr. (cf. *drôle d'oiseau*) **V.** désigne (sens fig. fam.) un individu bizarre, comique, louche, etc. Cf. aussi ***Spaß-v.** *bouffon, farceur*, **einen V. haben** *avoir l'esprit dérangé*.

5. **melden** : cf. **Meldung** f. *rapport (officiel, public, militaire, etc.)*.

6. ***Dienst-verweigerung** f. : (**D.** m. *service*) jargon militaire.

7. **einen weg/haben** : (expr. fam.) *être pompette / timbré*. Cf. autres loc., par ex. **etwas w.** *s'y entendre (à qqch.)*, **es w.** *avoir compris*.

Nichts weiter[1]. Gar nichts weiter. Der Unteroffizier schrieb sich einen Namen in sein Notizbuch. Nichts. Der Alte läßt ihn vorführen. Der Alte hat immer seinen Spaß an Jesus. Dann brüllt er ihn zusammen[2], daß er zwei Tage nichts ißt und redet, und läßt ihn laufen[3]. Dann ist er wieder ganz normal für eine Zeitlang. Aber melden muß ich ihn erstmal. Schon weil der Alte seinen Spaß[4] dran hat. Und die Gräber müssen doch gemacht werden. Einer muß doch rein, ob es paßt. Das hilft doch nichts.

Warum heißt er eigentlich Jesus, grinste der andere.

Oh, das hat weiter keinen Grund. Der Alte nennt ihn immer so, weil er so sanft aussieht. Der Alte findet, er sieht so sanft aus. Seitdem heißt er Jesus[5]. Ja, sagte der Unteroffizier und machte eine neue Sprengladung fertig für das nächste Grab, melden muß ich ihn, das muß ich, denn die Gräber müssen ja sein.

---

1. **nichts weiter** : *voilà tout, ça ne va pas plus loin* ; **w.** adv. (du compar. de **weit** *large, loin*), sens d'extension et continuation ; cf. infra **w. keinen Grund** *pas de raison spéciale (au fond).*

2. **zusammen/brüllen** : valeur intensive (emploi fam.) de **z.-**, cf. **zusammen/schlagen** *rouer de coups, démolir (qqn),* dérivée du sens de « destruction » de la partic., ex. **zusammen/brechen** *s'effondrer.*

3. **...und läßt ihn laufen** : la 1re arrestation de W.B. intervint à la suite d'une blessure à la main gauche et au doigt du milieu (front de Kalinin, hiver 1942), qu'il fut accusé de s'être infligée lui-même. Une telle accusation de désertion ne pouvait se solder que par la mort, ou l'acquittement faute de preuves. L'épisode est rendu ici doublement « inoffensif » : accroc au gant (= blessure) et « désertion » parodique, déréalisée (cf. l'ingénuité de **ich mach nicht mehr mit**). Procédé de litote (le moins pour le plus d'effet) fréquent dans les récits du front (cf. « **Der viele viele Schnee** » p. 118 n. 2).

« Rien de plus. Absolument rien de plus. » Le sergent écrivit un nom sur son carnet. « Rien. Le vieux le convoquera. Le vieux s'amuse toujours avec Jésus. Il se met alors à hurler contre lui à tout casser, ce qui fait que l'autre ne mange rien et ne dit rien pendant deux jours, et il le laisse filer. Il redevient alors tout à fait normal pendant quelque temps. Mais pour commencer, il faut que je le signale. Parce que ça amuse le vieux, et d'une. Et il faut pourtant bien les faire, ces fosses. Il faut pourtant bien que quelqu'un se mette dedans pour voir si c'est la bonne taille. Il n'y a pourtant pas d'autre moyen. »

« Pourquoi est-ce qu'il s'appelle Jésus, au fond », ricana l'autre.

« Oh, il n'y a pas vraiment de raison. Le vieux l'appelle toujours comme ça, parce qu'il a un air si doux. Le vieux trouve qu'il a un air si doux. Depuis, il s'appelle Jésus. Oui », dit le sergent en préparant une nouvelle charge de dynamite pour la fosse suivante, « il faut que je le signale, ça il le faut, car enfin il faut bien qu'il y ait des fosses ».

---

4. **Spaß** m. : *plaisanterie, blague // amusement, plaisir* ; noter l'écho **SPAß / es PAßT** (infra l. 9, 5e occurrence de **passen**).

5. **Seitdem heißt er Jesus** : surnom moqueur courant dans l'armée à l'époque (comme dans tout autre milieu valorisant les « durs »). La raison superficielle invoquée pour ce nom souligne, comme par prétérition, la raison symbolique du texte : Jesus comme Christ bouffon dans une allégorie parodique de la mise au tombeau et de la résurrection (= l'essayage de tombes et la désertion).

# AN DIESEM DIENSTAG

*Ce mardi-là*

Die Woche hat[1] einen Dienstag.
Das Jahr ein halbes Hundert.
Der Krieg hat viele Dienstage[2].

An diesem Dienstag
übten sie in der Schule die großen Buchstaben. Die Lehrerin hatte eine Brille mit dicken Gläsern. Die hatten keinen Rand[3]. Sie waren so dick, daß die Augen ganz leise[4] aussahen.

Zweiundvierzig Mädchen saßen vor der schwarzen Tafel und schrieben mit großen Buchstaben:

DER ALTE FRITZ HATTE EINEN TRINKBECHER AUS BLECH. DIE DICKE BERTA[5] SCHOSS BIS PARIS. IM KRIEGE SIND ALLE VÄTER SOLDAT.

Ulla kam mit der Zungenspitze bis an die Nase. Da stieß die Lehrerin sie an. Du hast Krieg mit ch geschrieben, Ulla. Krieg wird mit g geschrieben. G wie Grube[6]. Wie oft habe ich das schon gesagt. Die Lehrerin nahm ein Buch und machte einen Haken[7] hinter Ullas Namen. Zu morgen schreibst du den Satz zehnmal ab, schön[8] sauber, verstehst du? Ja, sagte Ulla und dachte: Die mit ihrer Brille.

Auf dem Schulhof fraßen die Nebelkrähen das weggeworfene Brot.

---

1. **haben**: tournures courantes pour des relations de contenu, date, etc., ex. **eine Minute hat sechzig Sekunden** *il y a soixante secondes dans une minute*, **wir haben Sonntag den 22** *nous sommes dimanche 22*, etc.

2. **Dienstag**: comme *mardi* dérivé du latin pop. « martis dies » *(jour de Mars)*, **D.** signifie étym. « *jour de Ziu* », dieu germanique assimilé au dieu romain de la guerre — d'où le choix symbolique de ce jour de la semaine.

3. **Rand** m. : (terme générique) *bord, rebord // marge // périphérie // lisière //* (yeux) *cerne*, etc.

4. **leise**: *à peine audible, bas, doux // à peine sensible, faible, léger.*

5. **die dicke Berta**: référence à la 1re Guerre mondiale... Cf. Préf. p. 9; anachronisme encore, **Fritz** (diminutif de **Friedrich**) qui évoque aussitôt en fr. le surnom pop. péjor. donné au soldat all., surtout à partir de 1914.

La semaine a un mardi.
L'année en a une cinquantaine.
La guerre a beaucoup de mardis.

Ce mardi-là
elles apprenaient à faire les majuscules, à l'école. La maîtresse portait des lunettes à verres épais. Ils n'étaient pas cerclés. Ils étaient si épais que les yeux se voyaient à peine.

Quarante-deux petites filles, assises devant le tableau noir, écrivaient en majuscules :

LE VIEUX FRITZ AVAIT UN GOBELET EN FER-BLANC. LA GROSSE BERTHA TIRAIT JUSQU'À PARIS. PENDANT LA GUERRE, TOUS LES PAPAS SONT SOLDATS.

Ulla parvint à toucher son nez du bout de la langue. À ce moment, la maîtresse lui donna une tape. « Tu as écrit guerre avec un seul r, Ulla. Guerre s'écrit avec deux r. Comme terre. Combien de fois l'ai-je déjà dit. » La maîtresse prit un registre et fit une croix après le nom de Ulla. « Tu me copieras dix fois cette phrase pour demain, bien proprement, tu as compris ? » « Oui », dit Ulla en pensant : « Celle-là, avec ses lunettes. »

Dans la cour, les corneilles grises mangeaient le pain jeté.

---

6. **wie Grube :** l'adaptation en fr. reste plus faible que l'exemple en forme de « lapsus idéologique » donné dans le texte : **G.** f. *mine* (gisement) // *fosse* (excavation, trou à déchets ou pour l'inhumation de cadavres, tombe encore ouverte — ≠ **Grab** n. *tombe* ; cf. **« Jesus macht nicht mehr mit »** p. 84 n. 3). Noter que la faute dyslexique de Ulla (**« Krieche »**) suggère **kriechen** *ramper* (propre et fig.), autre lapsus...

7. **Haken** m. : *crochet* (cf. ***Haken-kreuz** n. *croix gammée*) // *patère* // *signe graphique* (par ex. pour cocher).

8. **schön :** (adj. *beau*) sens adv. *bien, bon, beaucoup* (ex. **das riecht s.** *ça sent bon*, **danke s.** *merci beaucoup*, etc.).

An diesem Dienstag
wurde Leutnant Ehlers zum Bataillonskommandeur[1] befohlen.

Sie müssen den roten Schal abnehmen, Herr[2] Ehlers.

Herr Major?

Doch[3], Ehlers. In der Zweiten ist sowas nicht beliebt.

Ich komme in die zweite Kompanie?

Ja, und die lieben sowas nicht. Da kommen Sie nicht mit durch. Die Zweite ist an das Korrekte[4] gewöhnt. Mit dem roten Schal läßt die Kompanie Sie glatt stehen[5]. Hauptmann Hesse trug sowas nicht.

Ist Hesse verwundet?

Nee[6], er hat sich krank gemeldet. Fühlte sich nicht gut, sagte er. Seit er Hauptmann ist, ist er ein bißchen flau geworden, der Hesse. Versteh ich nicht. War sonst immer so korrekt. Na ja, Ehlers, sehen Sie zu, daß Sie mit der Kompanie fertig werden[7]. Hesse hat die Leute gut erzogen[8]. Und den Schal nehmen Sie ab, klar?

Türlich, Herr Major.

Und passen Sie auf, daß die Leute mit den Zigaretten vorsichtig sind. Da muß ja jedem anständigen Scharfschützen der Zeigefinger jucken, wenn er diese Glühwürmchen herumschwirren sieht. Vorige Woche hatten wir fünf Kopfschüsse. Also passen Sie ein bißchen auf, ja?

---

1. ***Bataillons-Kommandeur: K.** m. commandant d'un groupe d'unités, du bataillon à la division; autre sens: syn. de **Komtur** m. *commandeur*.

2. **Herr** m. : chez les militaires, correspond en fr. à la mention du grade, ou envers un supérieur à *mon* + grade (cf. infra **Herr Major**). Quand on s'adresse à un sous-lieutenant, on omet par courtoisie le terme « sous ».

3. **Doch**: comme mot-phrase, exprime une réponse affirmative à une question négative (implicitement ici).

4. **das Korrekte**: parallélisme école (p. 96) / armée, arrière / front: deux personnages se font rappeler à l'ordre — un même « ordre », de l'orthographe correcte à la tenue militaire correcte.

5. **stehen/lassen**: *laisser (là) // oublier // planter là, laisser tomber.*

Ce mardi-là
le sous-lieutenant Ehlers fut convoqué chez le commandant du bataillon.

« Vous devez enlever cette écharpe rouge, lieutenant Ehlers.

— Mon commandant ?

— Mais si, Ehlers. On n'aime pas ce genre de chose, à la deuxième.

— Je vais à la deuxième compagnie ?

— Oui, et là-bas, ils n'aiment pas ce genre de chose. Avec ça, vous n'avez aucune chance chez eux. La deuxième est habituée à la correction. Avec cette écharpe rouge, la compagnie ne vous suivra pas, un point c'est tout. Le capitaine Hesse ne portait pas ce genre de chose.

— Hesse est blessé ?

— Nan, il s'est fait porter malade. Il se sentait pas bien, qu'il disait. Depuis qu'il est capitaine, il s'est un peu avachi, ce Hesse. Je comprends pas. L'était toujours si correct, d'habitude. Bon allez, Ehlers, tâchez de vous tirer d'affaire avec la compagnie. Hesse a bien éduqué ses hommes. Et vous enlevez cette écharpe, vu ?

— 'sûr, mon commandant.

— Et faites attention que les hommes soient prudents, avec les cigarettes. Parce que tout tireur d'élite qui se respecte doit bien sentir l'index lui démanger, quand il voit ces vers luisants voleter dans les alentours. La semaine dernière, on en a eu cinq avec une balle dans la tête. Alors faites un peu attention, compris ?

---

6. **Nee :** fam. pour **nein**.

7. **fertig werden :** (**f.** adj. *prêt, achevé*) (**mit** + dat.) *venir à bout de*, (**ohne** + acc.) *se débrouiller sans.* Loc. verbale, ≠ v. complexe comme **fertig/machen** *finir*, **fertig/kochen** *cuire à point*,...

8. **erziehen (o, o) :** cf. le parallélisme relevé n. 4, et aussi infra (l. 21) **anständig** *honnête, décent, correct*.

Jawohl, Herr Major.

Auf dem Wege zur zweiten Kompanie nahm Leutnant Ehlers den roten Schal[1] ab. Er steckte eine Zigarette an. Kompanieführer Ehlers, sagte er laut.

Da schoß es.

An diesem Dienstag
sagte Herr Hansen zu Fräulein Severin:

Wir müssen dem Hesse auch mal wieder was schicken, Severinchen. Was zu rauchen, was zu knabbern. Ein bißchen Literatur. Ein Paar Handschuhe oder sowas. Die Jungens[2] haben einen verdammt schlechten Winter draußen. Ich kenne das. Vielen Dank.

Hölderlin vielleicht, Herr Hansen?

Unsinn, Severinchen, Unsinn. Nein, ruhig[3] ein bißchen freundlicher. Wilhelm Busch[4] oder so. Hesse war doch mehr für das Leichte. Lacht doch gern, das wissen Sie doch. Mein Gott, Severinchen, was kann dieser Hesse lachen!

Ja, das kann er, sagte Fräulein Severin.

An diesem Dienstag
trugen sie Hauptmann Hesse auf einer Bahre in die Entlausungsanstalt. An der Tür war ein Schild:

OB GENERAL, OB GRENADIER:
DIE HAARE BLEIBEN HIER.

---

1. **der rote Schal**: couleur évidemment provocante, sur le front russe... Mais l'écharpe rouge réapparaît dans d'autres récits, avec une valeur fétichiste: **Ich hab ihr den Schal gegeben, den roten, weißt du... Den roten Schal? fragte der andere. Oh, er liebt sie, dachte er für sich, wie liebt er sie!** « *Je lui ai donné mon écharpe, la rouge, tu sais* »... — « *L'écharpe rouge?* » *demanda l'autre.* « *Oh, il l'aime* », *pensa-t-il à part lui,* « *comme il l'aime!* » (in: « **Die Krähen fliegen abends nach Hause** » « *Les corneilles rentrent à la maison le soir* »); cf. aussi le fichu rouge de « **Maria...** » p. 66, et « **Vielleicht hat sie ein rosa Hemd** » p. 182 n. 3.

2. **die Jungens**: = **die Jungs** pl. fam. de **Junge** m. (pl. **Jungen**).

3. **ruhig**: adj. *calme*, adv. *tranquillement, sans problème, sans hésitation.*

— Oui, mon commandant. »

En chemin vers la deuxième compagnie, le sous-lieutenant Ehlers enleva l'écharpe rouge. Il alluma une cigarette. « Chef de compagnie Ehlers », dit-il tout haut.

Alors le coup partit.

Ce mardi-là

monsieur Hansen dit à mademoiselle Séverine :

« Nous devrions envoyer un autre colis à Hesse, Séverinette. De quoi fumer, de quoi grignoter. Un peu de littérature. Une paire de gants, ou quelque chose dans le genre. Les garçons ont un fichu mauvais hiver, là-bas. Je connais ça. Merci beaucoup.

— Hölderlin peut-être, monsieur Hansen ?

— Vous n'y pensez pas, Séverinette, vous n'y pensez pas. Non, carrément quelque chose d'un peu plus gai. Wilhelm Busch, ou quelque chose comme ça. Hesse était plus porté vers le genre léger, quoi. Il aime bien rire, quoi, vous le savez bien. Mon Dieu, Séverinette, qu'est-ce qu'il peut rire, ce Hesse !

— Oui, ça pour rire, il peut », dit mademoiselle Séverine.

Ce mardi-là

ils transportèrent le capitaine Hesse sur une civière, au centre d'épouillage. Sur la porte, il y avait un écriteau :

GÉNÉRAL OU BIDASSE :
TOUS LES CHEVEUX Y PASSENT.

---

4. **Wilhelm Busch** : (1832-1908) humoriste all. très populaire, auteur de **Bildgeschichten** *histoires en images* (ancêtres des bandes dessinées). Comparer ce philistinisme (B. contre Hölderlin) avec le rejet de la « haute culture » all. dans « **Das ist unser Manifest** » « *Ceci est notre manifeste* » : **Hörts du Hölderlin noch... arm in Arm mit Baldur von Schirach ?** *Entends-tu H. encore... bras dessus, bras dessous avec B. von S. ?* (chef des Jeunesses hitlériennes). Ironie aussi du nom du capitaine Hesse, homonyme de l'écrivain Hermann Hesse...

Er wurde geschoren. Der Sanitäter hatte lange dünne Finger. Wie Spinnenbeine. An den Knöcheln waren sie etwas gerötet. Sie rieben ihn mit etwas ab, das roch nach Apotheke. Dann fühlten die Spinnenbeine nach seinem Puls und schrieben in ein dickes Buch[1]: Temperatur 41,6. Puls 116. Ohne Besinnung. Fleckfieberverdacht[2]. Der Sanitäter machte das dicke Buch zu. Seuchenlazarett Smolensk[3] stand da drauf. Und darunter: Vierzehnhundert Betten.

Die Träger nahmen die Bahre hoch. Auf der Treppe pendelte sein Kopf aus den Decken heraus und immer hin und her bei jeder Stufe. Und kurzgeschoren. Und dabei hatte er immer über die Russen gelacht[4]. Der eine Träger hatte Schnupfen.

An diesem Dienstag
klingelte Frau Hesse bei ihrer Nachbarin. Als die Tür aufging, wedelte sie mit dem Brief. Er ist Hauptmann geworden. Hauptmann und Kompaniechef, schreibt er. Und sie haben über 40 Grad Kälte. Neun Tage hat der Brief gedauert. An Frau Hauptmann Hesse hat er oben drauf geschrieben.

Sie hielt den Brief hoch. Aber die Nachbarin sah nicht hin. 40 Grad Kälte, sagte sie, die armen Jungs. 40 Grad Kälte[5].

An diesem Dienstag
fragte der Oberfeldarzt den Chefarzt des Seuchenlazarettes Smolensk: Wieviel sind es jeden Tag?

---

1. **Buch** n. : *(livre // livre de comptes, etc.)* cf. le **Buch** de l'institutrice p. 96; rapport aussi entre **dünne Finger** (infirmier) / **leise Augen** (institutrice); tout le texte est structuré par les symétries entre arrière et front (opposition / identité): c'est ainsi que l'inscription en majuscules du centre d'épouillage (p. 98) apparaît dans la continuité des phrases calligraphiques scolaires (p. 96).

2. ***Fleck-fieber-verdacht** m. : **Fleckfieber** n. littéral. «*fièvre à taches*» (l'éruption cutanée est un des symptômes du typhus); **V.** m. *soupçon* (emploi courant pour un diagnostic).

On le tondit. L'infirmier avait de longs doigts minces. Comme des pattes d'araignée. Ils étaient un peu rougis aux jointures. Ils le frictionnèrent avec quelque chose qui sentait la pharmacie. Puis les pattes d'araignée tâtèrent son pouls, et écrivirent dans un gros registre : « Température 41°6. Pouls 116. Sans connaissance. Typhus possible. » L'infirmier referma le gros registre. Il y avait dessus : Smolensk, lazaret des contagieux. Et plus bas : mille quatre cents lits.

Les porteurs soulevèrent la civière. Dans l'escalier, la tête pendait hors des couvertures et brinquebalait sans arrêt, à chaque marche. Et tondue de près. Et lui qui s'était toujours moqué des Russes. Un des porteurs avait le rhume.

Ce mardi-là

madame Hesse sonna chez sa voisine. Quand la porte s'ouvrit, elle agita en l'air la lettre. « Il est devenu capitaine. Capitaine et chef de compagnie, écrit-il. Et ils ont plus de quarante degrés sous zéro. La lettre a mis neuf jours. À madame la capitaine Hesse, il a écrit en haut. »

Elle tenait en l'air la lettre. Mais la voisine ne regardait pas. « Quarante degrés sous zéro », dit-elle, « les pauvres garçons. Quarante degrés sous zéro. »

Ce mardi-là

le médecin-lieutenant-colonel demanda au médecin-chef du lazaret des contagieux de Smolensk : « Combien ça en fait chaque jour ?

---

3. ***Seuchen-lazarett Smolensk** : en décembre 1942, W.B. est hospitalisé pour 2 mois au lazaret de Smolensk, souffrant de congélation des pieds et d'accès de fièvre qui font croire à un typhus (cf. Repères biographiques p. 15).

4. **...über die Russen gelacht** : allusion à la tête rasée des prisonniers.

5. **40 Grad Kälte** : **(= minus 40 Grad, 40 Grad unter Null)** ironie de la symétrie ici : la compassion de l'arrière est « déplacée », au pôle opposé de la réalité : **über 40 Grad Kälte / Temperatur 41,6** (fièvre de Hesse).

Ein halbes Dutzend.

Scheußlich, sagte der Oberfeldarzt[1].

Ja, scheußlich, sagte der Chefarzt.

Dabei sahen sie sich nicht an.

An diesem Dienstag
spielten sie die Zauberflöte. Frau Hesse hatte sich die Lippen rot gemacht[2].

An diesem Dienstag
schrieb Schwester Elisabeth[3] an ihre Eltern: Ohne Gott hält man das gar nicht durch. Aber als der Unterarzt kam, stand sie auf. Er ging so krumm[4], als trüge er ganz Rußland durch den Saal.

Soll ich ihm noch was geben? fragte die Schwester.

Nein, sagte der Unterarzt. Er sagte das so leise, als ob er sich schämte.

Dann trugen sie Hauptmann Hesse hinaus. Draußen polterte es. Die bumsen[5] immer so. Warum können sie die Toten nicht langsam hinlegen. Jedesmal lassen sie sie so auf die Erde bumsen. Das sagte einer. Und sein Nachbar sang leise:

> Zicke zacke juppheidi
> Schneidig ist die Infanterie[6].

---

1. ***Ober-feld-arzt** m. : **ober** adj. *de dessus, d'en haut, supérieur* d'où dans ses composés : (géogr.) *haut* (hiér.) *premier, (en) chef*, etc. ; **Feld** n. *champ, terrain, campagne* (milit. aussi).

2. **die Lippen rot gemacht** : parallélisme avec p. 102 **Finger... etwas gerötet**.

3. **Schwester Elisabeth** : nouvelle allusion autobiographique : dans ses lettres de Smolensk, W.B. parle sur un ton léger d'un *petit flirt* **(ein kleiner Flirt)** avec sœur E., une infirmière de 27 ans, gaie et avec un manifeste *penchant pour les jeunots* **(Hang für Jünglinge)**. L'attitude pathétique du personnage est ici liée à la mort certaine de Hesse — cf. infra — lui-même figure de W.B.

4. **krumm** : cf. Jésus et les cadavres dans la neige in « **Jesus macht nicht mehr mit** » pp. 84 et 86.

— Une demi-douzaine.

— Affreux », dit le médecin-lieutenant-colonel.

« Oui, affreux », dit le médecin-chef.

Ils ne se regardèrent pas en parlant.

Ce mardi-là
on jouait *la Flûte enchantée*. Madame Hesse s'était mis du rouge sur les lèvres.

Ce mardi-là
Sœur Élisabeth écrivit à ses parents : « Sans Dieu, on ne peut absolument pas tenir devant ça. » Mais quand le médecin-aspirant arriva, elle se leva. Il marchait voûté, comme s'il portait la Russie entière à travers la salle.

« Est-ce que je dois lui donner encore quelque chose ? », demanda la sœur.

« Non », dit le médecin-aspirant. Il dit ça à mi-voix, comme s'il avait honte.

Alors ils emportèrent le capitaine Hesse. Dehors, il y eut un bruit sourd. « Ils font toujours boum, comme ça. Pourquoi ne peuvent-ils pas poser les morts doucement ? Chaque fois ils leur font faire boum comme ça, par terre. » Voilà ce que dit l'un. Et son voisin fredonnait à mi-voix :

Et ri et ran et hop hardi
C'qu'on est fringant dans l'infanterie.

---

5. **bumsen** : (fam.) de l'onomatopée **bums !** (choc ou coup sourd) ; cf. aussi ***Bums-musik** f. *musique de bastringue, fanfare militaire, etc.*

6 **zicke zacke... Infanterie** : cf. interj. fam. **zack** *pfuit* (geste rapide, etc.) ou **z., z. !** *et que ça saute !*, **zackig** adj., syn. dans le jargon de soldats de **schneidig** *énergique, crâne, martial* ; **heidi** interj. de mouvement rapide (cf. fr. *zou !*). Cette chanson de marche militaire réapparaît comme leitmotiv dans la marche agonisante de « **Die lange lange Straße lang** » « *Le long de la longue longue rue.* » Cf. aussi « **Das ist unser Manifest** « *Ceci est notre manifeste.* » « **Hört keiner... den furchtbaren Schrei : Juppheidi ?** « *Est-ce que personne n'entend... ce cri effroyable : hardi hop là ?* »

Der Unterarzt ging von Bett zu Bett. Jeden Tag. Tag und Nacht. Tagelang. Nächte durch. Krumm ging er[1]. Er trug ganz Rußland durch den Saal. Draußen stolperten zwei Krankenträger[2] mit einer leeren Bahre davon. Nummer 4, sagte der eine. Er hatte Schnupfen[3].

An diesem Dienstag
saß Ulla abends und malte[4] in ihr Schreibheft mit großen Buchstaben:

IM KRIEG SIND ALLE VÄTER SOLDAT.
IM KRIEG SIND ALLE VÄTER SOLDAT.

Zehnmal schrieb sie das[5]. Mit großen Buchstaben[6]. Und Krieg mit G. Wie Grube.

---

1. **...ging er**: rythme égal, monotone du pas du médecin: **Bett zu Bett. Jeden Tag. Tagelang. Nächte durch. Krumm ging er**, opposé au rythme du refrain de marche (p. 104), ainsi qu'aux bruits d'entre-chocs **poltern** et **bumsen** (p. 104 n. 5).

2. **stolperten zwei Krankenträger**: ce « faux pas » entre aussi dans l'opposition des cadences et des chutes relevée n. 1 ; noter aussi ***Kranken-träger** m. littéral. *porteur des malades*, opposé à **er trug ganz Rußland...** supra.

3. **Schnupfen** m. : ≠ **Schnupfen** n. *prise* (tabac, drogue); effet de dérision de ce détail souligné (déjà p. 102) dans un univers de mort.

4. **malen**: *peindre* // (fig.) *calligraphier* (ou aussi: *écrire en caractères d'imprimerie*, etc.).

Le médecin-aspirant allait de lit en lit. Chaque jour. Jour et nuit. À longueur de journées. Des nuits durant. Il marchait voûté. Il portait la Russie entière à travers la salle. Dehors, deux brancardiers trébuchèrent en revenant avec une civière vide. « Numéro 4 », dit l'un d'eux. Il avait le rhume.

Ce mardi-là

Ulla s'assit le soir pour tracer des lettres majuscules sur son cahier d'écriture :

PENDANT LA GUERRE, TOUS LES PAPAS SONT SOLDATS.

PENDANT LA GUERRE, TOUS LES PAPAS SONT SOLDATS.

Elle écrivit cela dix fois. En majuscules. Et guerre avec deux r. Comme terre.

---

5. **Zehnmal schrieb sie das** : il y a 10 épisodes juxtaposés dans le récit.

6. ***Buch-stab** m. : *lettre, caractère* (cf. **S.** m. *bâton, baguette*). Cf. p. 102 n. 1 ; dans la disposition typographique du texte, la chanson militaire p. 104 complète l'identité (phrases d') école — (phrases de) guerre.

# DER VIELE[1] VIELE SCHNEE

*Toute cette neige*

Schnee hing[2] im Astwerk. Der Maschinengewehrschütze[3] sang. Er stand in einem russischen Wald auf weit vorgeschobenem Posten. Er sang Weihnachtslieder und dabei war es schon Anfang Februar. Aber das kam, weil Schnee meterhoch lag. Schnee zwischen den schwarzen Stämmen. Schnee auf den schwarzgrünen Zweigen. Im Astwerk hängen geblieben, auf Büsche geweht, wattig, und an schwarze Stämme gebackt. Viel viel Schnee. Und der Maschinengewehrschütze sang Weihnachtslieder, obgleich es schon Februar[4] war.

Hin und wieder mußt du mal ein paar Schüsse loslassen. Sonst friert das Ding ein. Einfach geradeaus ins Dunkle halten[5]. Damit es nicht einfriert. Schieß man[6] auf die Büsche da. Ja, die da, dann weißt du gleich, daß da keiner drin sitzt. Das beruhigt. Kannst ruhig alle Viertelstunde mal eine Serie loslassen. Das beruhigt. Sonst friert das Ding ein. Dann ist es auch nicht so still, wenn man hin und wieder mal schießt. Das hatte der gesagt, den er abgelöst hatte. Und dazu noch: Du mußt den Kopfschützer von den Ohren machen. Befehl vom Regiment. Auf Posten[7] muß man den Kopfschützer von den Ohren machen. Sonst hört man ja nichts. Das ist Befehl. Aber man hört sowieso nichts. Es ist alles still. Kein Mucks[8]. Die ganzen Wochen schon. Kein Mucks. Na, also dann. Schieß man hin und wieder mal. Das beruhigt.

---

1. **viel**: adv. *beaucoup*, pr./adj. indéf.: *beaucoup (de), nombreux;* quand la combinaison **der** (ou **mein, dieser** etc.) + **v.** est au sing. (terme de masse), elle correspond en fr. à une tournure intensive du type: *tout* + démonstr. ou poss., *la grande abondance de...*

2. **hängen**: trans. (prét. faible) *prendre, suspendre (***an, auf** + acc. *à*), ≠ intrans. (prét. fort **hing**) *être accroché* (**an** + dat. *à*, **über** + dat. *au-dessus de*), *pendre (de son propre poids), pencher.*

3. ***Maschinen-gewehr-schütze**: **G.** n. *fusil, arme,* **S.** m. *tireur.*

4. **schon Februar**: insistance sur l'anachronisme, comme si c'était la seule incongruité de la scène: ton de feinte naïveté qui renforce l'irréalité comique-inquiétante de ce début (cf. de même le début énigmatique de « **Jesus macht nicht mehr mit** » p. 84).

La neige restait suspendue dans les branchages. Le mitrailleur chantait. Il était dans une forêt russe à un poste très avancé. Il chantait des chants de Noël, et pourtant c'était déjà début février. Mais ça venait de ce qu'il y avait plus d'un mètre de neige. La neige entre les troncs noirs. La neige sur les rameaux vert sombre. Restée suspendue dans les branchages, chassée sur les buissons, cotonneuse, et agglutinée aux troncs noirs. Beaucoup, beaucoup de neige. Et le mitrailleur chantait des chants de Noël, bien que ce fût déjà février.

« Une fois de temps en temps, tu dois lâcher une rafale. Sinon le machin gèle. Simplement pointer droit devant dans le noir. Pour qu'il ne gèle pas. Tu n'as qu'à tirer sur ce buisson, là. Oui, celui-là, comme ça tu sais tout de suite que là, il n'y a personne. Ça tranquillise. Tu peux tranquillement lâcher une série tous les quarts d'heure. Ça tranquillise. Sinon le machin gèle. Et puis en plus ce n'est pas aussi silencieux, quand on tire une fois de temps en temps. » Voilà ce qu'avait dit celui qu'il avait relevé. Et puis encore : « Tu dois sortir tes oreilles du passe-montagne. Ordre du colonel. En faction, on doit sortir ses oreilles du passe-montagne. Parce que sinon on n'entend rien. C'est l'ordre. Mais de toute façon, on n'entend rien. Tout est silencieux. Pas un murmure. Des semaines entières, déjà. Pas un murmure. Bon, alors t'as compris. Tu n'as qu'à tirer une fois de temps en temps. Ça tranquillise. »

---

5. **halten (ie, a)** : champ sémantique large autour de *tenir, retenir* ; sens de *viser* ici (usuel).

6. **man** : partic. illocutoire (réglant la force du message), proche de **nur** et **bloß** dans une injonction ; ≠ **man** pr. indéf. !

7. **Posten** m. ; (milit.) *poste // sentinelle* (= **Wachtposten**) ; autres sens : *emploi, fonction //* (commerce) *lot, rubrique dans les comptes.*

8. **Mucks** m. : fam. *bruit bref et léger, amorce d'un geste réprimé* etc. Cf. **kein M. von sich geben** *se tenir coi, ne pas piper mot* et **(sich) mucksen**, ex. **ohne sich zu mucksen** *sans broncher, sans ciller.*

Das hatte der gesagt. Dann stand er allein. Er nahm den Kopfschützer von den Ohren und die Kälte griff mit spitzen Fingern[1] nach ihnen. Er stand allein. Und Schnee hing im Astwerk. Klebte an blauschwarzen Stämmen. Angehäuft überm Gesträuch. Aufgetürmt, in Mulden gesackt und hingeweht. Viel viel Schnee.

Und der Schnee, in dem er stand, machte die Gefahr so leise. So weit ab. Und sie konnte schon hinter einem stehen. Er verschwieg sie. Und der Schnee, in dem er stand, allein stand in der Nacht, zum erstenmal allein stand, er machte die Nähe der andern[2] so leise. So weit ab machte er sie. Er verschwieg sie, denn er machte alles so leise, daß das eigene Blut in den Ohren laut wurde, so laut wurde, daß man ihm nicht mehr entgehen konnte. So verschwieg[3] der Schnee.

Da seufzte es[4]. Links. Vorne. Dann rechts. Links wieder. Und hinten mit einmal[5]. Der Maschinengewehrschütze hielt den Atem an. Da, wieder. Es seufzte. Das Rauschen in seinen Ohren wurde ganz groß. Da seufzte es wieder. Er riß sich den Mantelkragen auf[6]. Die Finger zerrten, zitterten. Den Mantelkragen zerrten sie auf, daß[7] er das Ohr nicht verdeckte. Da. Es seufzte. Der Schweiß kam kalt unter dem Helm heraus und gefror auf der Stirn. Gefror dort. Es waren zweiundvierzig Grad Kälte. Unterm Helm kam der Schweiß heraus und gefror. Es seufzte. Hinten. Und rechts. Weit vorne. Dann hier. Da. Da auch.

---

1. **mit spitzen Fingern greifen (i, i)**: expr. métaphorique, à ne pas confondre avec la loc. **mit spitzen F. anfassen** *prendre du bout des doigts.*

2. **die Nähe der andern**: la neige voile (grandit) le danger comme elle voile (amoindrit) la présence rassurante des autres soldats du poste (parallélisme **leise...weit ab**).

3. **ver/schweigen (ie, ie)**: (**schweigen** *se taire,* **ver-** aspect intensif) *taire (qc.), passer sous silence, dissimuler* ; l'aspect feutré, ouaté de cet univers de neige induit en lui-même une menace latente. Noter le rapport allitératif **F/SCH** entre **FerSCHweigen** et **Fiel SCHnee** (4 occurrences chacun), identifiant prosodiquement la neige et le piège.

4. **seufzte es**: emploi très étendu de **es** sujet impers. de v. personnels

Voilà ce que l'autre avait dit. Alors il resta seul. Il dégagea ses oreilles du passe-montagne, et le froid les saisit de ses doigts pointus. Il était seul. Et la neige restait suspendue dans les branchages. Collait aux troncs noir bleuté. Amassée sur les broussailles. Amoncelée, tassée dans les creux et rechassée. Beaucoup, beaucoup de neige.

Et cette neige dans laquelle il se tenait rendait le danger si imperceptible. Si lointain. Et il pouvait très bien se trouver dans votre dos. Elle l'étouffait. Et cette neige dans laquelle il se tenait, se tenait seul dans la nuit, se tenait seul pour la première fois, elle rendait la proximité des autres si imperceptible. Elle la rendait si lointaine. Elle l'étouffait, car elle rendait tout si imperceptible, que le sang même faisait du bruit dans vos oreilles, faisait tellement de bruit qu'on ne pouvait plus y échapper. Tellement la neige étouffait.

C'est alors que ça soupira. À gauche. Devant. Puis à droite. À gauche de nouveau. Et derrière tout à coup. Le mitrailleur retint son souffle. Là, de nouveau. Ça soupirait. Le bruissement dans ses oreilles devint carrément fort. Alors ça soupira de nouveau. Il ouvrit d'un geste brusque le col de sa capote. Ses doigts tiraient dessus, tremblaient. Ils tirèrent sur le col de la capote pour l'empêcher de couvrir les oreilles. Là. Ça soupirait. La sueur coulait froide de sous le casque et gelait sur le front. Y gelait. Il faisait moins quarante-deux. De sous le casque, la sueur coulait et gelait. Ça soupirait. Derrière. Et à droite. Loin devant. Puis ici. Là. Là aussi.

---

(cf. « **An diesem Dienstag** » **da schoß es** p. 100) ; équivaut dans certains cas à **man** *on* (ex. **es klingelt** *on sonne*).

5. **mit einmal** = **mit einem Mal(e)** *(tout d'un coup)* = **auf einmal**.

6. **auf/reißen (i, i) : auf-** sens d'ouverture, **reißen** *tirer, arracher // (se) déchirer* ; cf. par ex. **den Brief a.** *déchirer l'enveloppe (de la lettre)* **die Augen a.** *écarquiller les yeux*, etc.

7. **daß** : sens final (lang. parlé) = **damit / so, daß** ; cf. **daß** consécutif (= **so..., daß**) dans « **Jesus macht nicht mehr mit** » p. 92 : ..., **daß er nichts ißt**.

Der Maschinengewehrschütze stand im russischen Wald[1]. Schnee hing im Astwerk. Und das Blut rauschte groß in den Ohren. Und der Schweiß gefror auf der Stirn. Und der Schweiß kam unterm Helm heraus. Denn es seufzte. Irgendwas. Oder irgendwer. Der Schnee verschwieg den. Davon gefror der Schweiß auf der Stirn. Denn die Angst war groß in den Ohren. Denn es seufzte.

Da sang er[2]. Laut sang er, daß er die Angst nicht mehr hörte. Und das Seufzen nicht mehr. Und daß der Schweiß nicht mehr fror. Er sang. Und er hörte die Angst nicht mehr. Weihnachtslieder sang er und er hörte das Seufzen nicht mehr. Laut sang er Weihnachtslieder[3] im russischen Wald. Denn Schnee hing im schwarzblauen Astwerk im russischen Wald. Viel Schnee.

Aber dann brach plötzlich ein Zweig. Und der Maschinengewehrschütze schwieg. Und fuhr herum. Und riß die Pistole heraus. Da kam der Feldwebel durch den Schnee in großen Sätzen auf ihn zu.

Jetzt werde ich erschossen, dachte der Maschinengewehrschütze. Ich habe auf Posten gesungen. Und jetzt werde ich erschossen. Da kommt schon der Feldwebel. Und wie er läuft. Ich habe auf Posten gesungen und jetzt kommen sie und erschießen mich[4].

Und er hielt die Pistole fest in der Hand.

Da war der Feldwebel da. Und hielt sich an ihm. Und sah sich um. Und flog. Und keuchte dann:

---

1. **im russischen Wald**: (6 occurrences dans le texte) l'adj. ne fait pas que transmettre une information objective (front de l'Est): il marque l'étrangeté de cette forêt comparée à une forêt européenne, notamment son immensité — des armées entières pouvaient s'y cacher sans être débusquées.

2. **Da sang er**: parallélisme supra **Da seufzte es**; réaction de l'enfant-qui-a-peur-dans-le-noir: motif borchertien de la détresse d'autant plus irréductible qu'elle est d'essence enfantine. Cf. le soldat de « **Die lange lange Straße lang** »: **Wenn bloß die Nächte nicht wären... Jedes Geraüsch ist ein Tier. Jeder Schatten ist ein schwarzer Mann. Nie wird man die Angst vor den schwarzen Männern los...in den blaudunkeln Ecken warten die schwarzen Männer.** *Si seulement il n'y avait pas les nuits... Chaque*

Le mitrailleur se tenait dans la forêt russe. La neige restait suspendue dans les branchages. Et le sang bruissait violemment dans les oreilles. Et la sueur gelait sur le front. Et la sueur coulait de sous le casque. Car ça soupirait. Quelque chose. Ou quelqu'un. La neige l'étouffait. La sueur en gelait sur le front. Car la peur était forte dans les oreilles. Car ça soupirait.

C'est alors qu'il chanta. Il chanta fort pour ne plus entendre la peur. Et ne plus entendre le soupir. Et pour que la sueur ne gèle plus. Il chantait. Et il n'entendait plus la peur. Il chantait des chants de Noël et il n'entendait plus le soupir. Il chantait fort des chants de Noël dans la forêt russe. Car la neige restait suspendue dans les branchages noir bleuté, dans la forêt russe. Beaucoup de neige.

Mais alors soudain, une branche craqua. Et le mitrailleur se tut. Et se retourna brusquement. Et tira son pistolet. C'était le sergent-chef qui venait vers lui, à grandes enjambées à travers la neige.

« Maintenant je vais être fusillé », pensa le mitrailleur. « J'ai chanté pendant ma faction. Et maintenant je vais être fusillé. Voilà déjà le sergent-chef qui vient. Et comme il court. J'ai chanté pendant ma faction et maintenant ils vont venir et me fusiller. »

Et il serra fort le pistolet dans sa main.

Alors le sergent-chef fut là devant lui. Et se cramponna à lui. Et regarda tout autour. Et il était secoué de tremblements. Et alors il haleta :

---

*bruit est un fauve. Chaque ombre est un croquemitaine. Jamais on ne se débarrasse de la peur des croquemitaines...dans les coins sombres et bleus attendent les croquemitaines.*

3. ***Weihnachts-lieder** : refuge dans l'enfance (cf. n. 2), et dans le sentiment de la **Heimat** (f. *pays natal)* auquel sont liés ces chants traditionnels. L'**Unheimlichkeit**, l'*irréalité inquiétante* de cette forêt silencieuse sous la neige se trouve ainsi transfigurée en féerie de Noël.

4. **kommen sie und erschießen mich** : présent à valeur de futur non distancé, très courant (forme plus sollicitée que le futur distancé Inf. + **werden**).

Mein Gott. Halt mich fest, Mensch. Mein Gott! Mein Gott! Und dann lachte er. Flog[1] an den Händen. Und lachte doch: Weihnachtslieder hört man schon[2]. Weihnachtslieder in diesem verdammten russischen Wald. Weihnachtslieder. Haben wir nicht Februar? Wir haben doch schon Februar. Dabei hört man Weihnachtslieder. Das kommt von dieser furchtbaren Stille. Weihnachtslieder! Mein Gott nochmal[3]! Mensch, halt mich bloß fest. Sei mal still. Da! Nein. Jetzt ist es weg. Lach nicht, sagte der Feldwebel und keuchte noch und hielt den Maschinengewehrschützen fest, lach nicht, du. Aber das kommt von der Stille. Wochenlang diese Stille. Kein Mucks! Nichts! Da hört man denn nachher schon Weihnachtslieder. Und dabei haben wir doch längst Februar. Aber das kommt von dem Schnee[4]. Der ist so viel hier. Lach nicht, du. Das macht verrückt, sag ich dir. Du bist erst zwei Tage hier. Aber wir sitzen hier nun schon wochenlang drin. Kein Mucks. Nichts. Das macht verrückt. Immer alles still. Kein Mucks. Wochenlang. Dann hört man allmählich Weihnachtslieder, du. Lach nicht. Erst als ich dich sah, waren sie plötzlich weg. Mein Gott. Das macht verrückt. Diese ewige Stille[5]. Diese ewige!

Der Feldwebel keuchte noch. Und lachte. Und hielt ihn fest. Und der Maschinengewehrschütze hielt ihn wieder fest. Dann lachten sie beide[6]. Im russischen Wald. Im Februar.

---

1. **fliegen (o, o)**: *voler* (avion, etc.) // (fig.) *se précipiter, courir;* autre sens fig. ici, syn. de **zittern** *trembler*.

2. **schon**: partic. illocutoire (≠ s. adv. temporel *déjà, dès*) de renforcement (émotif ici); autres valeurs: concessive (ex. **das kann s. sein, aber...** *c'est bien possible, mais...*), rassurante (ex. **es wird s. gehen** *ça va aller, je t'assure*), restrictive ou dépréciative (ex. **was weiß er s.?** *qu'est-ce qu'il en sait finalement?*

3. **nochmal**; (= **noch (ein)mal** = **nochmals**) *encore (une fois);* emploi courant pour renforcer un juron, autre ex. **verdammt nochmal!** *zut alors!*

4. **das kommt... Schnee**: explication de l'"hallucination auditive" ironiquement parallèle à l'explication mystérieuse des chants du soldat **das kam, weil Schnee...** (p. 110), **denn Schnee...** (p. 114).

« Bon Dieu. Tiens-moi ferme, mon vieux. Bon Dieu ! Bon Dieu ! » Et alors il se mit à rire. Ses mains secouées de tremblements. Et il riait pourtant : « voilà qu'on entend des chants de Noël. Des chants de Noël dans cette foutue forêt russe. Des chants de Noël. Est-ce qu'on n'est pas en février ? On est pourtant en février déjà. N'empêche qu'on entend des chants de Noël. Ça vient de ce silence épouvantable. Des chants de Noël ! Re-bon Dieu ! Mon vieux, tiens-moi ferme surtout ! Bouge pas. Là ! Non. Ça a disparu maintenant. Ne ris pas », dit le sergent-chef, haletant encore et serrant fort le mitrailleur, « ne ris pas, toi. Mais ça vient du silence. À longueur de semaines ce silence. Pas un murmure ! Rien ! Alors après ça, voilà qu'on entend des chants de Noël. Et pourtant ça fait longtemps qu'on est en février. Mais ça vient de la neige. Il y en a tellement ici. Ne ris pas, toi. Ça rend fou, je te dis. Ça ne fait que deux jours que tu es là. Mais nous, ça fait déjà des semaines, maintenant, qu'on ne bouge pas d'ici. Pas un murmure. Rien. Ça rend fou. Tout silencieux, toujours. Pas un murmure. À longueur de semaines. Alors on finit par entendre des chants de Noël, figure-toi. Ne ris pas. C'est seulement quand je t'ai vu qu'ils ont disparu soudain. Bon Dieu. Ça rend fou. Cet éternel silence. Cet éternel... ! »

Le sergent-chef haletait encore. Et riait. Et le serrait fort. Et le mitrailleur à son tour le serrait fort. Alors ils rirent tous les deux. Dans la forêt russe. En février.

---

5. **Diese ewige Stille** : silence de tombe, angoisse symétrique de celle du cri de la neige dans d'autres récits (cf. « **Jesus macht nicht mehr mit** » n. 2 p. 90).

6. **lachten sie beide** : le récit de guerre comme **Scherz**, *gag* ; comme dans « **Jesus macht nicht mehr mit** », l'événement reste sans conséquence, la folie se décharge dans un rire. Mieux, la faute disparaît ici dans le quiproquo, et le soldat chanteur prend ainsi place dans la série des miraculés borchertiens (cf. Préf. p. 11) : cette nuit de terreur s'achève comme un conte, un "miracle de la nuit de Noël"...

Manchmal bog sich ein Ast von dem Schnee. Und der rutschte[1] dann zwischen den schwarzblauen Zweigen zu Boden. Und seufzte dabei. Ganz leise. Vorne mal. Links. Dann hier. Da auch. Überall seufzte es. Denn Schnee hing im Astwerk[2]. Der viele viele Schnee.

---

1. **rutschen**: (onomatopéique) autres sens; *s'ébouler // déraper //* (fig., fam.) *faire un tour, une virée.* Noter l'écho **RUtSHte — RUSSiSHen...** (cf. n. suiv.).

2. **Schnee hing im Astwerk**: le récit est construit sur les 4 répétitions de cette phrase, connotant une menace énigmatique (*suspendue*) et... vide : ce n'était donc rien... c'est d'autant plus terrible — effet de litote comparable à celui de « **Jesus macht nicht mehr mit** » (p. 92 n. 3). On se rappelle le titre du cycle de ces récits de guerre : « **Im Schnee, im sauberen Schnee** » « *Dans la neige, la neige limpide* », titre qui n'est pas simplement ironique, mais souligne l'horreur de cette blancheur pure,

Parfois une branche ployait à cause de la neige. Et celle-ci glissait jusqu'au sol entre les rameaux noir bleuté. En soupirant. Tout bas. Devant, une fois. À gauche. Puis ici. Là, aussi. Partout ça soupirait. Car la neige restait suspendue dans les branchages. Toute cette neige.

---

spectrale, une métaphore du néant, où la guerre elle-même (le sang, la souillure) disparaît. Cf. aussi « **Mein bleicher Bruder** » : **der Schnee war neu und sauber wie ein Tierauge** *la neige était neuve et limpide comme l'œil d'une bête sauvage*. La neige est l'ennemi fantastique (cf. l'écho relevé à la n. précédente...) de ces récits de guerre sans ennemis, sans le bruit et la fureur du combat, fondamentalement statiques (répétition, non-événement) — hystériques (cf. la susceptibilité hystérique au crissement de la neige dans « **Jesus macht nicht mehr mit** », comme ici à son bruissement).

# DAS KÄNGURUH

*Le Kangourou*

Morgen. Die Posten dösten. Ihre Decken waren noch naß von der Nacht. Einer lag lang auf der Erde und schlug mit den Füßen den Takt:

Es war einmal ein Känguruh
das nähte sich den Beutel zu
mit einer Nagelfeile
aus lauter Langeweile
aus lauter Langeweile[1]
aus lauter —

Sei mal still, sagte der andere. Er blieb plötzlich stehen.

— aus lauter Langeweile
aus lauter —

Sei doch mal[2] still.

Was ist denn los[3]? Der auf der Erde lag, drehte sich zu ihm um. Da kommen welche.

Wer?

Weiß nicht. Man sieht ja nichts. Es wird heute überhaupt nicht hell.

Es war einmal ein Känguruh
das nähte — na, siehst du was?

Ja, sie kommen.

Wo? Ach, Weiber[4]! — das nähte sich den Beutel zu —

Du, das sind die beiden, die heute nacht beim Alten[5] waren.

Die gestern abend aus der Stadt gekommen sind?

Ja, die.

---

1. **...aus lauter *Lange-weile: laut** adj. *pur, sans mélange // sincère, honnête*; invar. au sens privatif (« *ceci à l'exclusion de toute autre chose* », proche de **nur** et **bloß**) ex. **das ist lauter Lüge** = **das ist eine lautere Lüge** *C'est un pur mensonge.* **L.** f. *ennui* (de **lange Weile** *long moment*), déclinaison interne possible, ex. **aus Lange(r)weile**. L'essai de transposition du rythme et de la rime — qui font la raison de la comptine — a conduit à des ajouts en fin de vers; littéral.: *qui se cousuit la poche / avec une lime à ongles / par pur ennui.*

2. **mal**: (≠ **(ein)mal** adv. temporel) partic. de renforcement dans une assertion ou une injonction.

3. **los**: partic. verbale (sens de détachement) fonctionnant comme attribut ou adv. (cf. « **Die Hundeblume** » n. 6, p. 32); cf. aussi **es ist**

Le matin. Les sentinelles somnolaient. Leurs couvertures étaient encore humides de la nuit. L'un d'eux était couché de tout son long par terre et battait la mesure avec les pieds :

« L'était une fois un kangourou
Qui se cousit la poche partout
Avec une lime à ongles en or
Tellement qu'il s'ennuyait à mort
Tellement qu'il s'ennuyait à mort
Tellement —

— Tais-toi un peu », dit l'autre. Il s'arrêta net.

« Tellement qu'il s'ennuyait
Tellement —

— Tais-toi un peu, je te dis.

— Quoi, qu'est-ce qui se passe ? » Celui qui était couché par terre se tourna vers lui.

« Là, il y a des gens qui viennent.

— Qui ?

— Sais pas. C'est qu'on n'y voit rien. Le jour ne se lève vraiment pas, aujourd'hui.

« Il était une fois un kangourou
Qui se cousit — eh, tu vois quelque chose ?

— Oui, on vient.

— Où ? Ah, des bonnes femmes ! — qui se cousit la poche —

— Dis donc, ce sont les deux qui étaient chez le vieux cette nuit.

— Celles qui sont venues de la ville, hier soir ?

— Oui, celles-là.

---

**etwas l.**, éventuellement avec nuance d'inhabituel *il y a quelque chose qui cloche.*

4. **Weib** n. : cf. **« Die Hundeblume »** p. 40 n. 1. La trad. de **welche** *(quelques-uns / -unes)* et **sie** a été modifiée pour garder l'ambiguïté masc. / fém.

5. **Alte** m. : (cf. **« Jesus macht nicht mehr mit »** p. 92) désigne fam., comme en fr., le *chef*, le *patron*, etc.

Na Mensch. Der Alte hat vielleicht[1] einen Geschmack. Die Große ist ein ganz gewaltiger Besen[2], sag ich dir.

Find ich nicht[3]. Sie sieht doch ganz ordentlich aus.

Nee, du. Weißt du, so — so[4]. Nee. Kuck dir bloß die Beine an[5].

Vielleicht hat er die Kleine gehabt.

Nee. Die ist nur so mitgekommen. Er hat die Große gehabt.

Junge, die Beine.

Wieso! sind doch ganz ordentlich.

Nee. Du. So — so — nee!

Versteh ich nicht vom Alten.

Was? Besoffen war er. Was sonst. Kannst ihm ne[6] alte Kuh hinstellen, wenn er besoffen ist. Kuck dir bloß die Beine an[5]. Junge, ist das ein Besen. Muß der Alte wieder einen in der Krone[7] gehabt haben, meine Güte. Na, und dann von gestern abend an.

Ich danke.

Ich auch.

Sie wickelten sich wieder in ihre Decken. Die waren noch naß von der Nacht. Der an der Erde lag, schlug mit den Füßen den Takt:

> Es war einmal ein Känguruh
> das nähte sich den Beutel zu
> das nähte
> das nähte —

---

1. **vielleicht** : (sens adv. *peut-être*) comme partic. illocutoire, renforce une exclamation en sollicitant la connivence du partenaire : autre ex. **Der hat v. Nerven !** *Il est drôlement gonflé, celui-là !*

2. **Besen** m. : sens 1er *balai* ; péjor. et fam. *femme insolente et criarde, mégère.*

3. **find(e) ich nicht** : (lang. parlé) verbe en 1re position par élision d'un pronom (= **das finde ich nicht** ou **ich finde es / das nicht**).

4. **so — so** : appréciation (liée à l'allusion « machiste » aux jambes de la femme, cf. phrase suivante) qui peut aller du ton dubitatif *(mauvais genre)* au ton horrifié *(tellement — tellement...)* ; ce « geste oral » normalement décodé par le contexte reste ici très vague, dans toute l'indétermination référentielle de ce dialogue familier, elliptique et

— Ben, mon gars. Il a un drôle de goût, le vieux. La grande, c'est une vraie virago, mais terrible, c'est moi qui te le dis.

— Je trouve pas. Elle a l'air tout à fait comme il faut, pourtant.

— Meu non, voyons. Tu sais, comme — comme... Meu non. Vise un peu les jambes, seulement.

— C'est peut-être la petite qu'il s'est tapée.

— Meu non. Celle-là, elle est juste venue comme ça, avec l'autre. C'est la grande qu'il s'est tapée. Mec, ces jambes.

— Ben quoi ! sont tout à fait comme il faut, pourtant.

— Meu non. Voyons. Comme — comme... — meu non !

— Je comprends pas ça, du vieux.

— Hein ? Il était bourré. Quoi d'autre, sinon. Tu pourrais lui fourguer une vieille vache, quand il est bourré. Vise un peu les jambes, seulement. Mec, si c'est pas une virago. Le vieux devait encore tenir une de ces cuites, bonté divine. Eh ben, et depuis hier soir encore.

— Merci bien.

— Je dis pareil. »

Ils s'enroulèrent à nouveau dans leurs couvertures. Elles étaient encore humides de la nuit. Celui qui était couché par terre battait la mesure avec les pieds :

« L'était une fois un kangourou
Qui se cousit la poche partout
Qui se cousit
Qui se cousit — »

---

répétitif, entre deux sentinelles d'on ne sait quel poste ni quel front — *désert des Tartares* avant la lettre de Buzzati...

5. **an/kucken : k.** all. du nord pour **gucken** (fam.) *regarder, jeter un coup d'œil, zyeuter // avoir l'air.*

6. **ne : = eine** (parlé fam.).

7. **Krone** f. : *couronne //* (fam.) *tête* dans tournures comme **einen in der K. haben**, autre ex. **was fährt dir denn in die K. ?** *quelle mouche te pique ?*

Er hatte kalte Füße und schlug mit den Füßen den Takt[1]:

das nähte
das nähte — — —

Abend. Die Decken waren noch naß. Von der Nacht. Sie dösten.

Und der eine schlug mit den Füßen den Takt:

Es war einmal ein Känguruh
das nähte —

Du.

Hm?

Sei mal still.

Warum?

Sie kommen.

Sie kommen? Er stand auf. Die Decken fielen auf die Erde.

Ja, sie kommen. Sie tragen ihn.

Ja. Acht Mann[2].

Du.

Hm?

Sag mal, der Alte ist ja so klein. Oder kommt das, weil sie ihn tragen?

Nee, sie hat ihm doch[3] den Kopf abgehauen.

Meinst du, deswegen[4] ist er so klein?

Was sonst.

Begraben sie ihn nun so?

Wie[5]?

---

1. **...schlug mit den Füßen den Takt**: répétition, statisme, absence d'événement, tonalité grotesque ou irréelle: ces traits marquants de la plupart des récits de guerre de W.B. sont ici condensés (cf. par ex. indifférenciation soir / matin, somnolence continuelle,...), symbolisés par le rabâchage d'une comptine, qui elle-même ironise sur l'ennui et l'absurdité de cette garde. Cf. aussi les chants de Noël de « **Der viele viele Schnee** », le refrain de « **An diesem Dienstag** » p. 104...

2. **sie... acht Mann**: ambiguïté encore de **sie** (cf. p. 122 n. 4), simulant une répétition de la première scène (les 2 femmes).

3. **doch**: dans son rôle de partic. illocutoire, marque une opposition à une donnée antérieure explicite ou implicite: souligne ici l'évidence

Il avait froid aux pieds, et il battait la mesure avec les pieds :

« Qui se cousit
Qui se cousit — — — »

Le soir. Les couvertures étaient encore humides. De la nuit. Ils sommeillaient. Et l'un d'eux battait la mesure avec les pieds :

« L'était une fois un kangourou
Qui se cousit —

— Écoute.

— Hm ?

— Tais-toi un peu.

— Pourquoi ?

— On vient.

— On vient ? » Il se leva. Les couvertures tombèrent par terre.

« Oui, on vient. Ils le portent.

— Oui. Huit hommes.

— Écoute.

— Hm ?

— Dis donc, le vieux est vraiment si petit que ça. Ou c'est parce qu'ils le portent ?

— Meu non, c'est qu'elle lui a coupé la tête, voyons.

— C'est pour ça qu'il est si petit, tu crois ?

— Quoi d'autre, sinon.

— Et ils vont l'enterrer comme ça ?

— Hein ?

---

des réponses (cf. aussi infra **was sonst,... doch mitgenommen**) : l'événement est sans surprise, il remplit un scénario déjà connu... (cf. p. 130 n. 1).

4. ***des-wegen** : (cf. **wegen** + gén. *à cause de*) syn. de **deshalb** ou **darum**, adv. *pour cette raison* et conj. *c'est pourquoi* ; emploi fréquent comme annonciateur de **weil** *parce que*, ex. **er hat es deswegen (deshalb / darum) abgelehnt, weil...** *il a refusé parce que...*

5. **wie ?** : fam. pour **(wie) bitte ?** *pardon ? comment ?*

So ohne Kopf.
Was sonst. Den hat sie doch mitgenommen.
Junge Junge[1]. Das war aber auch eine[2]. Muß der Alte einen in der Krone gehabt haben.
Na, laß ihn man.
Natürlich. Jetzt hat er ja doch nichts mehr davon[3].
Nee.
Sie wickelten sich wieder in die Decken.
Du.
Ja?
Meinst du, ob das ein richtiges Mädchen war?
Wegen dem Kopf?
Na ja.
Nee, du. Ein richtiges Mädchen[4]? Nee.
Dann hat sie ihn auch noch mitgenommen.
Na Mensch.
Ob sie das nur wegen der Stadt getan hat?
Was sonst.
Junge Junge. Einfach so den Kopf.
Ich danke.
Ich auch, weiß du, ich auch.
Und er schlug wieder mit den Füßen den Takt:

> Es war einmal ein Känguruh
> das nähte sich den Beutel zu
> den Beutel zu
> den Beutel zu — — —

---

1. **Junge**: vocatif fam. (cf. **Mensch** in « **Die Hundeblume** » p. 22 n. 5); **J.,J.!** interjection (surprise, admiration, etc.): *bigre!* ou: *ben mon vieux!* (n'était **der Alte** dans le texte).

2. **Das war aber auch eine**: comme partic. illocutoire, **aber** exprime une réaction de surprise (ou admiration, etc.), **auch** un renforcement ou une confirmation d'une donnée de la situation; **eine** pr. (m. **einer**, n. **eines** ou **eins**): elliptiquement ici pour (ex.) **eine rasende Frau** *une femme forcenée*, **ein tolles Weib** *une sacrée bonne femme*, etc. Littéral.: *ça, on peut dire que c'en était une* — mais il fallait éviter la confusion avec *une cuite* (phrase suivante).

3. **davon**: adv. (relation d'origine) *de cela*; **davon... haben** tournure

— Comme ça, sans tête.

— Quoi d'autre, sinon. C'est qu'elle l'a emportée, voyons.

— Oh là là, mec. Ben vrai, quelle sacrée bonne femme. Le vieux devait tenir une de ces cuites.

— Bon, fiche-lui la paix.

— Évidemment. Sûr que ça ne l'avance plus à rien, maintenant.

— Meu non. »

Ils s'enroulèrent à nouveau dans les couvertures.

« Écoute.

— Oui ?

— C'était une vraie fille, tu crois ?

— À cause de la tête ?

— Ben, oui.

— Meu non, voyons. Une vraie fille ? Meu non.

— Et puis en plus, elle l'a emportée.

— Ben, mon gars.

— Et ça serait seulement à cause de la ville qu'elle l'a fait ?

— Quoi d'autre, sinon.

— Oh là là, mec. Comme ça simplement, la tête.

— Merci bien.

— Je dis pareil, tu sais, je dis pareil. »

Et il se remit à battre la mesure avec les pieds :

« L'était une fois un kangourou
Qui se cousit la poche partout
La poche partout
La poche partout — — — »

---

verbale, autre ex. **d. hast du nur Mißmut** *tu n'en retireras que du dépit.*

4. **ein richtiges Mädchen : M.** couvre un champ sémantique qui ne correspond qu'occasionnellement et partiellement à celui du fr. *fille : petite fille // jeune fille, jeune femme (non mariée) // (petite) amie, copine //* **(spätes M.)** *vieille fille // servante // prostituée.* D'où l'ambiguïté de la question ici : *une véritable prostituée* ou *une véritable jeune femme* (et non un homme travesti).

Als die beiden Mädchen durch die Stadt gingen, schrien alle. Die Große trug einen Kopf. Ihr Kleid hatte dunkle Flecke. Sie zeigte den Kopf.

Judith! schrien alle.

Sie hob ihr Kleid hoch und machte einen Beutel daraus vor der Brust.

Da lag der Kopf drin. Sie zeigte ihn.

Judith! schrien alle. Judith! Judith[1]!

Sie trug den Kopf im Kleid vor sich hin. Wie ein Känguruh sah sie aus[2].

---

1. **Judith :** version parodique de l'histoire biblique de Judith et Holopherne, ce texte s'inscrit dans la série des récits à personnage religieux : « **Maria, alles Maria** », « **Jesus macht nicht mehr mit** », et la parabole de la Nativité « **Die drei dunklen Könige** » « *Les trois rois sombres* » ; le personnage de Judith fait diptyque avec la figure évangélique de Marie, l'autre « jeune fille victorieuse » — traitée elle aussi par la feinte dépréciation : **stures Mädchen** (« **Maria, alles Maria** » p. 66) comme ici **ein Besen**. D'un autre côté, le traitement parodique s'épuise ici en lui-même, se résout en pochade : l'événement, présenté sous la perspective à la fois triviale et onirique (prescience, attitude détachée) des sentinelles, est dépouillé de toute signification (cf. n. suivante).

Quand les deux filles traversèrent la ville, tous se mirent à crier. La grande portait une tête. Sa robe avait des taches sombres. Elle montrait la tête.

« Judith ! » ils criaient tous.

Elle relevait sa robe et en faisait une poche devant sa poitrine.

Et la tête était dedans. Elle la montrait.

« Judith ! » ils criaient tous, « Judith ! Judith ! »

Elle portait la tête devant elle, dans sa robe. Elle avait l'air d'un kangourou.

---

2. **Wie ein Känguruh sah sie aus** : seconde « clé » du texte, la comptine qui le scande **(Es war einmal ein Känguruh...)** apparaît comme une allégorie interne du récit, ramenant celui-ci à son propre non-sens. Cette transposition d'un épisode biblique majeur en une chansonnette absurde est un exemple-limite de l'« écriture enfantine » de W.B. (cf. Préf. p. 11-12). Ce qui par ailleurs ne fait qu'ajouter au caractère troublant de ce texte, centré sur l'une des grandes héroïnes bibliques (avec Esther) qui sauvent le peuple juif de la destruction. Et c'est le seul « récit de guerre » de W.B. laissé dans une indétermination historique totale...

# NACHTS SCHLAFEN DIE RATTEN DOCH

*La nuit les rats dorment, pourtant*

Das hohle Fenster in der vereinsamten Mauer gähnte[1] blaurot voll früher Abendsonne[2]. Staubgewölke flimmerte zwischen den steilgereckten Schornsteinresten. Die Schuttwüste[3] döste.

Er hatte die Augen zu[4]. Mit einmal wurde es noch dunkler. Er merkte, daß jemand gekommen war und nun vor ihm stand, dunkel, leise. Jetzt haben sie mich! dachte er. Aber als er ein bißchen blinzelte, sah er nur zwei etwas ärmlich behoste Beine. Die standen ziemlich krumm vor ihm, daß er zwischen ihnen hindurchsehen konnte. Er riskierte ein kleines Geblinzel an den Hosenbeinen hoch und erkannte einen älteren[5] Mann. Der hatte ein Messer und einen Korb in der Hand. Und etwas Erde an den Fingerspitzen.

Du schläfst hier wohl was? fragte der Mann und sah von oben auf das Haargestrüpp herunter[6]. Jürgen blinzelte zwischen den Beinen des Mannes hindurch in die Sonne und sagte: Nein, ich schlafe nicht. Ich muß hier aufpassen. Der Mann nickte: So, dafür hast du wohl den großen Stock da?

Ja, antwortete Jürgen mutig und hielt den Stock fest.

Worauf paßt du denn auf?

Das kann ich nicht sagen. Er hielt die Hände fest um den Stock.

Wohl auf Geld, was? Der Mann setzte den Korb ab und wischte das Messer an seinem Hosenboden hin und her.

---

1. **gähnen:** *bâiller* (bouche) // *présenter grand ouvert un orifice* — cf. en ce sens le fr. (vieilli) *béer.*

2. **frühe *Abend-sonne; f.** adj. *à son commencement // prématuré, précoce,* adv. *tôt, le matin* (cf. **von früh bis spät** *du matin au soir*). ***Abend-sonne** f. *soleil couchant* (cf. **A.** m. *soir*).

3. ***Schutt-wüste** f.: S. m. *débris (maison, pierre), éboulis;* cf. **in S. und Asche legen** *réduire en cendres.* Cette description installe le récit dans le cadre des **Trümmergeschichten** (littéral. *histoires des décombres*), récits de "l'Allemagne année zéro" de l'immédiate d'après-guerre ou de l'époque des bombardements massifs des villes allemandes entre 1943 et 1945. Cf. p. 146 et suiv. « **Die Küchenuhr** ».

La fenêtre vide dans le mur solitaire était béante, rouge-bleu, remplie du soleil qui déclinait déjà. Des nuages de poussière scintillaient entre les restes d'une cheminée dressés tout droit. Le désert de gravats sommeillait.

Il avait les yeux fermés. D'un seul coup, il fit encore plus sombre. Il s'aperçut que quelqu'un était venu et se tenait maintenant devant lui, sombre, sans bruit. « Ça y est, ils me tiennent ! » pensa-t-il. Mais quand il cligna un peu des yeux, il ne vit que deux jambes dans un pantalon plutôt misérable. Elles se tenaient devant lui, assez arquées pour qu'il pût voir entre elles de l'autre côté. Il risqua un petit clignement au-dessus des jambes du pantalon, et il découvrit un homme d'un certain âge. Il avait un couteau et un panier à la main. Et un peu de terre au bout des doigts.

« Tu dors ici, hein, je suppose ? » demanda l'homme en contemplant du haut de sa taille la tignasse ébouriffée. Jürgen cligna des yeux au soleil, entre les jambes de l'homme, et dit : « Non, je ne dors pas. Il faut que je surveille ici. » L'homme fit un signe de tête : « Alors, c'est pour ça que tu as ce gros bâton, je suppose ?

— Oui », répondit vaillamment Jürgen en serrant fort son bâton.

« Qu'est-ce que tu surveilles donc ?

— Ça, je ne peux pas le dire. » Il serra fort les mains sur son bâton.

« De l'argent je suppose, hein ? » L'homme posa le panier et essuya le couteau, des deux côtés, sur son fond de pantalon.

---

4. **er hatte die Augen zu** : motif du sommeil, d'un univers inerte, en ce début : cf. supra **gähnen** et **dösen**, et la question infra **du schläfst... ?**

5. **älter** : compar. de **alt** *vieux*, dans son emploi absolu : *entre l'âge mûr et la vieillesse*. Cf. autres adj. dont le compar. fonctionne comme un "modérateur", ex. **eine kleinere Summe** *une somme modique,* **für längere Zeit** *pour un certain temps*, etc.

6. **herunter/sehen (a, e)** : sens fig. *toiser* (**an** + dat.), *regarder de haut* (**auf** + acc.).

Nein, auf Geld überhaupt nicht, sagte Jürgen verächtlich. Auf ganz etwas anderes.

Na, was denn?

Ich kann es nicht sagen. Was anderes eben[1].

Na, denn nicht. Dann sage ich dir natürlich auch nicht, was ich hier im Korb habe. Der Mann stieß mit dem Fuß an den Korb und klappte das Messer zu.

Pah, kann mir denken[2], was in dem Korb ist, meinte Jürgen geringschätzig[3], Kaninchenfutter[4].

Donnerwetter[5], ja! sagte der Mann verwundert, bist ja ein fixer[6] Kerl. Wie alt bist du denn?

Neun.

Oha, denk mal an, neun also. Dann weißt du ja auch, wieviel drei mal neun sind, wie?

Klar, sagte Jürgen und um Zeit zu gewinnen, sagte er noch: Das ist ja ganz leicht. Und er sah durch die Beine des Mannes hindurch. Dreimal neun, nicht? fragte er noch mal, siebenundzwanzig. Das wußte ich gleich[7].

Stimmt, sagte der Mann, genau soviel Kaninchen habe ich.

Jürgen machte einen runden Mund: Siebenundzwanzig?

Du kannst sie sehen. Viele sind noch ganz jung. Willst du?

Ich kann doch nicht. Ich muß doch aufpassen[8], sagte Jürgen unsicher.

---

1. **eben** ≠ adv. **eben** syn. de **gerade** *juste(ment)*; partic. illocutoire marquant un fait irréductible, d'où nuance de résignation, ex. **so ist es eben** *c'est comme ça (on n'y peut rien)*.

2. **denken (a, a)**: *penser;* pronominalement, syn. de **sich** (dat.) **vorstellen** *s'imaginer, se représenter*.

3. ***gering-schätz-ig**: cf. **Schatz** m. *trésor,* **schätzen** *estimer, apprécier*; g. adj. *petit, infime*, cf. aussi **geringfügig** *insignifiant,* **geringwertig** *de peu de valeur*.

4. ***Kaninchen-futter: F.** n. *nourriture* (animaux), *fourrage*; au fig., ex. **F. bringen** *alimenter, donner matière*. Cf. aussi p. 140 **füttern**.

5. ***Donner-wetter: D.** m. *tonnerre,* **W.** n. *temps* (météorologique); 1^er^

« Non, pas de l'argent du tout », dit Jürgen avec mépris. « Tout à fait autre chose.

— Ben, quoi alors ?

— Je ne peux pas le dire. Autre chose, c'est tout.

— Ben, tant pis. Alors naturellement, je ne te dirai pas moi non plus ce que j'ai ici dans le panier. » L'homme poussa le panier du pied et referma son couteau avec un claquement.

« Bah, je peux me le figurer, ce qu'il y a dans le panier », dit Jürgen avec dédain, « de l'herbe à lapins.

— Saperlotte, oui ! », dit l'homme ébahi, « t'es vraiment un gars dégourdi, toi. Quel âge tu as ?

— Neuf ans.

— Hoho, neuf ans, voyez-vous ça. Alors tu dois bien savoir aussi combien font trois fois neuf, hein ?

— Sûr », dit Jürgen, et il dit encore, pour gagner du temps : « C'est vraiment tout simple ». Et il regarda entre les jambes de l'homme. « Trois fois neuf, c'est ça ? » demanda-t-il encore, « vingt-sept. Je le savais tout de suite.

— Juste », dit l'homme, « c'est exactement le nombre de lapins que j'ai ».

Jürgen ouvrit une bouche ronde : « vingt-sept ?

— Tu peux venir les voir. Beaucoup sont encore tout petits. Tu veux ?

— C'est que je ne peux pas. C'est qu'il faut que je surveille », dit Jürgen en hésitant.

---

sens (vieilli) *orage*, fig. fam. *dispute, savon* ; comme juron, exprime colère, surprise ou admiration.

6. **fix** : *fixe* // (fam.) *alerte, rapide de la comprenette* ; adv. (fam.) *vite*, ex. **mach f.** ! *grouille-toi !*

7. **gleich** : adj. *même, égal,* adv. *pareillement* // *immédiatement* (cf. **bis g.** *à tout à l'heure*) ; prép. (+ dat.), ex. **g. einem Pfeil** *telle une flèche.*

8. **auf/passen** : sens de *veiller sur* (pour protéger, assurer un bon déroulement etc.) ; également *être attentif* (ex. **beim Unterricht** *pendant le cours*), *prendre garde.*

Immerzu[1]? fragte der Mann, nachts auch?

Nachts auch. Immerzu. Immer. Jürgen sah an den krummen Beinen hoch. Seit Sonnabend schon, flüsterte er.

Aber gehst du denn gar[2] nicht nach Hause? Du mußt doch essen.

Jürgen hob einen Stein hoch. Da lag ein halbes Brot. Und eine Blechschachtel.

Du rauchst? fragte der Mann, hast du denn eine Pfeife?

Jürgen faßte seinen Stock fest an und sagte zaghaft: Ich drehe. Pfeife mag ich nicht.

Schade, der Mann bückte sich zu seinem Korb, die Kaninchen hättest du ruhig mal ansehen können. Vor allem die Jungen. Vielleicht hättest du dir eines ausgesucht[3]. Aber du kannst hier ja[4] nicht weg.

Nein, sagte Jürgen traurig, nein nein.

Der Mann nahm den Korb und richtete sich auf. Na ja, wenn du hierbleiben mußt — schade. Und er drehte sich um. Wenn du mich nicht verrätst[5], sagte Jürgen da schnell, es ist wegen[6] den Ratten. Die krummen Beine kamen einen Schritt zurück: Wegen den Ratten?

Ja, die essen doch von Toten. Von Menschen. Da leben sie doch von[7].

Wer sagt das?

Unser Lehrer.

---

1. ***immer-zu**: *sans arrêt, perpétuellement*, nuance insistante ou péjor. par rapport à **immer** *toujours* (cf. aussi **immerfort** *constamment*).

2. **gar**: adv. syn. de **überhaupt** comme renforcement de négation, autre ex. **gar kein Zweifel** *absolument aucun doute*; comme partic. illocutoire, souligne le doute dans une interrogation, ex. **hat er gar gelogen?** *aurait-il menti?*, ou renforce une affirmation (*vraiment*).

3. **aus/suchen**: + **sich** dat. de convenance (= **für sich**); cf. **suchen** *chercher*, **aus-** sens de détachement — sélection, autre ex. **aus/sortieren** *trier*, **sich aus/zeichnen** *se distinguer* etc.

4. **ja**: partic. illocutoire, dans sa valeur de connivence (rappel d'une donnée de la situation) — autres valeurs: renforcement d'une

« Tout le temps ? » demanda l'homme, « la nuit aussi ?

— La nuit aussi. Tout le temps. Toujours. » Jürgen regarda au-dessus des jambes arquées. « Depuis samedi déjà », chuchota-t-il.

« Mais tu ne rentres donc pas à la maison, jamais ? Il faut que tu manges, pourtant. »

Jürgen souleva une pierre. Il y avait là un demi-pain. Et une boîte en fer-blanc.

« Tu fumes ? » demanda l'homme, « tu as une pipe, alors ? »

Jürgen tint fort son bâton et dit timidement : « Je roule. La pipe, je n'aime pas.

— Dommage », l'homme se pencha sur son panier, « tu aurais pu venir les voir sans problème, les lapins. Les petits surtout. Tu en aurais peut-être choisi un pour toi. Mais puisque tu ne peux pas bouger d'ici.

— Non », dit Jürgen tristement, « non non ».

L'homme prit le panier et se redressa. « Bon ben, s'il faut que tu restes ici — dommage. » Et il fit demi-tour. « Si tu ne me trahis pas », dit alors Jürgen très vite, « c'est à cause des rats ».

Les jambes arquées revinrent d'un pas en arrière : « à cause des rats ?

— Oui, ceux qui mangent les morts, quoi. Les personnes. Ils vivent de ça, quoi.

— Qui dit ça ?

— Notre maître.

---

exclamation étonnée ou ironique, ex. **das kann ja heiter werden** *ça commence bien*, ou d'une injonction, ex. **sage ja nichts !** *surtout ne dis rien !*

5. **wenn...verrätst :** elliptique (précipitation de l'enfant) = *(je vais te le dire) pourvu que tu ne me trahisses pas.*

6. **wegen :** + dat., plus relâché que **w.** + gén. ; dat. fam. fréquent aussi avec d'autres prép. + gén., ex. **trotz** *malgré,* **statt** *au lieu de*, etc.

7. **Da...von = davon :** forme séparée, dans certaines tournures, de **da** + prép. (**damit, dafür, dagegen** etc.) ; particulier à l'all. du Nord.

Und du paßt nun auf die Ratten auf? fragte der Mann.

Auf die doch nicht! Und dann sagte er ganz leise: Mein Bruder, der liegt nämlich[1] da unten. Da. Jürgen zeigte mit dem Stock auf die zusammengesackten Mauern. Unser Haus kriegte eine Bombe. Mit einmal war das Licht weg[2] im Keller. Und er auch. Wir haben noch gerufen[3]. Er war viel kleiner als ich. Erst vier. Er muß hier ja noch sein. Er ist doch viel kleiner als ich.

Der Mann sah von oben auf das Haargestrüpp. Aber dann sagte er plötzlich: Ja, hat euer Lehrer euch denn nicht gesagt, daß die Ratten nachts schlafen?

Nein, flüsterte Jürgen und sah mit einmal ganz müde[4] aus, das hat er nicht gesagt.

Na, sagte der Mann, das ist aber ein Lehrer, wenn er das nicht mal weiß. Nachts schlafen die Ratten doch. Nachts kannst du ruhig nach Hause gehen. Nachts schlafen sie immer. Wenn es dunkel wird, schon[5].

Jürgen machte mit seinem Stock kleine Kuhlen in den Schutt.

Lauter kleine Betten sind das, dachte er, alles kleine Betten. Da sagte der Mann (und seine krummen Beine waren ganz unruhig dabei): Weißt du was? Jetzt füttere ich schnell meine Kaninchen und wenn es dunkel wird, hole ich dich ab. Vielleicht kann ich eins mitbringen. Ein kleines oder[6], was meinst du?

---

1. **nämlich**: adj. *même, susdit* (registre soutenu par rapport à **der/dies/dasselbe** *le/la même*); comme adv., marque une attitude explicative (*c'est que, en effet,* etc.), ou introduit une précision (*c'est-à-dire, plus exactement*) ou une énumération (*à savoir*).

2. **mit einmal war das Licht weg**: parallélisme avec l'apparition de l'homme p. 134 **mit einmal wurde es...dunkler**; toute la présentation de ce personnage (p. 134) suggère du reste une apparition menaçante, presque une figure de croquemitaine ou d'ogre: sa grande taille par rapport à l'enfant, ses jambes torses — **krumm** au fig. signifie *irrégulier, louche* — la question sur l'argent, le couteau essuyé...

3. **wir haben noch gerufen: n.** adv. dans sa valeur concessive (= **wir konnten noch so rufen** *en vain avons-nous appelé*).

4. **ganz müde**: l'enfant "craque", après les ébranlements successifs

— Et tu surveilles les rats maintenant ? » demanda l'homme.

« Mais non, pas eux ! » Et alors il dit tout bas : « Mon frère, c'est lui qui est là-dessous. Là. » Jürgen montra avec son bâton les murs écroulés. « Notre maison a reçu une bombe. D'un seul coup, la lumière a disparu dans la cave. Et lui aussi. On a eu beau appeler. Il était beaucoup plus petit que moi. Quatre ans seulement. Il doit bien être encore là. Il est pourtant beaucoup plus petit que moi. »

L'homme contemplait du haut de sa taille la tignasse ébouriffée. Mais alors il dit brusquement : « Mais, votre maître ne vous a donc pas dit que les rats dorment, la nuit ?

— Non », chuchota Jürgen, et il eut l'air très fatigué d'un seul coup, « ça, il ne l'a pas dit.

— Ben », dit l'homme, « c'est un drôle de maître, s'il ne sait même pas ça. La nuit les rats dorment, pourtant. La nuit tu peux rentrer à la maison, sans problème. La nuit, ils dorment toujours. Quand il commence à faire sombre, c'est bon ».

Jürgen faisait de petits creux dans les gravats, avec son bâton.

« C'est rien que des petits lits », pensa-t-il, « tout des petits lits ». L'homme dit alors (et ses jambes arquées en étaient toutes fébriles) : « tu sais quoi ? maintenant je vais donner à manger à mes lapins en vitesse, et quand il commence à faire sombre, je viens te chercher. Peut-être que je peux en apporter un. Un petit, non, qu'est-ce que t'en penses ? »

---

**unsicher — flüstern — zaghaft — traurig** (p. 136 et 138) ; le 1er succès du vieil homme, ouvrant une brèche dans les défenses de l'enfant, était déjà relatif à une question scolaire (**wieviel drei mal neun** p. 136) : le personnage apparaît comme un "instituteur sauvage" — produisant un mensonge (même s'il est "pieux") symétrique des mensonges de l'éducation nazie ?

5. **schon** : cf. n. 2 p. 116 in « **Der viele viele Schnee** » (sens de confirmation ici).

6. **oder** = **nein** ou **nicht wahr** en fin d'énoncé dans une question rhétorique.

Jürgen machte kleine Kuhlen in den Schutt. Lauter kleiner Kaninchen. Weiße, graue, weißgraue[1]. Ich weiß nicht, sagte er leise und sah auf die krummen Beine, wenn sie wirklich nachts schlafen.

Der Mann stieg über die Mauerreste weg[2] auf die Straße. Natürlich, sagte er von da, euer Lehrer soll einpacken, wenn er das nicht mal weiß.

Da stand Jürgen auf und fragte: Wenn ich eins kriegen kann[3]? Ein weißes vielleicht?

Ich will mal versuchen, rief der Mann schon im Weggehen, aber du mußt hier solange warten. Ich gehe dann mit dir nach Hause, weißt du? Ich muß deinem Vater doch sagen, wie so ein Kaninchenstall gebaut wird. Denn das müßt ihr ja wissen.

Ja, rief Jürgen, ich warte. Ich muß ja noch aufpassen, bis es dunkel wird. Ich warte bestimmt. Und er rief: Wir haben auch noch Bretter zu Hause. Kistenbretter, rief er.

Aber das hörte der Mann schon nicht mehr. Er lief mit seinen krummen Beinen auf die Sonne zu. Die war schon rot vom Abend und Jürgen konnte sehen, wie sie durch die Beine hindurchschien[4], so krumm waren sie. Und der Korb schwenkte aufgeregt hin und her[5]. Kaninchenfutter war da drin. Grünes Kaninchenfutter, das war etwas grau vom Schutt[6].

---

1. **weiße... weißgraue**: lapins et lits couleur de cendre (les gravats), l'enfant dessine ses désirs comme des métaphores des décombres.

2. **über... weg** = **über** (+ acc.) + **hinweg**: passage par l'extérieur et par le haut; cf. supra p. 134 **zwischen** (+ dat.) + **hindurch** (passage entre deux repères), p. 136 **durch** (+ acc.) + **hindurch** (passage par l'intérieur).

3. **wenn ich... kann?**: (lang. enfantin, souhait timide) = **ob ich... kann?** *vous croyez que je peux...?* ou **wenn ich... könnte?** *si je pouvais...?*

4. **... durch die Beine hindurchschien**: (cf. p. 134 **blinzelte zwischen den Beinen... in die Sonne**) les jambes du vieux comme « fenêtre » du soleil rouge, symétrique de la fenêtre du mur en ruine p. 134: **gähnte blaurot voll... Abendsonne.**

Jürgen faisait de petits creux dans les gravats. « Rien que des petits lapins. Blancs, gris, gris-blanc. Je ne sais pas », dit-il à mi-voix en regardant les jambes arquées, « mais si vraiment ils dorment, la nuit ».

L'homme grimpa sur les restes de mur pour gagner la rue. « Bien sûr », dit-il de là-bas, « votre maître n'a plus qu'à faire ses valises, s'il ne sait même pas ça ».

Jürgen se leva alors et demanda : « Et je pourrai en avoir un ? Un blanc peut-être ?

— Je vais voir ce que je peux faire », cria l'homme qui s'éloignait déjà, « mais tu dois attendre ici pendant ce temps. Après je vais avec toi à la maison, tu sais ? C'est qu'il faut que je dise à ton père comment on construit un clapier de ce genre. Car il faut bien que vous sachiez.

— Oui », cria Jürgen, « j'attends. Il faut bien que je surveille encore, jusqu'à ce qu'il commence à faire sombre. J'attends, sans faute ». Et il cria : « Nous avons des planches à la maison, en plus. Des planches de caisses », cria-t-il.

Mais cela, l'homme ne l'entendait plus déjà. Il courait avec ses jambes arquées dans la direction du soleil. Celui-ci était déjà rouge du crépuscule et Jürgen pouvait le voir luire à travers les jambes, tellement elles étaient arquées. Et le panier tressautait çà et là d'agitation. Il y avait de l'herbe à lapins dedans. De l'herbe à lapins verte, qui était un peu grise à cause des gravats.

---

5. **schwenkte aufgeregt hin und her** : opposition au statisme du début (cf. n. 4 p. 134). Structure oppositive qui organise le récit : sommeil des ruines / veille de l'enfant, enfant / homme âgé, cadavre / herbe, rats (animaux de mort desquels s'occupe un "enfant vieux") / lapins (animaux domestiques qui rendent Jürgen à l'enfance).

6. **Grünes... etwas grau vom Schutt** : cf. le récit « **Billbrook** » **Trümmergeschichte** sur la dévastation de Hambourg : **Grünes Gras... Manchmal etwas übergraut,... staubig... Friedhofsgras. Ruinengras. Grausames gräßliches gnädiges graues Gras... ewiges Gras auf Gräbern.** *Herbe verte... Parfois un peu recouverte de gris,... poussiéreuse... Herbe de cimetière. Herbe de ruines. Herbe horrible, affreuse, miséricordieuse et grise... herbe éternelle sur les tombes.*

# DIE KÜCHENUHR

*L'Horloge de cuisine*

Sie sahen ihn schon von weitem auf sich zukommen, denn er fiel auf[1]. Er hatte ein ganz altes Gesicht, aber wie er ging, daran sah man, daß er erst zwanzig war[2]. Er setzte sich mit seinem alten Gesicht zu ihnen auf die Bank. Und dann zeigte er ihnen, was er in der Hand trug.

Das war unsere Küchenuhr, sagte er und sah sie alle der Reihe nach[3] an, die auf der Bank in der Sonne saßen. Ja, ich habe sie noch gefunden. Sie ist übriggeblieben[4].

Er hielt eine runde tellerweiße[5] Küchenuhr vor sich hin und tupfte mit dem Finger die blaugemalten Zahlen ab.

Sie hat weiter keinen Wert, meinte er entschuldigend, das weiß ich auch. Und sie ist auch nicht so besonders schön. Sie ist nur wie ein Teller, so mit weißem Lack. Aber die blauen Zahlen sehen doch ganz hübsch aus, finde ich. Die Zeiger sind natürlich nur aus Blech. Und nun gehen sie auch nicht mehr. Nein. Innerlich ist sie kaputt, das steht fest[6]. Aber sie sieht noch aus wie immer. Auch wenn sie jetzt nicht mehr geht.

Er machte mit der Fingerspitze einen vorsichtigen Kreis auf dem Rand der Telleruhr entlang[7]. Und er sagte leise: Und sie ist übriggeblieben.

Die auf der Bank in der Sonne saßen, sahen ihn nicht an. Einer sah auf seine Schuhe und die Frau sah in ihren Kinderwagen[8]. Dann sagte jemand:

Sie haben wohl alles verloren?

---

1. **auf/fallen**: (cf. **fallen (ie, a)** *tomber*, **auf-** partic. de contact *sur*) *frapper, se faire remarquer*.

2. **...zwanzig war**: = **...zwanzig Jahre alt war** *était âgé de vingt ans* (ellipse usuelle pour indiquer l'âge).

3. **der Reihe nach**: *à tour de rôle // par ordre, point par point* (**R.** f. *file, rang // tour*); **n.** + dat. exprimant la conformité *(selon, d'après, suivant)* peut être indifféremment préposé ou postposé.

4. **übrig/bleiben**: *être de reste, subsister*; cf. **ü.** adj. (étym. de **über** *sur*) *restant*, ex. **vom Tee ist noch etwas ü.** *il reste encore un peu de thé*; **übrigens** adv. *au demeurant*.

5. ***teller-weiß**: rapport de comparaison fréquent dans les adj. composés, ex. ***feder-leicht** *léger comme une plume*, ***stein-hart** *dur comme pierre*, etc.

Ils le virent venir vers eux, de loin déjà, car il attirait l'attention. Il avait un vrai visage de vieux, mais à son allure on voyait qu'il n'avait pas plus de vingt ans. Il s'assit avec son visage de vieux, à côté d'eux, sur le banc. Et alors il leur montra ce qu'il portait à la main.

« C'était notre horloge de cuisine », dit-il en les regardant tous un par un, ceux qui étaient assis sur le banc au soleil. « Oui, je l'ai retrouvée encore. Elle est restée. »

Il tenait devant lui une horloge de cuisine ronde et blanche comme une assiette, et il tapotait du doigt les chiffres peints en bleu.

« Elle n'a du reste aucune valeur », dit-il en s'excusant, « je le sais, moi aussi. Et elle n'est pas spécialement belle non plus. Elle est juste comme une assiette, comme ça avec de la laque blanche. Mais les chiffres bleus font très joli pourtant, je trouve. Les aiguilles ne sont qu'en fer-blanc, naturellement. Et elles ne marchent même plus maintenant. Non. À l'intérieur elle est fichue, ça c'est sûr. Mais elle a toujours le même aspect encore. Même si elle ne marche plus maintenant ».

Il traça du bout du doigt un cercle prudent sur le rebord de l'assiette-horloge. Et il dit à mi-voix : « Et elle est restée. »

Ceux qui étaient assis sur le banc, au soleil, ne le regardaient pas. L'un fixait ses chaussures, et la femme regardait à l'intérieur du landau.

Alors quelqu'un dit :

« Vous avez tout perdu, je suppose ?

---

6. **fest/stehen :** *être établi, réglé // être certain* (cf. **fest** *solide, fixe, ferme*) ; ex. **sein Entschluß steht fest** *sa décision est irrévocable*, **es steht fest, daß** *il est de fait que*.

7. **entlang :** *le long de* ; + acc. (dat. rare) quand **e.** postposé, + dat. (gén. rare) quand **e.** préposé.

8. ***Kinder-wagen :** cf. **Kind** n. *enfant*, **W.** m. *voiture // chariot // wagon* ; série d'objets contemplés par les personnages : horloge - chaussures - landau (cf. p. 150 n. 4).

Ja, ja, sagte er freudig[1], denken Sie, aber auch alles! Nur sie hier, sie ist übrig. Und er hob die Uhr wieder hoch, als ob die anderen sie noch nicht kannten.

Aber sie geht doch nicht mehr, sagte die Frau.

Nein, nein, das nicht. Kaputt ist sie, das weiß ich wohl. Aber sonst ist sie doch noch ganz wie immer: weiß und blau. Und wieder zeigte er ihnen seine Uhr. Und was das Schönste ist, fuhr er aufgeregt fort, das habe ich Ihnen ja noch überhaupt nicht erzählt. Das Schönste kommt nämlich noch: Denken Sie mal, sie ist um halb drei stehengeblieben[2]. Ausgerechnet[3] um halb drei[4], denken Sie mal!

Dann wurde Ihr Haus sicher um halb drei getroffen, sagte der Mann und schob wichtig die Unterlippe vor. Das habe ich schon oft gehört. Wenn die Bombe runtergeht, bleiben die Uhren[5] stehen. Das kommt von dem Druck.

Er sah seine Uhr an und schüttelte überlegen[6] den Kopf. Nein, lieber Herr, nein, da irren Sie sich. Das hat mit den Bomben nichts zu tun. Sie müssen nicht immer von den Bomben reden. Nein. Um halb drei war ganz etwas anderes, das wissen Sie nur nicht. Das ist nämlich der Witz, daß sie gerade um halb drei stehengeblieben ist. Und nicht um viertel nach vier oder um sieben. Um halb drei kam ich nämlich immer nach Hause. Nachts, meine ich. Fast immer um halb drei. Das ist ja gerade der Witz[7].

---

1. **freudig**: contradiction dans l'énonciation du personnage (joie - confirmation du malheur) comme dans son visage (jeune - vieux).

2. **stehen/bleiben**: autres sens *cesser d'avancer, rester (au même point)*; ≠ loc. verbale **stehen bleiben** *rester debout* (cf. « **Maria, alles Maria** » p. 78 n. 1); noter le parallélisme **übrig/b.** - **stehen/b.** (survie - arrêt du temps).

3. **ausgerechnet**: adv. syn. de **gerade** avec une valeur émotive plus accentuée (colère, surprise, ironie, etc.); cf. **aus/rechnen** *calculer* // **(sich** dat.) **a.** *supputer.*

4. **um halb drei**: **um** + acc. datage précis pour l'heure, datage imprécis *(vers, aux environs de)* pour d'autres désignés, ex. **um den 15 April** *vers le 15 avril*, **um die Jahrhundertwende** *au tournant du siècle.* Conventions courantes pour l'indication de l'heure: ex. *2 h 40* **zehn nach halb drei** ou **zwanzig vor drei,** *2 h 45* **drei Viertel drei** ou **(ein) Viertel vor drei,** etc.

— Oui, oui», dit-il joyeusement, «vous pensez, mais alors tout ! Rien qu'elle ici, elle est ce qui reste». Et il leva en l'air l'horloge à nouveau, comme si les autres ne la connaissaient pas encore.

« Mais elle ne marche plus, pourtant», dit la femme.

«Non, non, ça non. Elle est fichue, ça je le sais bien. Mais sinon, elle est encore absolument comme toujours, pourtant : blanche et bleue. » Et il leur montra à nouveau son horloge. «Et le plus beau», poursuivit-il avec agitation, «attendez, je ne vous l'ai pas raconté du tout encore. C'est que vous ne savez pas encore le plus beau : pensez donc, elle s'est arrêtée à deux heures et demie. Précisément à deux heures et demie, pensez donc !

— Alors votre maison a été touchée à deux heures et demie, sûrement», dit l'homme en avançant la lèvre inférieure d'un air important. «J'ai déjà entendu ça souvent. Quand la bombe descend, les montres s'arrêtent. Ça vient de la pression. »

Il regarda son horloge et secoua la tête d'un air supérieur. «Non, cher monsieur, non, là vous vous trompez. Ça n'a rien à voir avec les bombes. Vous n'êtes pas obligé de parler des bombes à tout propos. Non. À deux heures et demie il se passait tout autre chose, ça vous ne pouvez simplement pas savoir. C'est que c'est ça le piquant de l'affaire, qu'elle se soit arrêtée justement à deux heures et demie. Et pas à quatre heures et quart ou à sept heures. C'est que je rentrais toujours à deux heures et demie à la maison. La nuit, je veux dire. Presque toujours à deux heures et demie. C'est bien ça justement, le piquant de l'affaire. »

---

5. **Uhr** f. : terme générique *(montre, horloge, pendule)* ; autre sens *heure* (datage), ≠ **Stunde** f. *heure* (durée).

6. **überlegen** : *supérieur* (valeur, force, etc.) // *hautain*, étym. part. II du haut-all. **überliegen** *avoir le dessus* ; à ne pas confondre avec les v. **über/legen** *mettre dessus* ou **überlegen** *réfléchir*.

7. **Witz** m. : *bon mot // histoire drôle // esprit (vivacité intellectuelle)* ; **der W. der Sache** *le côté paradoxal* (*comique, curieux,* etc.) *de la chose.*

Er sah die anderen an, aber die hatten ihre Augen von ihm weggenommen[1]. Er fand sie nicht. Da nickte er seiner Uhr zu: Dann hatte ich natürlich Hunger, nicht wahr? Und ich ging immer gleich in die Küche. Da war es dann fast immer halb drei. Und dann, dann kam nämlich meine Mutter. Ich konnte noch so leise die Tür aufmachen, sie hat mich immer gehört. Und wenn ich in der dunklen Küche etwas zu essen suchte, ging plötzlich das Licht an. Dann stand sie da in ihrer Wolljacke und mit einem roten Schal um[2]. Und barfuß. Immer barfuß. Und dabei war unsere Küche gekachelt. Und sie machte ihre Augen ganz klein, weil ihr das Licht so hell war. Denn sie hatte ja schon geschlafen. Es war ja Nacht.

So spät wieder, sagte sie dann. Mehr sagte sie nie. Nur: So spät wieder. Und dann machte sie mir das Abendbrot[3] warm und sah zu, wie ich aß. Dabei scheuerte sie immer die Füße aneinander, weil die Kacheln so kalt waren. Schuhe zog sie nachts nie an[4]. Und sie saß so lange bei mir, bis ich satt[5] war. Und dann hörte ich sie noch die Teller wegsetzen[6], wenn ich in meinem Zimmer schon das Licht ausgemacht hatte. Jede Nacht war es so. Und meistens immer um halb drei. Das war ganz selbstverständlich, fand ich, daß sie mir nachts um halb drei in der Küche das Essen machte. Ich fand das ganz selbstverständlich[7]. Sie tat das ja immer. Und sie hat nie mehr gesagt als: So spät wieder[8].

---

1. **weg/nehmen (a, o):** *enlever // dérober, soustraire*; évitement du regard moins par indifférence (il y a réaction verbale) que pour marquer le malaise causé par ce visage? (cf. p. 152 n. 1).

2. **mit einem roten Schal um:** cf. la Vierge de « **Maria, alles Maria** »: **mit einem roten Tuch,** p. 66. Cf. p. 100 n. 1 et p. 82 n. 3.

3. ***Abend-brot:** (cf. **B.** n. *pain*) *repas du soir*, éventuellement plus frugal que **Abendessen** n. ou **Abendmahlzeit** f. On se rappelle que l'horloge est comparée à une assiette: **tellerweiße... wie ein Teller... Telleruhr** p. 146.

4. **Schuhe zog sie... nie an:** cf. les chaussures — et le landau, les deux autres objets du banc qui renvoient aussi, indirectement, à la mère.

5. **satt:** *rassasié, repu // considérable, fort //* (fig.) *dégoûté, blasé.* ex.

Il regarda les autres, mais ceux-ci avaient détourné leurs yeux. Il ne les trouva pas. Alors il fit un signe de tête à son horloge : « Alors j'avais naturellement faim, pas vrai ? Et j'allais toujours tout droit à la cuisine. À ce moment-là, alors, c'était presque toujours deux heures et demie. Et c'est qu'alors, alors ma mère venait. J'avais beau ouvrir la porte le plus doucement possible, elle m'a toujours entendu. Et tandis que je cherchais quelque chose à manger dans la cuisine obscure, tout d'un coup la lumière s'allumait. Alors elle était là, dans sa veste en laine, et avec un châle rouge autour. Et pieds nus. Toujours pieds nus. Et pourtant notre cuisine était carrelée. Et elle faisait de tout petits yeux, parce que la lumière était si vive pour elle. Car elle avait déjà dormi, bien sûr. C'était la nuit, bien sûr.

"Si tard encore", disait-elle alors. Elle ne disait jamais rien de plus. Juste : "si tard encore". Et alors elle me réchauffait le dîner et me regardait manger. En se frottant toujours les pieds l'un contre l'autre, parce que les carreaux étaient si froids. Elle ne mettait jamais de chaussures, la nuit. Et elle restait assise à mes côtés, jusqu'à ce que je n'aie plus faim. Et alors je l'entendais encore ranger les assiettes, tandis que j'avais déjà éteint la lumière dans ma chambre. Toutes les nuits c'était comme ça. Et la plupart du temps, toujours à deux heures et demie. C'était tout naturel, je trouvais, qu'elle me fasse à manger la nuit à deux heures et demie dans la cuisine. Je trouvais ça tout naturel. Elle l'a toujours fait, quoi. Et elle n'a jamais rien dit de plus que : "si tard encore".

---

**ich habe ihn s.** *j'en ai marre de lui* ; cf. aussi tournures pronominales résultatives du type **sich s. trinken** *boire son content.*

6. **weg/setzen :** *mettre de côté // changer de place //* (**von** + dat.) *écarter, éloigner //* **sich w.** (**über** + acc.) *passer outre qqch.*

7. ***selbst-verständlich :** *qui va de soi, évident* (**v.** *compréhensible, clair*, cf. **verstehen** *comprendre*, **Verstand** m. *entendement, raison*).

8. **so spät wieder :** cette unique demi-phrase répétée comme un carillon est une indication de temps : la mère est donc, métonymiquement, une horloge...

Aber das sagte sie jedesmal. Und ich dachte, das könnte nie aufhören. Es war mir so selbstverständlich. Das alles war doch immer so gewesen.

Einen Atemzug lang war es ganz still auf der Bank. Dann sagte er leise: Und jetzt? Er sah die anderen an. Aber er fand sie nicht. Da sagte er der Uhr leise ins weißblaue runde Gesicht[1]: Jetzt, jetzt weiß ich, daß es das Paradies war. Das richtige Paradies.

Auf der Bank war es ganz still. Dann fragte die Frau: Und Ihre Familie?

Er lächelte sie verlegen an: Ach, Sie meinen meine Eltern? Ja, die sind auch mit weg. Alles ist weg. Alles, stellen Sie sich vor. Alles weg.

Er lächelte verlegen von einem zum anderen. Aber sie sahen ihn nicht an.

Da hob er wieder die Uhr hoch und er lachte. Er lachte[2]: Nur sie hier. Sie ist übrig. Und das Schönste ist ja, daß sie ausgerechnet um halb drei stehengeblieben ist. Ausgerechnet um halb drei.

Dann sagte er nichts mehr. Aber er hatte ein ganz altes Gesicht. Und der Mann, der neben ihm saß, sah auf seine Schuhe. Aber er sah seine Schuhe nicht. Er dachte immerzu an das Wort Paradies[3].

---

1. **ins... runde Gesicht**: la face lunaire de l'horloge opposée aux visages « introuvables » des occupants du banc (comme supra pp. 146 et 150, et infra encore **sie sahen ihn nicht an**) ; parallèlement à la fixation enfantine dont elle est le signe (figure maternelle et nourricière), l'horloge-visage renvoie en miroir le seul autre visage décrit dans le récit, celui du jeune homme — qui porte lui aussi une inscription de temps contradictoire : **ein ganz altes Gesicht** (à 3 reprises dans le texte).

2. **er lachte**: cf. p. 148 n. 1 (et les répétitions supra **lächelte... lächelte... lachte**). La destruction interne de l'horloge, **innerlich ist sie kaputt** opposée à son apparence **aber sie sieht noch aus wie immer** (pp. 148 et 150), symbolise cette fêlure du personnage : la « montre déréglée » est une métaphore fam. de la folie légère, cf. **es tickt nicht richtig bei ihm** littéral. « *il ne tictaque pas correctement* » = *il est un peu timbré.* Ce rire hébété est un rire transfiguré par le miracle de l'horloge et la révélation du paradis. Cf. Préf. p. 11 pour la figure borchertienne de l'« idiot ».

Mais ça, elle le disait à chaque fois. Et je pensais que ça ne pouvait jamais avoir de fin. C'était pour moi si naturel. C'est que ç'avait été comme ça depuis toujours, tout ça. »

Le temps d'un soupir, il y eut un silence complet sur le banc. Alors il dit à mi-voix : « Et maintenant ? » Il regarda les autres. Mais il ne les trouva pas. Il dit alors à l'horloge, à mi-voix dans son rond visage blanc et bleu : « Maintenant, maintenant je sais que c'était le paradis. Ni plus ni moins le paradis. »

Sur le banc, il y eut un silence complet. Alors la femme demanda : « et votre famille ? »

Il lui sourit d'un air embarrassé : « Oh, vous voulez dire mes parents ? Oui, eux aussi ils ont disparu avec. Tout a disparu. Tout, imaginez un peu. Tout disparu. »

Il leur souriait tour à tour d'un air embarrassé. Mais ils ne le regardaient pas.

Alors il leva en l'air l'horloge à nouveau, et il rit. Il rit : « Rien qu'elle. Elle est ce qui reste. Et le plus beau, c'est que c'est précisément à deux heures et demie qu'elle s'est arrêtée. Précisément à deux heures et demie. »

Alors il ne dit plus rien. Mais il avait un vrai visage de vieux. Et l'homme qui était assis à côté de lui fixait ses chaussures. Mais il ne voyait pas ses chaussures. Il pensait sans arrêt au mot paradis.

---

3. **Er... Paradies** : phrase qui fait métaphore rythmique (équilibre syllabique + écho accentuel) de la « stase » du jeune homme, bloqué comme l'horloge — après le temps arrêté, il n'y a plus que l'éternité du paradis : régression dans l'éden maternel proche de celle du prisonnier de « **Die Hundeblume** » (cf. p. 60 n. 5 et 6 et p. 62 n. 3).

# DER KAFFEE IST UNDEFINIERBAR[1]

*Ce café a un goût indéfinissable*

Sie hingen auf den Stühlen. Über die Tische waren sie gehängt. Hingehängt von einer fürchterlichen Müdigkeit. Für diese Müdigkeit gab es keinen Schlaf. Es war eine Weltmüdigkeit[2], die nichts mehr erwartet. Höchstens mal einen Zug. Und in einem Wartesaal. Und da hingen sie dann hingehängt über Stühle und Tische. Sie hingen[3] in ihren Kleidern und in ihrer Haut, als ob sie ihnen lästig wären, die Kleider. Und die Haut. Sie waren Gespenster und hatten sich mit dieser Haut kostümiert und spielten eine Zeitlang Mensch. Sie hingen an ihren Skeletten wie Vogelscheuchen an ihren Stangen. Vom Leben hingehängt zum Gespött ihres eigenen Gehirns und zur Qual ihrer Herzen. Und jeder Wind spielte ihnen mit. Der spielte mit ihnen. Sie hingen in einem Leben, hingehängt von einem Gott ohne Gesicht. Von einem Gott, der nicht gut und nicht böse war. Der nur war. Und nicht mehr. Und das war zu viel. Und das war zu wenig[4]. Und er hatte sie da hingehängt ins Leben, damit sie ein Weilchen da pendelten, dünnstimmige Glocken im unsichtbaren Gestühl, windgeblähte Vogelscheuchen. Preisgegeben sich und der Haut, von der sie die Naht nicht entdeckten. Hingehängt über Stühle, Stangen, Tische, Galgen und maßlose Abgründe[5]. Und keiner vernahm ihr dünnstimmiges Geschrei. Denn der Gott hatte ja kein Gesicht. Darum konnte er auch keine Ohren haben. Das war ihre größte Verlassenheit[6], der Gott ohne Ohren. Gott ließ sie nur atmen. Grausam und grandios.

---

1. **undefinierbar** : *indéterminable, vague ;* emploi péjor. courant (goût, odeur...) au sens de *difficile à identifier* et donc *suspect* (mais ≠ *innommable !*) ; cf. p. 172 n. 1 et p. 174 n. 2.

2. ***Welt-müdigkeit** f. : sens d'objet du déterminant **W.** dans ce composé, sur le modèle de ***Lebens-müdigkeit** f. *dégoût de la vie.*

3. **hängen (i, a)** : cf. « **Der viele viele Schnee** » p. 110 n. 2 ; métaphore allitérative du balancement de pendus **DA HINGen... DAnn HINGeHäNGT... STühle und TiSCHe** ; Jeu sur le double sens de **h.** qui produit une vision hallucinée (pendaison).

4. **von einem Gott... zu wenig** : cf. « **Die Hundeblume** » p. 24.

5. **Hingehängt über... Abgründe** : cf. une métaphore d'attente vide, de

Ils pendaient sur les chaises. Ils étaient pendus au-dessus des tables. Suspendus par une terrible fatigue. Pour cette fatigue-là, il n'y avait pas de sommeil. C'était une fatigue du monde, qui n'attend plus rien. Un train, à la rigueur. Et dans une salle d'attente. Et alors ils pendaient là, suspendus sur les chaises et sur les tables. Ils pendaient dans leurs vêtements et dans leur peau, comme s'ils étaient encombrants pour eux, ces vêtements. Et cette peau. C'étaient des fantômes et ils s'étaient déguisés avec cette peau pour jouer aux humains pendant quelque temps. Ils pendaient à leur squelette comme des épouvantails à leurs bâtons. Suspendus par la vie, pour la dérision de leur propre cervelle et pour le tourment de leur cœur. Et le moindre vent leur jouait des tours. Il jouait avec eux. Ils pendaient dans une vie, suspendus par un Dieu sans visage. Par un Dieu qui n'était ni bon ni mauvais. Qui était, seulement. Et rien de plus. Et c'était trop. Et ce n'était pas assez. Et il les avait suspendus là dans la vie pour qu'ils s'y balancent un petit moment, cloches au son grêle, entre d'invisibles bancs, épouvantails que le vent gonfle. Lâchés en proie à eux-mêmes et à cette peau dont ils ne trouvaient pas la couture. Suspendus sur des chaises, bâtons, tables, potences et abîmes sans fond. Et personne n'entendait leurs cris au son grêle. Car enfin, ce Dieu n'avait pas de visage. C'est pourquoi il ne pouvait pas avoir d'oreilles non plus. C'était leur plus grand délaissement, ce Dieu sans oreilles. Dieu les faisait respirer seulement. Cruel et grandiose.

---

« suspension sur l'abîme », analogue dans « **Die Krähen fliegen abends nach Hause** » : **Sie hocken im Verlorenen... Sie hocken und alle Verlassenheiten hängen an ihnen herunter... hocken über dem Bodenlosen...** *Ils sont accroupis dans l'abandon... Ils sont accroupis et tous les délaissements pendent à leurs épaules... accroupis au-dessus du gouffre sans fond...*

6. **Verlassenheit : verlassen (ie, a)** *abandonner* ; ici au sens philosophico-religieux *déréliction* ; Cf. paradoxe analogue (**Verlassenheit-Gott**) dans « **Die Hundeblume** » : **dieses Nichts überwältigt uns oft** p. 24 n. 2.

Und sie atmeten. Wild, gierig, gefräßig. Aber einsam, dünnstimmig[1] einsam. Denn ihr Geschrei, ihr furchtbares Geschrei[2], drang nicht mal zum Nebenmann, der mit am Tisch saß. Nicht zu dem Gott ohne Ohren. Nicht mal zum Nebenmann, der mit[3] am Tisch saß. An demselben Tisch saß. Nebenan. Am selben Tisch.

Vier saßen am Tisch und warteten auf den Zug. Sie konnten sich nicht erkennen[4]. Nebel schwamm zwischen den weißen Gesichtern[5]. Nebel aus Nachtdunst, Kaffeedampf und Zigarettenrauch. Der Kaffeedampf stank und die Zigaretten rochen süß. Der Nachtdunst war aus Not, Parfum und dem Atem alter Männer gemacht. Und von Mädchen, die noch wuchsen. Der Nachtdunst war kalt und naß. Wie Angstschweiß. Drei Männer saßen am Tisch. Und das Mädchen[6]. Vier Menschen. Das Mädchen sah in die Tasse. Der eine Mann schrieb auf graues Papier. Er hatte sehr kurze Finger. Der andere las in einem Buch. Der dritte sah die andern an. Von einem zum andern. Er hatte ein fröhliches Gesicht. Das Mädchen sah in die Tasse.

Da bekam der mit den sehr kurzen Fingern seine fünfte Tasse Kaffee. Ekelhaft, dieser Kaffee, sagte er und sah ganz kurz auf. Der Kaffee ist undefinierbar. Ein tolles Getränk. Und dann schrieb er schon wieder. Aber plötzlich fiel ihm was ein[7] und er sah noch mal auf. Sie haben Ihren Kaffee ja kalt werden lassen, sagte er zu dem Mädchen. Kalt schmeckt er erst recht nicht. Tolles Getränk.

---

1. ***dünn-stimmig :** cf. **Stimme** f. *voix;* **-stimmig** suff., autre ex. **einstimmig** *d'une seule voix, à l'unisson* ; ≠ **stimmig** adj. *harmonieux, cohérent.*

2. ***Ge-schrei** n. : **ge-** collectif (cf. supra **Gestühl**) et / ou intensif (cf. supra **Gespött** n. *risée*, de **Spott** m. *moquerie*) ; nuance parfois péjor. de ce préf. (**Geschrei** au sens de *criailleries*), cf. **Die Hundeblume** p. 46 n. 5.

3. **mit :** emploi courant comme adv. autonome, au sens de *ensemble* (proche de sa fonction de partic. verb.) ; autre ex. infra **mit nehmen** p. 160. Cf. p. 42, l. 6 **an... fing.**

4. **erkennen (a, a) :** (cf. **kennen** *connaître* ; aspect résultatif de **er-**) *discerner, identifier, reconnaître.*

Et ils respiraient. Sauvages, goulus, gloutons. Mais seuls, avec leur son grêle, seuls. Car leurs cris, leurs cris effrayants n'atteignaient même pas le voisin assis à table avec eux. Ils n'atteignaient pas le Dieu sans oreilles. Même pas le voisin assis à table avec eux. Assis à la même table. Juste à côté. À la même table.

Ils étaient quatre assis à table en attendant le train. Ils ne pouvaient pas se voir nettement. Un brouillard flottait entre les visages blafards. Un brouillard de brume nocturne, de vapeur de café et de fumée de cigarette. La vapeur de café puait et les cigarettes avaient une odeur douceâtre. La brume nocturne était faite de détresse, de parfum, et d'haleine de vieillards. Et de jeunes filles encore en âge de grandir. Cette brume nocturne était humide et glacée. Comme de la sueur froide. Ils étaient trois hommes à table. Et la jeune fille. Quatre personnes. La jeune fille regardait dans la tasse. Un des hommes écrivait sur du papier gris. Il avait des doigts très courts. Le deuxième lisait un livre. Le troisième regardait les autres. À tour de rôle. Il avait un visage enjoué. La jeune fille regardait dans la tasse.

Alors on apporta sa cinquième tasse de café à l'homme aux doigts très courts. « Répugnant, ce café », dit-il en levant les yeux un court instant. « Ce café a un goût indéfinissable. Une fichue boisson. » Et alors il se remit à écrire. Mais il se rappela soudain quelque chose et leva les yeux encore. « Vous avez laissé refroidir votre café, voyons », dit-il à la jeune fille. « Froid, il a encore plus mauvais goût. Fichue boisson.

---

5. **Nebel... Gesichtern** : *visages indiscernables* — comme supra le **Gott ohne Gesicht**.

6. **Mädchen** : cf. « **Das Känguruh** » p. 128 n. 4 ; le fr. *fille* se restreint à un usage fam. ou franchement péjor., néanmoins le terme *jeune fille* — qui ne posait aucun problème dans « **Maria, alles Maria** » appliqué à une figure idéalisée — est ici légèrement trop soutenu, trop connoté par rapport à l'all.

7. **ein/fallen (ie, a)** : cf. **Einfall** m. *idée (subite)* ; notion d'irruption, abstraite ou concrète : *s'aviser, se souvenir // pénétrer // envahir.*

Wenn er heiß ist, dann gehts grad[1]. Aber undefinierbar. Un-de-fi-nier-bar! Das macht nichts, sagte das Mädchen zu dem mit den sehr kurzen Fingern. Da hörte der ganz auf zu schreiben. So hatte sie das gesagt: Das macht nichts. Er sah sie an. Ich will da nur meine Tabletten mit nehmen, mit dem Kaffee, sagte sie verlegen und sah in die Tasse, das macht nichts, daß er kalt ist. Haben Sie Kopfschmerzen? fragte er sie. Nein, sagte sie wieder verlegen und sah in die Tasse. Sah so lange in die Tasse, bis[2] der Kurzfingrige[3] mit dem Bleistift[4] zu trommeln anfing. Da sah sie ihn an. Ich muß mir das Leben nehmen[5]. Kopfschmerzen habe ich nicht. Ich muß mir das Leben nehmen. Und sie sagte das wie: Ich fahr mit dem Elf-Uhr-Zug: Ich muß mir das Leben nehmen, sagte sie. Und sah in die Tasse.

Da sahen die drei Männer sie an. Der mit dem Buch. Und der mit dem fröhlichen[6] Gesicht. Herrlich, dachte der, eine Verrückte. Eine richtige[7] Verrückte. Sie sind aber komisch[8], sagte der mit den sehr kurzen Fingern. Weil sie sich das Leben nehmen will? fragte der mit dem Buch und beugte sich interessiert über den Tisch. Nein, weil sie das einfach[9] so sagt. Einfach so wie man Abfahrt oder Bahnhof sagt, antwortete der andere. Wieso[10], sagte der mit dem Buch, sie sagt doch nur, was sie denkt. Das ist doch nicht komisch. Das ist doch sehr schön sogar. Ich finde das sehr schön. Das Mädchen sah verlegen in die Tasse.

---

1. **gehts grad = geht es gerade**; sens restrictif de **gerade** ici: *tout juste*.

2. **so lange... bis**: *jusqu'à tant que* (insistances sur la durée d'attente).

3. ***Kurz-fingrige**: le composé renforce le caractère fam. de la désignation, ironique par son extériorité et ses répétitions (cf. aussi infra **der Fröhliche** etc.). Cf. « **Die Hundeblume** » p. 30 n. 6.

4. ***Blei-stift**; cf. **Blei** n. *plomb*, **Stift** m. *cheville* (assemblage) // *fiche électrique* // *crayon* (abréviation).

5. **sich das Leben nehmen (a, o)**: (littéral. *"s'ôter la vie"*) tournure neutre par rapport à des périphrases plus affectées comme **seinem Leben ein Ende machen** *mettre fin à ses jours* ou **Selbstmord begehen (i, a)** *commettre un suicide*.

Quand il est très chaud alors ça va, et encore. Mais indéfinissable. In-dé-fi-nis-sable ! » — « Ça ne fait rien », dit la jeune fille à celui aux doigts très courts. Là, il s'arrêta d'écrire tout à fait. Elle avait dit ça d'une façon : « ça ne fait rien ». Il la regarda. « C'est que je veux seulement prendre mes comprimés avec, avec le café », dit-elle embarrassée, et elle regarda dans sa tasse, « ça ne fait rien qu'il soit froid » — « Vous avez mal à la tête ? » lui demanda-t-il. « Non », dit-elle, à nouveau embarrassée, et elle regarda dans sa tasse. Regarda si longtemps dans sa tasse qu'à la fin le type aux doigts courts se mit à tambouriner avec le crayon. Alors elle le regarda. « Je dois me suicider. Je n'ai pas mal à la tête. Je dois me suicider. » Et elle dit ça comme : « Je prends le train de onze heures » : « Je dois me suicider », dit-elle. Et elle regarda dans la tasse.

Alors les trois hommes la regardèrent. Celui avec le livre. Et celui au visage enjoué. « Formidable », pensa celui-ci, « une folle. Une folle pour de bon ». « Vous alors, vous êtes comique », dit celui aux doigts très courts. « Parce qu'elle veut se suicider ? » demanda celui avec le livre, et il se pencha avec intérêt au-dessus de la table. « Non, parce qu'elle le dit comme ça simplement. Comme ça simplement, comme on dit "départ" ou "gare" », répondit l'autre. « Pourquoi donc », dit celui avec le livre, « elle dit seulement ce qu'elle pense, pourtant. Ça n'a pourtant rien de comique. C'est même très beau. Moi, je trouve ça très beau ». La jeune fille regardait dans sa tasse, l'air embarrassé.

---

6. **fröhlich** : *gai, jovial* ; cf. **froh** *joyeux, heureux.*

7. **richtig** : *juste, correct, bon // adéquat // véritable, authentique* ; emploi courant de renforcement dans lang. parlé (cf. fr. *vrai, beau*).

8. **komisch** : autre sens *bizarre, étrange* (cf. fr. *drôle*).

9. ***ein-fach** : cf. ***drei-fach** *triple,* **vierfach** *quadruple* etc., ***mehr-fach** *multiple* ; adj. *simple // facile* ; adv. proche de **bloß, nur** : *(tout) bonnement.*

10. **wieso** : *(comment ça)* = **warum denn** (nuance d'objection par rapport à **warum**).

Schön? empörte sich der mit den sehr kurzen Fingern und machte ein entrüstetes Fischmaul, schön, meinen Sie? Na, ich weiß nicht. Ich finde das! Sehen Sie mich an. Wenn ich nun einfach so sagen wollte, was ich denke. Wie[1]? Was? Ich sollte heut nacht hier fünftausend Brote kriegen[2]. Zweihundert sind nur gekommen. Macht Manko[3] viertausend und acht mal einhundert. Und jetzt muß ich rechnen. Er machte sein Fischmaul und hob seinen Schreibblock hoch und warf ihn zurück auf den Tisch. Und wissen Sie, was ich jetzt denke? Das Mädchen sah in die Tasse. Der Fröhliche glotzte und grinste und schwieg. Und der mit dem Buch sagte: Na? Ich will es Ihnen sagen[4], mein Lieber, ich will es Ihnen sagen. Ich denke dabei, daß viertausendachthundert Familien morgen ihr Brot nicht bekommen. Morgen früh haben viertausendachthundert kein Brot. Morgen haben viertausendachthundert Kinder Hunger. Und die Väter. Und die Mütter natürlich. Aber die merken das nicht[5]. Aber die Kinder, mein Guter, die viertausend achthundert Kinder. Die haben jetzt morgen kein Brot. Sehn Sie, das denk ich, mein Bester, das denk ich und sitz hier und schreib hier und trink diesen undefinierbaren Kaffee. Und dabei da denk ich das. Was meinen Sie, wenn ich das einfach so sagen würde[6], wie? Wer sollte[7] das aushalten, wie? Das würde doch kein Mensch mehr aushalten, wenn man das alles so sagt, was man denkt.

---

1. **..., wie? = nicht wahr? ne?** *n'est-ce pas? dites?*; cf. aussi **..., was?** in « **Nachts schlafen die Ratten doch** » p. 134.

2. **fünftausend Brote kriegen**: économie de rationnement (déjà suggérée par les ersatz: mauvais café, cigarettes douceâtres); l'allusion à la guerre finie (infra p. 166-168) situe plus précisément le récit dans la période de famine de l'après-guerre.

3. **Manko** n.: *manque,* (écon.) *déficit, trou.*

4. **ich will... sagen**: emploi prospectif usuel de **wollen** (futur immédiat).

5. **die merken das nicht: die** accentué (pr. démonstr. renvoyant à **die Mütter**; *celles-ci*); **m.** *remarquer, (s')apercevoir,* d'où elliptiquement **nicht m.** *ne pas ressentir pour soi (manque, douleur,* etc.).

« Beau ? », s'indigna celui aux doigts très courts, en ouvrant une gueule de poisson scandalisée, « beau, vous trouvez ? Ben, je ne sais pas. Je trouve ça... ! Regardez-moi. Si je m'avisais de dire comme ça simplement ce que je pense, là. Hein ? Quoi ? Cette nuit, je devais recevoir ici cinq mille pains. Il en est arrivé deux cents seulement. Manquent quatre mille plus huit fois cent. Et maintenant il faut que je compte ». Il ouvrait sa gueule de poisson en brandissant son bloc-notes et en le rejetant sur la table. « Et savez-vous ce que je pense maintenant ? » La jeune fille regardait dans sa tasse. L'enjoué ouvrait des yeux ronds et ricanait et se taisait. Et celui avec le livre dit : « Eh bien ? » — « Je vais vous le dire, mon cher, je vais vous le dire. Je suis en train de penser que demain, quatre mille huit cents familles ne recevront pas leur pain. Demain matin, quatre mille huit cents familles n'auront pas de pain. Demain, quatre mille huit cents enfants auront faim. Et les pères. Et les mères naturellement. Mais pour elles, ça ne leur fait rien. Mais les enfants, mon bon, les quatre mille huit cents enfants. Maintenant ils n'ont pas de pain, eux, demain. Voilà ce que je pense, voyez-vous, mon brave, voilà ce que je pense, et je suis assis ici et j'écris ici et je bois ce café indéfinissable. Et en même temps, là, c'est à ça que je pense. Qu'est-ce que vous diriez si je le disais comme ça simplement, hein ? Qui voudriez-vous qui supporte ça, hein ? Ça, personne ne le supporterait plus pourtant, si on disait comme ça tout ce qu'on pense. »

---

6. **Was meinen Sie, wenn... sagen würde** ; expr. de l'irréel : dans le lang. parlé (et l'écrit courant), la forme Inf. + **würde** est presque systématique pour les v. faibles, mais elle s'emploie dans le groupe conditionné plutôt que dans le groupe introduit par **wenn** (ou **falls**) ; expr. encore plus relâchée ici : **meinen** à l'indic. présent au lieu de **was meinten Sie** (subj. II) ou **was würden Sie meinen**.

7. **sollen** : marque l'obligation relative (≠ **müssen** nécessité), d'où, dans une interrogation, expression du scepticisme (ou indignation, désarroi, etc.) du locuteur.

Er machte sein Fischmaul und machte die Stirn voller Stacheldraht. So voll Falten. Wie Stacheldraht.

Das Mädchen sah in die Kaffeetasse. Sie ersäuft sich, dachte der mit dem Buch. Und dann fiel ihm ein, daß die Tasse zu klein war zum Sterben und er sagte: Dieser Kaffee, kaum zu genießen[1]. Da schlug der mit dem fröhlichen Gesicht mit der flachen Hand auf den Tisch, daß es patschte[2]. Sie ist verrückt, sagte er, und sein Gesicht, das grinste ganz ohne sein Wissen so fröhlich dabei und er trank mit gierigen Schlucken den Kaffee. Sie ist verrückt, sagte er ganz aus der Puste[3] vom Trinken, man müßte sie glattweg erschlagen[4], weil sie verrückt ist, sag ich. Na, hören Sie mal, Sie sind vielleicht ein Herzblatt[5]! rief der Brothändler. Macht ein Gesicht wie Pfingsten[6] und redet vom Totschlagen. Vor Ihnen muß man sich hüten, glaub ich. Macht ein Gesicht wie Pfingsten und redet — Da lächelte der mit dem Buch ziemlich eifrig. Keineswegs, sagte er, keineswegs. Das ist Dualismus, verstehen Sie? Typischer Dualismus. Wir haben alle ein Stück Jesus und Nero in uns, verstehen Sie. Wir alle. Er machte eine Grimasse, schob das Kinn und die Unterlippe vor, kniff die Augen ganz klein und blähte die Nasenlöcher dazu. Nero, sagte er erläuternd. Dann machte er ein sanftes sentimentales Gesicht[7], strich sich das Haar glatt und machte hundetreue Augen, harmlos und etwas langweilig. Jesus, erklärte er dazu. Und: Sehn Sie, haben wir alle in uns.

---

1. **genießen (o, o)**: *manger, boire // jouir de, savourer*; **nicht zu g.** = **ungenießbar** *immangeable, imbuvable*, au fig. pour qqn. (fam.) *pas à prendre avec des pincettes.*

2. **daß es patschte**: **daß** consécutif, cf. « **Der viele viele Schnee** » p. 112 n. 7; **patschen** v. onomatopéique (lang. parlé), de **patsch!**: claquement, chute dans un liquide, etc.: *clac! plouf!...*

3. **Puste** f.: (fam.) *souffle, respiration*; **aus der P.** également au fig. *à bout de souffle, au bout du rouleau.*

4. **erschlagen (u, a)**: cf. « **Maria, alles Maria** » p. 66 n. 2; le sens fort *tuer* s'impose ici (cf. infra **tot/schlagen** littéral. *battre à mort*).

5. **Sie sind vielleicht ein *Herz-blatt**: **v.** partic. illocutoire, cf. « **Das**

Il ouvrait sa gueule de poisson et montrait un front couvert de barbelés. Tellement couvert de plis. Comme des barbelés.

La jeune fille regardait dans la tasse de café. « Elle se noie », pensa celui avec le livre. Et alors il se rappela que la tasse était trop petite pour y mourir et il dit : « à peine buvable, ce café ». Alors celui au visage enjoué frappa du plat de la main sur la table, que ça en fit clac. « Elle est folle », dit-il pendant que son visage, lui, ricanait d'un air si enjoué, entièrement à son insu, et il but le café à grandes gorgées goulues. « Elle est folle », dit-il, tout étranglé après avoir bu, « on devrait carrément l'abattre, puisqu'elle est folle, moi je dis ». — « Ben, dites donc, vous êtes un vrai petit chéri, vous ! » s'écria le marchand de pain. « Il fait une tête comme à la Pentecôte et il parle d'assassiner les gens. Faut faire attention avec vous, moi je crois. Il fait une tête comme à la Pentecôte et il parle — » Alors celui avec le livre se mit à sourire avec un certain zèle. « Pas du tout », dit-il, « pas du tout. C'est du dualisme, vous comprenez ? Dualisme typique. Nous avons tous en nous un côté Jésus et un côté Néron, vous comprenez. Nous tous ». Il fit une grimace, avançant le menton et la lèvre inférieure, plissant les yeux tout petits et gonflant les narines en même temps. « Néron », dit-il pour plus de clarté. Alors il fit une tête douce et sentimentale, s'aplatissant les cheveux et faisant des yeux de chien fidèle, inoffensif et un peu barbant. « Jésus », expliqua-t-il après. Et : « voyez-vous, tous nous les avons en nous.

---

**Känguruh** » p. 124 n. 1 ; ***H.** (cf. **Blatt** n. *feuille*) : *jeune pousse //* au fig., petit nom *cœur, ange, trésor* (cf. aussi **Liebling** m. en ce sens).

6. **ein Gesicht wie Pfingsten** : comparaison elliptique : béat comme les apôtres recevant le Saint-Esprit le jour de la Pentecôte. Ce personnage est ici dépourvu de la valeur à la fois ironique et positive qui se rattache à la figure du "simple" dans l'œuvre de W.B. (cf. Préf. p. 11).

7. **ein sanftes sentimentales Gesicht** : cf. « **Jesus macht nicht mehr mit** » : **weil er so sanft aussieht. Der Alte findet, er sieht so sanft aus** (p. 92).

Typischer Dualismus. Hie Jesus — Hie Nero[1]. Und er versuchte noch mal blitzschnell die beiden Gesichter zu machen. Es mißlang. Vielleicht war der Kaffee so schlecht.

Wer ist Nero? sagte der Fröhliche mit dummem Gesicht[2]. Oh, der Name spielt keine Rolle. Nero war einer wie Sie und ich auch. Nur daß er nicht bestraft wurde für das, was er tat. Und das wußte er. So tat er eben alles, was ein Mensch tun kann. Wenn er Briefträger oder Tischler gewesen wäre, hätte man ihn aufgehängt. Aber er war zufällig Kaiser und tat das, was ihm einfiel[3]. Alles, was Menschen so einfällt. Das ist der ganze Nero[4]. Und Sie meinen, ich bin so ein Nero? fragte der Fröhliche. Fifty-fifty, mein Lieber. Sicher können Sie auch Jesus sein. Aber wenn Sie das Mädchen da erschlagen wollen, dann sind Sie Nero, mein Lieber, dann sind Sie ausgesprochen Nero. Verstehen Sie?

Wie auf Kommando nahmen die drei Männer die Kaffeetassen und tranken und legten die Köpfe in den Nacken und sahen[5] an die Decke. Aber oben war nichts zu erkennen und sie kehrten auf die Erde zurück. Und der Brothändler sagte zum siebzehntenmal und zum achtzehntenmal: Der Kaffee ist undefinierbar. Der Kaffee ist un-de-fi-nier-bar. Der mit dem Pfingstgesicht aber wischte sich die Lippen trocken und platzte heraus: Sie sind auch verrückt. Ihr seid alle verrückt. Was geht mich Nero an[6]. Oder der andere.

---

1. **Hie Jesu — Hie Nero**; **h.** = **hier**, seulement dans cette tournure (ou **hie... da**) : *d'un côté... de l'autre.* Autodérision : le thème borchertien du double et de la dualité interne se saborde, en quelque sorte, dans cette caricature — de même que le personnage de l'illuminé (cf. p. 164 n. 6) comparé par ex. à ses avatars dans « **Maria, alles Maria** » et « **Die Küchenuhr** ».

2. **mit dummem Gesicht** : les visages des 3 hommes, déformés déjà par le brouillard (cf. p. 158 n. 5), ne sont que des grimaces : le marchand de pain (**machte ein Fischmaul** p. 162 et 164) l'homme au livre, l'enjoué (**Gesicht wie Pfingsten**).

3. **was ihm einfiel** : cf. **ein/fallen** p. 158 n. 7 (nuance ici de *lubie, caprice*).

Dualisme typique. Ici Jésus — là Néron. » Et il essaya de faire encore une fois les deux têtes à toute vitesse. Il n'y arriva pas. Peut-être que le café était tellement mauvais.

« C'est qui, Néron ? » demanda l'enjoué avec une tête d'idiot. « Oh, le nom n'a aucune importance. Néron, c'était quelqu'un comme vous et moi aussi. Sauf qu'il n'était pas puni pour ce qu'il faisait. Et ça, il le savait. Donc il fit strictement tout ce qu'un homme peut faire. S'il avait été facteur ou menuisier, on l'aurait pendu. Mais il se trouva qu'il était empereur, et il fit ce qui lui passait par la tête. Tout ce qui passe, comme ça, par la tête d'un homme. Voilà pour Néron. » « Et vous voulez dire que je suis un Néron dans ce genre ? » demanda l'enjoué. « Fifty-fifty, mon cher. Vous pouvez aussi être Jésus, bien sûr. Mais quand vous voulez abattre cette jeune fille qui est là, alors vous êtes Néron, mon cher, alors vous êtes indiscutablement Néron. Vous comprenez ? »

Comme au commandement, les trois hommes prirent les tasses de café, burent, renversèrent la nuque et regardèrent le plafond. Mais il n'y avait rien à voir là-haut et ils revinrent sur terre. Et le marchand de pain dit pour la dix-septième et la dix-huitième fois : « Ce café a un goût indéfinissable. Ce café a un goût in-dé-fi-nis-sable. » Mais celui avec la tête de Pentecôte s'essuya les lèvres et pouffa de rire : « Vous êtes fou, vous aussi. Tous, vous êtes fous. Qu'est-ce que j'en ai à faire de Néron. Ou de l'autre.

---

4. **Das ist der ganze Nero : ganz** appréciatif ici : *"voilà tout (pour ce qui est de N.)"*, cf. en fr. *voilà toute l'affaire (l'affaire se réduit à cela)*.

5. **und tranken und legten... und sahen** : décomposition « militaire » des gestes ; cf. « **Die Hundeblume** » p. 46 n. 3 pour ce **und** paratactique (syntaxe par juxtaposition), dont on aura remarqué l'exploitation dans ce style narratif plat, répétitif et formulaire (cf. la perspective enfantine, Préf. p. 11).

6. **an/gehen (i, a)** : champ sémantique de ce v. réparti entre les deux aspects de **an-**, commencement et approche-contact ; *commencer, prendre* (feu, racine, etc.) // *attaquer* // *s'adresser à* (pour demander qqch.) // *être l'affaire de, concerner* // *être possible, permis*.

Nichts, sag ich Ihnen, nichts, sag ich. Ich komme aus dem Krieg und ich will nach Hause[1]. Siehste[2]. Und zu Hause will ich mit meinen Eltern morgens auf dem Balkon sitzen und Kaffee trinken[3]. Das hab ich mir den ganzen Krieg lang gewünscht. Morgens aufm Balkon sitzen und mit meinen Eltern Kaffee trinken. Siehste. Und jetzt bin ich unterwegs. Und da kommt diese Verrückte und sagt einfach, sie will[4] sich das Leben nehmen. Das hält doch kein Mensch aus, wenn man das einfach so sagt: Ich will mir das Leben nehmen.

Das sagte der Soldat. Und der Brothändler nahm seine Augen aus der Unergründlichkeit[5] seines Kaffees hoch und machte eine Na-was-sag-ich-Gebärde und sagte dazu: Das ist ja meine Rede[6], sagte er, das ist ja doch dauernd meine Rede. Genau wie mit den Broten. Wenn ich das so einfach hinausposaunen wollte, wie? Morgen haben viertausendachthundert Kinder kein Brot, wie? Wie wird Ihnen[7] denn dabei, wie? Wer soll denn das aushalten. Das hält doch heut keiner mehr aus, meine Herrn. Und er sah den mit dem Buch an. Und der Fröhliche, der aus dem Krieg kam, der sah den auch an.

Da stand dieser auf. Mit dem kleinen Finger knipste er ein paar Krümel vom Tisch und sagte dazu: Sie sind mir zu materialistisch, sagte er betrübt. Sie kommen aus dem Krieg nach Hause, um auf dem Balkon Kaffee zu trinken. Und Sie, Sie handeln mit Brot.

---

1. **ich will nach Hause**: ellipse d'inf., cf. « **Maria, alles Maria** » p. 78 n. 5 pour cette construction; ce **Heimkehrer** — *soldat qui revient au pays* — fait contrepoint au personnage de Beckmann dans la pièce « **Draußen vor der Tür** », comme au **wir** héroïque-pathétique des « textes de génération »: **wir wollen nach Hause** in « **Eisenbahnen, nachmittags und nachts** » p. 238.

2. **Siehste**: (= **siehst du**, fam.) expr. contactive (connivence, ou encore signal qu'un événement prévu s'est vérifié: *tu vois !*).

3. **Kaffee trinken**: ironie de ce souhait dans un contexte qui tourne obtusément autour du goût « indéfinissable » et imbuvable d'un café...

4. **sagt... sie will**: lang. parlé fam.: discours indirect à l'indic., au lieu du subj. (I ou II).

Rien, je vous dis, rien, que je dis. Je reviens de la guerre et je veux rentrer chez moi. Voilà. Et chez moi ce que je veux, c'est être assis sur le balcon le matin, avec mes parents, et boire le café. C'est ça que j'ai désiré tout au long de la guerre. Être assis sur le balcon le matin et boire le café avec mes parents. Voilà. Et je suis en route maintenant. Et cette folle qui arrive et qui dit simplement qu'elle veut se suicider. Ça, personne ne peut le supporter pourtant, qu'on dise comme ça simplement : je veux me suicider. »

Voilà ce que dit le soldat. Et le marchand de pain, relevant les yeux du gouffre insondable de son café, et faisant un geste du genre ben-qu'est-ce-que-je-disais, dit alors : « C'est bien ce que je répète », dit-il, « c'est pourtant bien ce que je n'arrête pas de répéter. Exactement comme pour les pains. Si je m'avisais de le claironner comme ça simplement, hein ? Demain quatre mille huit cents enfants n'auront pas de pain, hein ? Ça vous fait quoi d'entendre ça, hein ? Qui voulez-vous donc qui supporte ça. Ça, personne ne le supporte plus pourtant, à l'heure actuelle, messieurs ». Et il regardait celui avec le livre. Et l'enjoué qui revenait de la guerre, lui aussi le regardait.

Alors celui-ci se leva. Chassant d'une chiquenaude avec le petit doigt quelques miettes de la table, il dit alors : « Vous êtes trop matérialistes pour moi », dit-il, consterné. « Vous revenez chez vous de la guerre, pour boire le café sur le balcon. Et vous, vous faites le commerce de pain.

---

5. **aus der *Un-er-gründ-lich-keit seines Kaffees :** cf. **Grund** m. *fond // fondement* ; reprise du leitmotiv de la jeune fille (**sah in die Tasse** p. 158 à 164) ; cf. p. 164 **sie ersäuft sich** avec la rectification **die Tasse zu klein war** ; la tasse de café n'est plus *trop petite* à présent, métaphore ironique des **maßlose Abgründe** du prologue (p. 156).

6. **Rede** f. : *parole, discours, propos* ; **das ist ja meine R. = das war schon immer meine R. = meine R. !** *c'est bien ce que je dis !*

7. **wie wird ihnen :** tournure impers. avec « sujet logique » au dat. (ou à l'acc.), autres ex. **mir wird übel** *je me sens mal,* **mich dürstet** *j'ai soif,* **mir liegt daran, daß...** *je tiens à ce que...*

Sie rechnen mit Kindern und Broten. Mein Gott, wer garantiert mir, ob Sie das auseinanderhalten. Wer weiß, ob Sie nicht auch mit Munition rechnen. Pro[1] Kopf dreißig Schuß. So war das doch immer im Krieg: Pro Kopf dreißig Schuß. Na, und jetzt sind es Brote, mein Gott, jetzt sind es zufällig Brote. Und er sagte betrübt: Gute Nacht, Sie sind mir einfach zu materialistisch, mehr ist es nicht, einfach zu materialistisch. Gute Nacht.

Da rief ihm der Brothändler nach: Haben Sie schon mal Hunger gehabt, werter Herr[2]? Ohne mein Brot könnten Sie Ihre Bücher gar nicht lesen, das will ich Ihnen nur stecken[3], ohne Brot nicht, werter Herr! Und ohne Munition gehts auch nicht, wie, ohne Muni[4] gehts auch nicht, werter Herr! Und er sah den Soldaten dabei an. Und der schoß nun auch noch auf den Buchmann und beugte sich vor, um zu sehn, wie er traf[5]. Wie Nero, dachte der Buchbesitzer und starrte ihn an, ganz wie Nero. Und der Soldat-Nero fuhr ihn an[6]: Warn Sie überhaupt[7] im Krieg, Sie? Warn Sie denn schon mal im Krieg? Wenn Sie erst mal inn Krieg kommen, dann wollen Sie nachher auch weiter nichts, als aufm Balkon sitzen und Kaffee trinken. Weiter wollen Sie dann nichts, das sag ich Ihnen, mein Lieber.

Der Buchbesitzer[8] sah die beiden an und klopfte sich mit seinem Buch betrübt auf die Lippen. Dann trank er im Stehen[9] die Tasse leer. Und die andern zwei tranken auch.

---

1. **Pro**: prép. + acc. (sans art.); adv. *pour* dans loc. **pro sein** *être pour.*

2. **werter Herr**: (cf. **Wert** m. *valeur,* **werten** *estimer*) formule de politesse vieillie; la familiarité ironique croissante **mein Lieber... mein Guter... mein Bester** (p. 162) fait place à la courtoisie provocante.

3. **stecken**: *mettre, glisser, enfoncer* (cf. infra **tief...s.** p. 172); intrans. *se trouver, être fourré;* tournure impers. **es jemandem s.** *ne pas mâcher ses mots (en parlant à qn).*

4. **Muni**: abrév. de **Munition** f.

5. **sehn, wie er traf**: **treffen (a, o)**; *atteindre, toucher (juste), frapper* (propre et fig.) // *rencontrer;* **wie**, interrogatif de manière, ≠ **wie** conj. après les v. de perception (cf. « **Die Hundeblume** » p. 26 n. 1).

6. **an/fahren (u, a)**; fam. ici; autres sens; (véhicule) *démarrer // apporter // partir pour* (destination) // *heurter, renverser.*

Vous comptez des enfants et des pains. Bon Dieu, qui me garantit que vous faites la différence. Qui sait si vous ne comptez pas aussi des munitions. Trente coups par tête. C'était pourtant toujours comme ça, à la guerre : trente coups par tête. Bon, et maintenant ce sont des pains, bon Dieu, maintenant il se trouve que ce sont des pains. » Et il dit, consterné : « Bonne nuit, vous êtes simplement trop matérialistes pour moi, voilà tout, simplement trop matérialistes. Bonne nuit. »

Alors le marchand de pain lui cria : « Ça vous est déjà arrivé d'avoir faim, très cher monsieur ? Sans mon pain, vous ne pourriez pas du tout lire vos livres, ça je vais vous le dire tout net, sans pain, pas question, très cher monsieur ! Et sans munitions ça marche pas non plus, hein, sans pruneaux, ça marche pas non plus, très cher monsieur ! » Et il regardait le soldat en disant ça. Et celui-ci était en train de tirer encore sur l'homme au livre, en se penchant en avant pour s'assurer qu'il faisait mouche. « Comme Néron », pensa l'homme qui avait le livre en le regardant fixement, « tout à fait comme Néron ». Et le soldat-Néron l'apostropha : « Vous y avez été à la guerre, vous, par hasard ? Non, mais vous y avez déjà été, à la guerre ? Quand vous commencerez par y aller, à la guerre, vous n'aurez qu'une envie vous aussi après, c'est d'être assis sur le balcon pour boire le café. Vous n'aurez envie de rien d'autre alors, ça je vous le dis, mon cher. »

L'homme qui avait le livre les regardait tous les deux en se tapotant les lèvres d'un air consterné, avec son livre. Puis il vida sa tasse debout. Et les deux autres burent aussi.

---

7. **überhaupt :** emploi comme partic. de renforcement, ou pour radicaliser une question (voisin dans ce cas de **eigentlich** *en fait* ou **wenigstens** *au moins*).

8. ***Buch-besitzer** m. : cf. **Besitz** m. *propriété // possession.*

9. **im Stehen : S.** n. (Inf. substantivé) *station debout*, autre sens *arrêt*, Ex. **zum S. bringen** *arrêter.*

Undefinierbar, sagte der Brothändler und schüttelte sich. Wie das Leben[1], antwortete der Mann mit dem Buch und verbeugte sich freundlich zu ihm. Und der Brothändler verbeugte sich freundlich zurück. Und sie lächelten höflich über ihren Streit rüber[2]. Und jeder war ein Mann von Welt[3]. Und der Buchmann war heimlich für sich der Sieger. Und darüber wollte er lächeln[4].

Aber da riß er den Mund auf zu einem furchtbaren Schrei. Aber er schrie ihn nicht. Der Schrei war so furchtbar, daß er ihn nicht fertigbrachte[5]. Er blieb ganz tief in dem Buchmann stecken[6]. Nur der Mund stand weit auf, weil ihm die Luft ausging. Der Buchbesitzer starrte auf den vierten Stuhl, wo das Mädchen gesessen hatte. Der Stuhl war leer. Das Mädchen war weg. Da sahen die drei Männer auf dem Tisch ein kleines Glasröhrchen. Es war leer. Und das Mädchen war weg. Und die Tasse, die Tasse war leer. Und das Madchen war weg. Der Stuhl. Und das Glasröhrchen. Und die Tasse. Leer. Ganz leise, unauffällig[7] leer geworden. Ob sie Hunger hatte? fragte der Brotmann die andern dann endlich. Sie war verrückt, sagte der Soldat fröhlich, sie war verrückt, sag ich doch immer. Kommen Sie, sagte er zu dem mit dem Buch, setzen Sie sich wieder hin. Sie war bestimmt[8] verrückt. Der Buchbesitzer setzte sich langsam und meinte: Vielleicht war sie einsam? Sie war sicher zu einsam[9]? Einsam, schimpfte der Brothändler los, wieso denn einsam? Wir warn doch hier.

---

1. **wie das Leben**: le médiocre mot d'esprit de l'"intellectuel" du groupe fait ironiquement écho à l'autre occurrence de **L.** liée à **Kaffee**: **ich muß mir das Leben nehmen** (p. 160).

2. **über... rüber (/lächeln)**; **r.** (= **her/hinüber**) *par-dessus*, partic. postpositionnelle complétant **über** + acc.

3. **ein Mann von Welt**: **von** gén. qualitatif, autres ex. **ein Mann von Geist** *un homme d'esprit,* **ein Sänger von Beruf** *un chanteur de métier*, etc.

4. **darüber wollte er lächeln**: *c'était de cela qu'il prétendait sourire* (sous-entendu: *en réalité*).

5. **fertig/bringen (a, a)**: *être capable de, réussir à // mener à terme*; cf. **fertig** et **fertig werden**: « **An diesem Dienstag** » p. 98 n. 7.

« Indéfinissable », dit le marchand de pain en s'ébrouant. « Comme la vie », répondit l'homme avec le livre, en s'inclinant aimablement devant lui. Et le marchand de pain s'inclina aimablement à son tour. Et ils souriaient courtoisement de leur dispute. Et chacun était un homme du monde. Et l'homme au livre se considérait secrètement comme le vainqueur. Et c'était ça qui le faisait sourire.

Mais alors il ouvrit grand la bouche, pour pousser un cri terrible. Mais il ne cria pas. Le cri était si terrible qu'il ne put en venir à bout. Il resta coincé tout au fond de l'homme au livre. La bouche restait grande ouverte, c'est tout, parce que l'air lui manquait. L'homme qui avait le livre regardait fixement la quatrième chaise, où la jeune fille avait été assise. La chaise était vide. La jeune fille était partie. Alors les trois hommes virent sur la table un petit tube de verre. Il était vide. Et la jeune fille était partie. Et la tasse, la tasse était vide. La chaise. Et le petit tube de verre. Et la tasse. Vides. Tout doucement, discrètement devenus vides. « Elle avait faim, vous croyez ? » demanda alors, finalement, le marchand de pain aux autres. « Elle était folle », dit le soldat d'un air enjoué, « elle était folle, je l'ai toujours dit. Allez », dit-il à celui avec le livre, « rasseyez-vous. Elle était sûrement folle ». L'homme qui avait le livre s'assit lentement et donna son avis : « Peut-être qu'elle était seule ? Elle était sans doute trop seule ? » — « Seule », explosa le marchand de pain, « comment ça donc, seule ? Nous étions là, pourtant.

---

6. **blieb... stecken : bleiben** + Inf. : cf. « **Maria, alles Maria** » p. 78 n. 1.

7. ***un-auffällig :** *qui passe inaperçu* ; cf. **auf/fallen** p. 146 n. 1 in « **Die Küchenuhr** ».

8. **bestimmt :** autre sens *fermement, énergiquement* ; cf. **bestimmen** *destiner // déterminer, définir, décider.*

9. **...zu einsam ? :** le dénouement dramatique renforce en fait l'immobilisme foncier du récit : le dialogue-commentaire reprend avec ses personnages figés dans la même distribution rituelle des rôles et des préoccupations (le matérialiste, le cynique, l'intellectuel).

Wir warn doch die ganze Zeit hier. Wir? fragte der Buchmann und sah in die leere Tasse. Aus der Tasse sah ihm ein Mädchen entgegen. Aber er konnte sie schon nicht mehr erkennen[1].

Nachtdunst schwamm durch den Bahnhof, Nachtdunst aus Nebel und Not und Atem. Und der war dick wie der undefinierbare Kaffee. Und naßkalt. Wie Angstschweiß. Der mit dem Buch machte die Augen zu. Der Kaffee ist grauslich[2], hörte er den Brothändler sagen. Ja, ja, nickte er langsam, da haben Sie recht: Ganz grauslich. Grauslich hin, grauslich her, sagte der Soldat, wie haben doch nichts anderes. Hauptsache, er ist heiß.

Er ließ das Glasröhrchen über den Tisch rollen. Es fiel runter. Und war kaputt. (Und Gott? Er hörte das kleine häßliche Geräusch nicht. Ob ein Glasröhrchen zersprang — oder ein Herz: Gott hörte von all dem nichts. Er hatte ja keine Ohren. Das war es. Er hatte ja keine Ohren[3].)

---

1. **er konnte sie schon nicht mehr erkennen**: *(il ne pouvait déjà plus se rappeler ses traits)* cf. p. 2 **sie konnten sich nicht erkennen**. Non-visage de la jeune fille opposé aux grimaces du dialogue et au Dieu sans visage (cf. p. 158 n. 5 et p. 166 n. 2).

2. **Der Kaffee ist grauslich**: (cf. **Grauen** n. *horreur*) boucle **ekelhaft — undefinierbar** (passim) — **kaum zu genießen — schlecht — grauslich**: tout le récit se raccroche à la “phrase du café” d'autant plus emblématique qu'elle est ressassée à vide — comme une formule conjuratoire; c'est probablement dans ce texte qu'on voit le mieux à l'œuvre ce procédé narratif cher à W.B.: la construction répétitive du récit autour d'une phrase quotidienne, banale, qui se charge symboliquement.

Nous étions tout le temps là, pourtant». — «Nous?» demanda l'homme au livre en regardant dans la tasse vide. Du fond de la tasse une jeune fille regardait vers lui. Mais déjà il ne pouvait plus la voir nettement.

Une brume nocturne flottait dans la gare, brume nocturne faite de brouillard et de détresse et d'haleine. Et elle était épaisse comme ce café indéfinissable. Et humide et glacée. Comme de la sueur froide. Celui avec le livre ferma les yeux. «Ce café est épouvantable», entendit-il dire le marchand de pain. «Oui, oui», approuva-t-il lentement de la tête, «là, vous avez raison: absolument épouvantable». — «Épouvantable par-ci, épouvantable par-là», dit le soldat, «nous n'avons pourtant rien d'autre. Il est chaud, c'est le principal».

Il fit rouler le petit tube de verre sur la table. Celui-ci tomba par terre. Et se retrouva en morceaux. (Et Dieu? Il n'entendit pas le vilain petit bruit. Qu'un tube de verre éclate — ou un cœur: Dieu n'entendait rien de tout ça. Il n'avait pas d'oreilles, voyons. C'était ça. Il n'avait pas d'oreilles, voyons.)

---

3. **Er hatte ja keine Ohren**; (supra **der Gott ohne Ohren** p. 156 et 158) cf. un des leitmotive de «**Die lange lange Straße lang**»: **Die Mutter sagt: Der liebe Gott kann dir keine Suppe geben, er kann es doch nicht. Warum kann der liebe Gott mir keine Suppe geben? Er hat doch keinen Löffel... Er hat ja keinen Löffel...** *La mère dit: "Le bon Dieu ne peut pas te donner de la soupe, il ne peut pas, voyons". — Pourquoi est-ce que le bon Dieu ne peut pas me donner de la soupe? — Il n'a pas de cuillère, voyons... Il n'a pas de cuillère, tu sais bien"...*

# VIELLEICHT HAT SIE EIN ROSA HEMD

*Elle a peut-être un gilet rose, dessous*

Die beiden saßen auf dem Brückengeländer. Ihre Hosen waren dünn und das Brückengeländer war eisig. Aber da gewöhnte man sich dran. Auch daß es so drückte[1]. Sie saßen da. Es regnete, es regnete nicht, es regnete. Sie saßen und hielten Parade ab[2]. Und weil sie einen Krieg lang nur Männer gesehen hatten, sahen sie jetzt nur Mädchen.

Eine ging vorbei.

Hat einen ganz schönen Balkon[3]. Kann man auf[4] Kaffee trinken, sagte Timm[5].

Und wenn sie so lange in der Sonne rumläuft, wird die Milch sauer, grinste der andere.

Dann kam noch eine.

Steinzeit, resignierte der neben Timm.

Alles voll Spinngewebe, sagte der.

Dann kamen Männer. Die kamen ohne Kommentar davon. Schlosserlehrlinge, Büroangestellte mit weißer Haut, Volksschullehrer mit genialen Gesichtern und schäbigen Hosen, dicke Männer mit dicken Beinen, Asthmatiker und Straßenbahner mit Feldwebelschritt.

Und dann kam sie. Sie war ganz anders. Man hatte das Gefühl, sie müsse nach Pfirsich riechen. Oder nach ganz sauberer Haut. Sicher hatte sie auch einen ganz besonderen Namen: Evelyne — oder so. Dann war sie vorbei. Die beiden sahen hinterher.

Vielleicht hat sie ein rosa Hemd, meinte Timm dann.

---

1. **drücken**: (cf. **Druck** m. *pression // poids // oppression*) sens ici d'*exercer une pression douloureuse (sur une partie du corps)*, autre ex. **der Gurt drückt mich auf die Schulter** *la sangle me fait mal à l'épaule.*

2. **Parade ab/halten (ie, a)**: **P.** f. *parade* (aux deux sens de *revue militaire* et de *geste défensif*) ; **ab/halten**: **ab-** de séparation *éloigner, empêcher*, **ab-** aspect terminatif *tenir* (réunion), *faire passer* (épreuve).

3. **Balkon** m.: métaphore pop. pour *poitrine opulente*; cf. loc. pop. fr. *il y a du monde au balcon.*

4. **Kann man auf**: relâché pour **Darauf kann man** (cf. « **Das Känguruh** » p. 124 n. 3).

5. **Timm**: figure de soldat ou de **Heimkehrer** qui réapparaît dans plusieurs récits, à l'arrière-plan de « **Die lange lange Straße lang** », comme personnage principal dans « **Die Nachtigall singt** » et « **Die**

Ils étaient assis tous les deux sur le parapet du pont. Leurs pantalons étaient fins et le parapet était glacial. Mais on s'y habituait finalement. Comme aussi à ce que ce soit si dur. Ils étaient assis là. Il pleuvait, il ne pleuvait pas, il pleuvait. Ils étaient assis et ils passaient les troupes en revue. Et comme pendant toute une guerre ils n'avaient vu que des hommes, maintenant ils ne regardaient que les filles.

Il en passa une.

« L'a un très joli balcon. On peut boire le café dessus », dit Timm.

« Et si elle se balade aussi longtemps au soleil, le lait va tourner », ricana l'autre.

Alors il en passa encore une.

« L'âge de la pierre », soupira résigné celui à côté de Timm.

« Tout plein de toiles d'araignée », dit celui-ci.

Alors passèrent des hommes. Ceux-là s'en tirèrent sans commentaire. Apprentis serruriers, employés de bureau à la peau blanche, instituteurs avec des mines de génie et des pantalons miteux, gros hommes aux grosses jambes, asthmatiques et employés de tramway au pas de sergent-chef.

Et alors elle arriva. Elle était tout à fait différente. On avait l'impression qu'elle devait sentir la pêche. Ou la peau toute propre. Elle avait sûrement aussi un nom très spécial — Évelyne, ou dans le genre. Puis, elle était passée. Ils la suivirent tous deux du regard.

« Elle a peut-être un gilet rose, dessous », opina Timm alors.

---

**Krähen fliegen abends nach Hause** » ; dans « **Die Krähen...** », le motif des **Heimkehrer** errant dans les villes allemandes de l'après-guerre est développé dans une vision dramatique, quasi fantastique (le début du présent récit en est comme le contrepoint « léger ») : **Sie hocken auf dem steinkalten Brückengeländer...** *Ils sont accroupis sur le parapet du pont froid comme la pierre...* (cf. à ce propos « **Der Kaffee ist undefinierbar** » p. 156 n. 5).

Warum, sagte der andere.

Doch, antwortete Timm, die so sind, die haben meistens ein rosa Hemd[1].

Blöde, sagte der andere, sie kann ebensogut ein blaues haben. Kann sie eben nicht, du, kann sie eben nicht. Solche die haben rosane[2]. Das weiß ich ganz genau, mein Lieber. Timm wurde ganz laut[3], als er das sagte.

Da sagte der neben ihm: Du kennst wohl eine?

Timm sagte nichts. Sie saßen da und das Brückengeländer war eisig durch die dünnen Hosen. Da sagte Timm:

Nein, ich nicht. Aber ich kannte mal einen, der hatte eine mitn[4] rosa Hemd. Beim Kommiß[5]. In Rußland. In seiner Brieftasche[6] hatte er immer son[7] Stück rosa Zeug[8]. Aber das ließ er nie sehen. Aber einen Tag fiel es auf die Erde. Da haben es alle gesehen. Aber gesagt hat er nichts. Nur angelaufen[9] ist er. Wie das Stück Zeug. Ganz rosa. Abends hat er mir dann erzählt, das hätte er von seiner Braut. Als Talisman, weißt du. Sie hat nämlich lauter rosa Hemden, hat er gesagt. Und davon ist es.

Timm hörte auf.

Na und? fragte der andere.

Da sagte Timm ganz leise: Ich hab es ihm weggenommen. Und dann hab ich es hochgehalten. Und wir haben alle gelacht. Mindestens eine halbe Stunde haben wir gelacht.

---

1. **Hemd** n.: *sous-vêtement couvrant le buste* (syn. **Unterhemd**) // *chemise* (vêtement masculin originellement, syn. **Oberhemd**); dans les expr., **H.** au 1er comme au second sens correspond à *chemise*, ex. **sich bis aufs H. ausziehen** *donner jusqu'à sa dernière chemise,* **seine Meinung wie das H. wechseln** *changer d'avis comme de chemise.*

2. **rosane**: relâché (non standard) pour **rosa** adj. indéclinable.

3. **laut werden**: (**l.** *haut, bruyant*, cf. **Laut** m. *son, bruit // phonème*) *élever la voix* — également loc. fig. *s'ébruiter, se divulguer.*

4. **mitn: = mit 'nem = mit einem.**

5. **Kommiß** m.: *service militaire* aussi; jargon de soldat pour **Militär** n. et **Militär-dienst** m.

6. ***Brief-tasche** f.: cf. **B.** m. *lettre*, **T.** f. *poche // étui // sac.*

« Pourquoi », dit l'autre.

« Mais si », répondit Timm, « celles qui sont comme ça, elles ont presque toujours un gilet rose dessous.

— Idiot », dit l'autre, « elle peut en avoir un bleu aussi bien.

— Justement elle peut pas, mon vieux, justement elle peut pas. Les femmes comme ça z'en ont des roses. Ça, j'en suis parfaitement sûr, mon cher. » Timm s'était mis à parler tout fort en disant ça.

Celui à côté de lui dit alors : « Tu en connais une, c'est ça ? »

Timm ne dit rien. Ils étaient assis là, et le parapet du pont était glacial à travers leurs pantalons fins. Timm dit alors :

« Non, pas moi. Mais j'en ai connu un une fois, qui en avait une avec un gilet rose dessous. À l'armée. En Russie. Il avait toujours dans son portefeuille un morceau comme ça de linge rose. Mais il l'a jamais fait voir. Mais un jour c'est tombé par terre. Alors tout le monde l'a vu. Mais dire, il a rien dit. Il a seulement rougi. Comme le morceau de linge. Tout rose. Le soir, après, il m'a raconté qu'il le tenait de sa fiancée. "Comme talisman, sais-tu. C'est qu'elle a rien que des gilets de dessous roses", il a dit. "Et c'est de là que ça vient". »

Timm se tut.

« Et après ? » demanda l'autre.

Timm dit alors tout bas : « Je le lui ai pris. Et alors je l'ai tenu en l'air à bout de bras. Et on a tous ri. On a ri pendant au moins une demi-heure.

---

7. **son** : (pop.) = **so ein(e)** syn. de **ein solche** *un pareil, un tel.*
8. **Zeug** n. : vieilli au sens d'*étoffe // vêtement*, comme à celui d'*outil* (**Werkzeug** plus usuel) ; autres sens plus actuels, péjor. : *machin // fatras, bazar // balivernes, sottises.*
9. **an/laufen (ie, au)** : valeur ingressive de la partic. : *démarrer, commencer // s'élancer, lutter* (**gegen** + acc. *contre*) // *changer de couleur* (ex. **blau a.** *bleuir, devenir violacé*) // *se ternir, s'embuer.*

Und was die für Dinger[1] gesagt haben, kannst du dir denken.

Und da? fragte der neben Timm.

Timm sah auf seine Knie. Er hat es weggeworfen, sagte er. Und dann sah Timm den andern an: Ja, sagte er, er hat es weggeworfen, und dann hat es ihn erwischt. Am nächsten Tag hat es ihn schon erwischt[2].

Sie sagten beide nichts. Saßen da so und sagten nichts. Aber dann sagte der andere: Blödsinn. Und er sagte es noch einmal. Blödsinn, sagte er.

Ja, ich weiß, sagte Timm. Natürlich ist es Blödsinn. Das ist ja ganz klar. Das weiß ich auch. Und dann sagte er noch: Aber komisch ist es, weißt du, komisch ist es doch.

Und Timm lachte. Sie lachten alle beide. Und Timm machte eine Faust in der Hosentasche. Dabei zerdrückte er etwas. Ein kleines Stück rosa Stoff. Viel rosa war da nicht mehr dran, denn er hatte es schon lange in der Tasche. Aber es war noch rosa. Er hatte es aus Rußland mitgebracht[3].

---

1. **Ding** n.: (pl. **Dinge**) *chose // affaire //* (pl. **Dinger**) fam. et/ou péjor. *machin, truc*, cf. **ein D. drehen** *faire un mauvais coup* **mach keine Dinger!** *sans blague!* etc.

2. **erwischen:** (fam.) *attraper // pincer* (*surprendre un voleur,* etc.); impers.: **ihn hat es erwischt** suivant contexte, *il n'y a pas coupé* (à quelque chose de pénible), *il est tombé malade* ou *il a été (mortellement) touché.* La tournure impers. (fatalité extérieure) souligne le lien entre l'abandon du talisman et la mort immédiate.

3. **aus Rußland mitgebracht:** à la différence de l'écharpe rouge qui lui est apparentée (cf. «**An diesem Dienstag**» p. 100 n. 1), l'objet

Et ce qu'ils ont pu dire comme saletés, ceux-là, tu peux t'imaginer.

— Et puis ? » demanda celui à côté de Timm.

Timm regarda ses genoux. « Il l'a jeté », dit-il. Et alors Timm regarda l'autre : « Oui », dit-il, « il l'a jeté, et alors il y est passé. Dès le lendemain, il y est passé. »

Aucun des deux ne dit rien. Assis là comme ça sans rien dire. Mais alors l'autre dit : « Complètement idiot ». Et il le répéta encore une fois. « Complètement idiot », dit-il.

« Oui, je sais », dit Timm. « Bien sûr que c'est complètement idiot. Ça, il y a rien de plus clair. Je le sais, moi aussi. » Et alors il dit encore : « Mais c'est drôle, tu sais, c'est quand même drôle. »

Et Timm se mit à rire. Ils rirent tous les deux. Et Timm ferma le poing dans la poche de son pantalon. En chiffonnant quelque chose. Un petit morceau de tissu rose. Il n'y avait plus beaucoup de rose maintenant, car ça faisait longtemps qu'il l'avait dans la poche. Mais c'était rose encore. Il l'avait ramené avec lui de Russie.

---

talismanique est ici explicitement sexuel, encore que de manière atténuée (un gilet seulement). Et c'est ce fétiche sexuel à la fois anodin et grivois — cf. les connotations érotisantes de la lingerie rose qui évoquent la prostitution ou le mauvais genre — que doit « nécessairement » avoir sur elle la passante extraordinaire (p. 178 : **die so sind, die haben... ein rosa Hemd**), justement parce qu'elle a une aura particulière, qu'elle est tout à fait différente **(ganz anders)** et « pure » (la peau toute propre, l'odeur de pêche) : la femme au gilet rose est l'envers profane de Marie au fichu rouge, dans la poche d'un autre survivant (cf. « **Maria, alles Maria** », p. 65-81).

# DAS HOLZ FÜR MORGEN

*Le bois pour demain*

Er machte die Etagentür hinter sich zu. Er machte sie leise und ohne viel Aufhebens[1] hinter sich zu, obgleich er sich das Leben nehmen wollte. Das Leben, das er nicht verstand und in dem er nicht verstanden wurde. Er wurde nicht von denen verstanden, die er liebte. Und gerade das hielt er nicht aus, dieses Aneinandervorbeisein[2] mit denen, die er liebte.

Aber es war noch mehr da, das so groß wurde, daß es alles überwuchs und das sich nicht wegschieben lassen wollte.

Das war, daß er nachts weinen konnte, ohne daß die, die er liebte, ihn hörten. Das war, daß er sah, daß seine Mutter, die er liebte, älter wurde und daß er das sah. Das war, daß er mit den anderen im Zimmer sitzen konnte, mit ihnen lachen konnte und dabei einsamer war als je. Das war, daß die anderen es nicht schießen hörten, wenn er es hörte. Daß sie das nie hören wollten. Das war dieses Aneinandervorbeisein mit denen, die er liebte, das er nicht aushielt. Nun stand er im Treppenhaus und wollte zum Boden[3] hinaufgehen und sich das Leben nehmen. Er hatte die ganze Nacht überlegt, wie er das machen wollte, und er war zu dem Entschluß gekommen, daß er vor allem auf den Boden hinaufgehen müsse, denn da wäre man allein und das war die Vorbedingung für alles andere. Zum Erschießen hatte er nichts und Vergiften war ihm zu unsicher. Keine Blamage[4] wäre größer gewesen, als dann mit Hilfe eines Arztes wieder in das Leben zurückzukommen

---

1. **Aufheben** n. : inf. substantivé de **auf/heben (o, o)** *lever* (autres sens, cf. « **Generation ohne Abschied** » p. 254 n. 4) ; ne s'emploie que dans des tournures soutenues du type **ohne viel Aufheben(s)** *sans emphase, sans ostentation*, **viel A. von etwas machen** *faire beaucoup de bruit de qqch.* Ces expr. font étym. allusion aux rodomontades des bretteurs brandissant leur épée.

2. ***An-ein-ander-vorbei/sein** : cf. **einander** *l'un l'autre, mutuellement*, combinable avec diverses prép., **aneinander** (= **einer an den anderen, an dem anderem**) *l'un à l'autre, bout à bout*, **miteinander** *l'un avec l'autre, ensemble*, etc. La partic. **vorbei-** avec **an** (+ dat.) exprime le passage devant ou à côté de, ex. **an dem Problem vorbei/reden** *passer à côté du*

Il ferma la porte du palier derrière lui. Il la ferma doucement et sans cérémonie derrière lui, quoiqu'il voulût se suicider. En finir avec cette vie qu'il ne comprenait pas et où il n'était pas compris. Il n'était pas compris par ceux qu'il aimait. Et c'était ça justement qu'il ne supportait pas, cette existence les uns à côté des autres et chacun de son côté, avec ceux qu'il aimait.

Mais il y avait plus encore, qui devenait si grand que cela couvrait tout et ne voulait pas se laisser écarter.

C'était que la nuit il pouvait pleurer sans être entendu de ceux qu'il aimait. C'était qu'il voyait que sa mère qu'il aimait se faisait vieille, et qu'il voyait cela. C'était qu'il pouvait être assis dans la pièce avec les autres, qu'il pouvait rire avec eux et qu'en même temps il était plus seul que jamais. C'était que les autres n'entendaient pas les coups de feu quand il les entendait. Qu'ils ne voulaient jamais les entendre. C'était cette existence les uns à côté des autres et chacun de son côté, avec ceux qu'il aimait, qu'il ne supportait pas. Maintenant il se trouvait dans la cage d'escalier, et il voulait monter au grenier et se suicider. Il avait réfléchi toute la nuit à la façon dont il allait le faire, et il était arrivé à cette décision qu'il devait avant tout monter au grenier, car là-haut on était seul et c'était la condition préalable pour toute autre chose. Il n'avait rien pour se tirer une balle, et prendre du poison lui semblait trop peu sûr. Il n'y aurait pas eu de plus grand ridicule que de revenir ensuite à la vie avec le secours d'un médecin,

---

*problème* ; d'où le sens d'incommunication, d'extériorité dans des loc. comme **aneinander vorbei/reden** *ne pas être sur la même longueur d'onde*, **a. vorbei/leben** *vivre chacun de son côté.* La substantivation ici mime ce qu'elle dit (une cohabitation sans lien réel) : mise bout à bout de mots courts sémantiquement autonomes.

3. **Boden** m. : abréviation (régionalisme) pour ***Dach-boden**, cf. **D.** n. *toit*, **B.** *sol, terrain, plancher, fond.*

4. **Blamage** f. : formé à partir de **blamieren**, emprunt au fr. *blâmer* — mais avec une tout autre signification : *rendre ridicule.*

und die vorwurfsvollen mitleidigen Gesichter der anderen, die so voll Liebe und Angst für ihn waren, ertragen zu müssen. Und sich ertränken, das fand er zu pathetisch, und sich aus dem Fenster stürzen, das fand er zu aufgeregt[1]. Nein, das beste würde sein, man ginge auf den Boden. Da war man allein. Da war es still. Da war alles ganz unauffällig[2] und ohne viel Aufhebens. Und da waren vor allem die Querbalken vom Dachstuhl. Und der Wäschekorb mit der Leine. Als er die Etagentür leise hinter sich zugezogen hatte, faßte er ohne zu zögern nach dem Treppengeländer und ging langsam nach oben. Das kegelförmige Glasdach über dem Treppenhaus, das von ganz feinem Maschendraht wie von Spinngewebe[3] durchzogen[4] war, ließ einen blassen Himmel hindurch, der hier oben dicht unter dem Dach am hellsten war.

Fest umfaßte er das saubere hellbraune Treppengeländer und ging leise und ohne viel Aufhebens nach oben. Da entdeckte er auf dem Treppengeländer einen breiten weißen Strich, der vielleicht auch etwas gelblich sein konnte. Er blieb stehen und fühlte mit dem Finger darüber, dreimal, viermal. Dann sah er zurück. Der weiße Strich ging auf dem ganzen Geländer entlang. Er beugte sich etwas vor. Ja, man konnte ihn bis tief in die dunkleren Stockwerke[5] nach unten verfolgen. Dort wurde er ebenfalls bräunlicher, aber er blieb doch einen ganzen Farbton heller[6] als das Holz des Geländers. Er ließ seinen Finger ein paarmal auf dem weißen Strich entlang fahren, dann sagte er plötzlich: Das hab ich ja ganz vergessen.

---

1. **aufgeregt**: cf. **auf/regen** *énerver, exciter*; s'oppose ici au thème de la retenue et de la discrétion.

2. **ganz unauffällig**: (et p. 186 **leise**, répété infra) cf. la suicidée de « **Der Kaffee ist undefinierbar** » p. 172: **ganz leise, unauffällig...**

3. **wie von Spinngewebe**: réminiscence d'un motif de la prison, dans cet escalier: cf. « **Maria, alles Maria** » p. 70 **an der Decke sah es aus wie Spinngewebe**, « **Die Hundeblume** » pp. 22-24, et le poème « **Der Mond lügt - Moabit** » « *La lune ment - Moabit* », du temps où W.B. était prisonnier à Berlin: **...Ein helles Viereck... von einer Anzahl dunkelgrauer / und schmaler Linien durchzogen / ...ein Spinngewebe?...** *...Un carré*

et de devoir subir les visages compatissants et pleins de reproches des autres, qui étaient si pleins d'amour et d'anxiété pour lui. Et se noyer, il trouvait ça trop pathétique, et se jeter par la fenêtre, il trouvait ça trop exalté. Non, le mieux serait sans doute d'aller au grenier. Là-haut on était seul. Là-haut c'était tranquille. Là-haut tout était parfaitement discret et sans cérémonie. Et là-haut, avant tout, il y avait les poutres des combles. Et le panier à linge avec la corde. Après avoir doucement tiré la porte du palier derrière lui, il empoigna sans hésiter la rampe d'escalier et monta lentement. La verrière conique au-dessus de la cage d'escalier, qui était parcourue d'un treillis très fin comme d'une toile d'araignée, laissait entrer un ciel blafard qui là, tout en haut près du toit, était le plus clair.

Il serra fort la rampe d'escalier bien propre, marron clair, et monta doucement et sans cérémonie. C'est alors qu'il découvrit sur la rampe une large rayure blanche, qui pouvait bien être un peu jaune aussi. Il s'arrêta net et passa le doigt dessus, trois fois, quatre fois. Puis il regarda en arrière. La rayure blanche courait tout le long de la rampe. Il se pencha un peu en avant. Oui, on pouvait la suivre en bas jusqu'au fond des étages plus sombres. Là-bas elle devenait plus marron également, mais elle restait quand même plus claire que le bois de la rampe, de toute une nuance de ton. Il fit courir son doigt plusieurs fois le long de la rayure blanche, puis il dit tout à coup: « C'est que je l'avais complètement oublié, ça. »

---

*clair... parcouru d'une quantité / de fines lignes gris sombre / ...une toile d'araignée?...*

4. **durchziehen (o, o):** *traverser* (cf. **ziehen** *tirer, tracer*); v. insép., ≠ **durch/ziehen** *(faire) passer à travers.*

5. ***Stock-werk** n.: syn. de **Stock** m., **Geschoß** n. ou **Etage** f. (emprunt au fr.); **W.** n. *(œuvre, ouvrage)* dans son rôle de suff. à sens collectif, cf. autre ex. **Astwerk** in « **Der viele viele Schnee** » p. 110.

6. **einen... heller:** les adj. impliquant une mesure au sens large régissent l'acc. (le groupe à l'acc. est alors toujours préposé à l'adj.).

Er setzte sich auf die Treppe. Und jetzt wollte ich mir das Leben nehmen und hatte das beinahe[1] vergessen. Dabei[2] war ich es doch. Mit der kleinen Feile, die Karlheinz gehörte. Die habe ich in die Faust genommen und dann bin ich in vollem Tempo[3] die Treppen runtergesaust[4] und habe dabei die Feile tief in das weiche Geländer gedrückt. In den Kurven habe ich besonders stark gedrückt, um zu bremsen. Als ich unten war, ging über das Treppengeländer vom Boden bis zum Erdgeschoß eine tiefe, tiefe Rille. Das war ich. Abends wurden alle Kinder verhört[5]. Die beiden Mädchen unter uns, Karlheinz und ich. Und der nebenan. Die Hauswirtin sagte, das würde mindestens vierzig Mark kosten. Aber unsere Eltern wußten sofort, daß es von uns keiner gewesen war. Dazu gehörte ein ganz scharfer Gegenstand, und den hatte keiner von uns, das wußten sie genau. Außerdem verschandelte doch kein Kind das Treppengeländer in seinem eigenen Haus. Und dabei war ich es. Ich mit der kleinen spitzen Feile. Als keiner von den Familien die vierzig Mark für die Reparatur des Treppengeländers bezahlen wollte, schrieb die Hauswirtin auf die nächste Mietrechnung je[6] Haushalt fünf Mark mehr drauf für Instandsetzungskosten des stark demolierten[7] Treppenhauses. Für dieses Geld wurde dann gleich das ganze Treppenhaus mit Linoleum ausgelegt. Und Frau Daus bekam ihren Handschuh ersetzt, den sie sich an dem aufgesplitterten[8] Geländer zerrissen hatte. Ein Handwerker kam, hobelte die Ränder der Rille glatt und schmierte sie dann mit Kitt aus.

---

1. ***bei-nahe** : *presque*, syn. **nahezu** (cf. **nahe** *proche, près*, **Nähe** f. *proximité // imminence*) ; pour exprimer une condition implicite (rendue en fr. par des tournures comme *faillir, être sur le point de*), ces adv. sont souvent renforcés par le subj. II (irréel).

2. **dabei** : exprime la circonstance (*à cette occasion*, etc.) ; quand le contexte présente le lien comme non pertinent, **d.** a valeur concessive.

3. **Tempo** n. : *tempo* (aux deux sens de terme musical et de rythme d'action), sens fam. *vitesse, allure*, autre ex. **T. T.** ! *dépêche-toi !*

4. **runter/sausen** : cf. **s.** *mugir* (vent), *siffler* (projectile) // (fam.) *filer comme une flèche, se précipiter (vers).*

Il s'assit sur les marches. « Et maintenant je voulais me suicider, et j'avais failli oublier ça. C'était moi cette histoire, pourtant. Avec la petite lime qui appartenait à Karlheinz. Je l'ai prise dans mon poing et j'ai dégringolé l'escalier à fond de train en enfonçant bien fort la lime dans le bois tendre de la rampe. Dans les virages, je l'enfonçais particulièrement fort, pour freiner. Quand je suis arrivé en bas, une profonde, profonde rainure courait sur la rampe du grenier au rez-de-chaussée. C'était moi. Le soir, on a interrogé tous les enfants. Les deux filles du dessous, Karlheinz et moi. Et celui d'à côté. La propriétaire a dit que ça coûterait au moins quarante marks. Mais nos parents ont su tout de suite que ce n'était aucun d'entre nous. Pour cela il fallait un objet extrêmement coupant, et aucun d'entre nous n'en avait, ça ils en étaient sûrs. D'ailleurs, aucun enfant n'abîmait la rampe d'escalier dans sa propre maison, quand même. Et pourtant c'était moi. Moi, avec la petite lime pointue. Comme aucune des familles ne voulait payer les quarante marks pour la réparation de la rampe, la propriétaire a porté sur la note de loyer suivante cinq marks de plus par ménage, pour frais de remise en état de la cage d'escalier fortement saccagée. Avec cet argent, on a alors carrément fait recouvrir tout l'escalier de linoléum. Et madame Daus a été remboursée pour le gant qu'elle s'était déchiré sur la rampe fendue. Un ouvrier est venu, il a lissé au rabot les bords de la rainure et puis il l'a enduite de mastic.

---

5. **verhören :** *procéder à un interrogatoire, à une audition* (**ver-** intensif), mais **sich v.** *entendre de travers* (**ver-** négatif : erreur, déviation, etc.).

6. **je :** adv. *chacun, chaque* (cf. pr. indéf. ***je-der**) ; prép. (+ acc.) *par* (syn. **pro** + acc.) ; autre sens de l'adv. : *jamais* (au sens positif *en un temps quelconque*), cf. supra p. 186 **einsamer als je**.

7. **demolieren :** (emprunt au fr. *démolir*) effet d'exagération humoristique dans ce discours rapporté de la propriétaire.

8. **auf/splittern :** autre sens *(se) morceler* ; cf. **Splitter** m. *éclat* (verre, bombe, etc.), *esquille, écharde, paille* (défaut).

Vom Boden bis zum Erdgeschoß. Und ich, ich war es. Und jetzt wollte ich mir das Leben nehmen und hatte das beinahe vergessen.

Er setzte sich auf die Treppe und nahm einen Zettel. Das mit dem Treppengeländer war ich, schrieb er da drauf. Und dann schrieb er oben drüber: An Frau Kaufmann, Hauswirtin. Er nahm das ganze Geld aus seiner Tasche, es waren zweiundzwanzig Mark, und faltete den Zettel da herum. Er steckte ihn oben in die kleine Brusttasche[1]. Da finden sie ihn bestimmt, dachte er, da müssen sie ihn ja finden. Und er vergaß ganz, daß sich keiner mehr daran erinnern würde. Er vergaß, daß es schon elf Jahre her war, das vergaß er[2]. Er stand auf, die Stufe knarrte ein wenig. Er wollte jetzt auf den Boden gehen. Er hatte das mit dem Treppengeländer erledigt[3] und konnte jetzt nach oben gehen. Da wollte[4] er sich noch einmal laut sagen, daß er es nicht mehr aushielte, das Aneinandervorbeisein mit denen, die er liebte, und dann wollte er es tun. Dann würde er es tun[5].

Unten ging eine Tür. Er hörte, wie seine Mutter sagte: Und dann sag ihr, sie soll das Seifenpulver nicht vergessen. Daß sie auf keinen Fall das Seifenpulver vergißt. Sag ihr, daß der Junge extra[6] mit dem Wagen los ist[7], um das Holz zu holen, damit wir morgen waschen können. Sag ihr, das wäre für Vater eine große Erleichterung, daß er nicht mehr mit dem Holzwagen los braucht und daß der Junge wieder da ist[8].

---

1. ***Brust-tasche:** (cf. **B.** f. *poitrine // sein*) désigne la poche intérieure classique de la veste masculine, ou le cas échéant une poche de chemise.

2. **das vergaß er:** souligne le « retour en enfance » du personnage, déjà manifeste dans le détaillisme du souvenir, sa présentification (cf. les passages au discours indirect libre), cette station dans l'escalier comme un enfant boudeur, la naïveté de l'aveu.

3. **erledigen:** *accomplir, terminer // se débarrasser de*; cf. adj. **ledig** *célibataire //* (+ gén.) *être dégagé de, quitte de*; **er-** (partic. insépar.) sert fréquemment à verbaliser des adj., autres ex. **ermöglichen** *rendre possible*, **erneuern** *renouveler...*

Du grenier au rez-de-chaussée. Et c'était moi, moi. Et maintenant je voulais me suicider, et j'avais failli oublier ça.»

Il s'assit sur les marches et prit un bout de papier. «L'histoire de la rampe d'escalier, c'était moi», écrivit-il. Et puis il écrivit au-dessus, en haut: «À Madame Kaufmann, propriétaire.» Il sortit tout l'argent de sa poche, ça faisait vingt-deux marks, et il plia le bout de papier autour. Il le glissa dans sa petite poche intérieure, celle du haut. «Là, c'est sûr qu'ils le trouveront», pensa-t-il, «là ils devront forcément le trouver». Et il oublia complètement que personne ne s'en souviendrait plus. Il oublia que ça faisait déjà onze ans, il oublia cela. Il se leva, la marche grinça un peu. Il voulait maintenant aller au grenier. Il avait réglé cette histoire de la rampe d'escalier et il pouvait monter maintenant. Là, il allait se redire à haute voix qu'il ne supportait plus ça, cette existence les uns à côté des autres et chacun de son côté, avec ceux qu'il aimait, et ensuite il allait le faire. Ensuite il le ferait.

En bas, une porte s'ouvrit. Il entendit que sa mère disait: «Et puis dis-lui qu'il ne faut pas qu'elle oublie le savon en poudre. Que surtout elle n'oublie pas le savon en poudre. Dis-lui que notre garçon est allé spécialement chercher le bois avec le chariot, pour que nous puissions faire la lessive demain. Dis-lui que c'est un grand soulagement pour le père, qu'il n'ait plus besoin d'y aller avec le chariot à bois, et que le garçon soit là de nouveau.

---

4. **wollte**: **w.** prospectif (cf. «**Der Kaffee ist undefinierbar**» p. 162 n. 4).

5. **würde er es tun**: subj. II de discours indirect libre (lang. parlé).

6. **extra**: adv. *à part, séparément // en supplément // extraordinairement // exprès*; emploi comme adj. dans le lang. parlé, ex. **ein e. Zimmer** *une chambre à part*, **ein e. Zug** *un train supplémentaire*.

7. **los ist**: forme abrégée fam. pour **losgegangen** ou **losgefahren ist** (cf. **los/gehen, los/fahren** *partir*).

8. **der Junge wieder da ist**: complète la 1re allusion à la guerre p. 186 **die anderen es nicht schießen hörten, wenn er es hörte.**

Der Junge ist extra los heute. Vater sagt, das wird ihm Spaß machen[1]. Das hat er die ganzen Jahre nicht tun können. Nun kann er Holz holen. Für uns. Für morgen zum Waschen. Sag ihr das, daß er extra mit dem Wagen los ist und daß sie mir nicht das Seifenpulver vergißt.

Er hörte eine Mädchenstimme antworten. Dann wurde die Tür zugemacht und das Mädchen lief die Treppen hinunter. Er konnte ihre kleine, rutschende Hand das ganze Treppengeländer entlang bis unten verfolgen[2]. Dann hörte er nur ihre Beine noch. Dann war es still. Man hörte das Geräusch, das die Stille machte.

Er ging langsam die Treppe abwärts, langsam Stufe um Stufe abwärts. Ich muß das Holz holen, sagte er, natürlich, das hab ich ja ganz vergessen[3]. Ich muß ja das Holz holen, für morgen.

Er ging immer schneller die Treppen hinunter und ließ seine Hand dabei kurz hintereinander auf das Treppengeländer klatschen. Das Holz, sagte er, ich muß ja das Holz holen. Für uns. Für morgen. Und er sprang die letzten Stufen mit großen Sätzen abwärts[4].

Ganz oben ließ das dicke Glasdach einen blassen Himmel hindurch. Hier unten aber mußten die Lampen brennen. Jeden Tag. Alle Tage[5].

---

1. **Spaß machen**: (S. m., cf. « **Jesus macht nicht mehr mit** » p. 92 n. 4) *amuser // faire plaisir // plaisanter.*

2. **er konnte ihre... Hand... verfolgen**: formulation parallèle à **...auf dem ganzen Geländer entlang... man konnte (den Strich)... verfolgen** (p. 188) ; la descente de la jeune fille devient une répétition du geste de l'enfant.

3. **das hab ich ja ganz vergessen**: répétition de p. 188 (+ la variante **hatte das beinahe vergessen** pp. 190 et 192) : parallélisme incident d'enfance / tâche raccordée au futur **(für morgen).**

4. ***ab-wärts**: adv.-partic. *vers le bas, en descendant* ; cf. **vorwärts** *en avant*, **einwärts** *en dedans*. Le personnage rejoue progressivement la scène d'enfance **(er ging immer schneller... hinunter und ließ seine Hand dabei... klatschen... und er sprang...)**, répétition aux allures freudiennes, la rampe fendue s'offrant (trop) facilement comme symbole sexuel ou de clivage psychique. D'un autre côté : les deux incidents (qui

Le garçon y est allé aujourd'hui, spécialement. Le père dit que ça le distraira. Toutes ces années, il n'a pas pu le faire. Maintenant il peut aller chercher du bois. Pour nous. Pour la lessive de demain. Dis-lui qu'il y est allé spécialement avec le chariot et qu'elle n'oublie pas mon savon en poudre. »

Il entendit une voix de jeune fille répondre. Puis la porte se referma et la jeune fille descendit l'escalier en courant. Il pouvait suivre sa petite main glissant tout le long de la rampe jusqu'en bas. Puis il n'entendit plus que ses jambes. Puis le silence se fit. On entendait le bruit que faisait le silence.

Il descendit lentement l'escalier, lentement, une marche après l'autre. « Il faut que j'aille chercher le bois », dit-il, « bien sûr, c'est que je l'avais complètement oublié, ça. C'est qu'il faut que j'aille chercher le bois, pour demain ».

Il descendit l'escalier de plus en plus vite, en faisant claquer sa main sur la rampe à brefs intervalles. « Le bois », dit-il, « c'est qu'il faut que j'aille chercher le bois. Pour nous. Pour demain ». Et il dévala les dernières marches à grands bonds.

Tout en haut, l'épaisse verrière laissait entrer un ciel blafard. Mais ici en bas, on devait allumer la lumière. Chaque jour. Tous les jours.

---

suspendent, puis révoquent le suicide) répètent point par point le même scénario — deux rappels, deux « dettes » à acquitter concernant du bois, un « enfant fautif » dans les deux cas (parallèle la propriétaire / la mère) — de sorte que l'agression de la rampe apparaît rétroactivement comme le prototype infantile du projet de suicide : celui-ci a déjà eu lieu.

5. **Hier unten... Alle Tage** : opposition entre la lumière artificielle du rez-de-chaussée : nuit du monde quotidien des hommes, et le « ciel blafard » (cf. aussi p. 188) du grenier : lumière spirituelle et mortelle.

# DIE TRAURIGEN GERANIEN

*Les Tristes Géraniums*

Als sie sich kennenlernten[1], war es dunkel gewesen. Dann hatte sie ihn eingeladen und nun war er da. Sie hatte ihm ihre Wohnung gezeigt und die Tischtücher und die Bettbezüge und auch die Teller und Gabeln[2], die sie hatte. Aber als sie sich dann zum erstenmal bei hellem Tageslicht gegenübersaßen, da sah er ihre Nase.

Die Nase sieht aus, als ob sie angenäht[3] ist, dachte er. Und sie sieht überhaupt nicht wie andere Nasen aus. Mehr wie eine Gartenfrucht[4]. Um Himmels willen! dachte er, und diese Nasenlöcher! Die sind ja vollkommen unsymmetrisch angeordnet. Die sind ja ohne jede Harmonie zueinander. Das eine ist eng und oval. Aber das andere gähnt geradezu wie ein Abgrund. Dunkel und rund und unergründlich. Er griff nach seinem Taschentuch und tupfte sich die Stirn.

Es ist so warm, nicht wahr? begann sie.

O ja, sagte er und sah auf ihre Nase. Sie muß angenäht sein, dachte er wieder. Sie kommt sich so fremd vor[5] im Gesicht. Und sie hat eine ganz andere Tönung als die übrige Haut. Viel intensiver. Und die Nasenlöcher sind wirklich ohne Harmonie. Oder von einer ganz neuartigen Harmonie, fiel ihm ein, wie bei Picasso.

Ja, fing er wieder an, meinen Sie nicht auch, daß Picasso auf dem richtigen Wege ist?

Wer denn? fragte sie, Pi — ca — —?

Na, denn nicht, seufzte er und sagte dann plötzlich ohne Übergang: Sie haben wohl mal einen Unfall gehabt?

---

1. **kennen/lernen** : autres sens *se familiariser* (avec qqch.) // *découvrir* ; **l.** *apprendre* marque le procès, cf. aussi **lieben/lernen** *apprendre à aimer, en venir à aimer.*

2. **die *Tisch-tücher und die *Bett-bezüge...und Gabeln : Tuch** n. *(pièce de) tissu,* nombreux composés ex. **Taschentuch** (infra), **Halstuch** *foulard* etc. ; **Bezug** m. *enveloppe, housse*, autres sens : *fourniture, achat,* (pl.) *revenus // rapport, référence.* La femme déploie donc son trousseau... Allusion peut-être aussi aux années d'après-guerre, où cet équipement était un véritable "signe de richesse", digne d'être exhibé. Ce serait du reste le seul indice historique du récit (mais cf. p. 202 n. 3).

Quand ils firent connaissance, la nuit était tombée. Ensuite elle l'avait invité, et maintenant il était là. Elle lui avait montré son appartement, et les nappes et les couvre-lits et aussi les assiettes et les fourchettes qu'elle avait. Mais ensuite, quand ils se trouvèrent assis pour la première fois l'un en face de l'autre, au grand jour, là il vit son nez.

« Ce nez, on dirait qu'il est cousu », pensa-t-il. « Et il n'a pas du tout l'air comme les autres nez. Plutôt comme un fruit. Pour l'amour du ciel ! » pensa-t-il, « et ces narines ! Enfin, elles sont complètement asymétriques dans leur disposition. Enfin, elles n'ont pas la moindre harmonie entre elles. L'une est étroite et ovale. Tandis que l'autre est béante, comme un vrai gouffre. Sombre et ronde et insondable ». Il tira son mouchoir et s'épongea le front.

« Il fait si chaud, n'est-ce pas ? » commença-t-elle.

« Oh oui », dit-il en regardant son nez. « Il doit être cousu », pensa-t-il à nouveau. « Il se trouve si bizarre dans son visage. Et il a une tout autre coloration que le reste de la peau. Beaucoup plus intense. Et les narines n'ont vraiment aucune harmonie. Ou bien une harmonie d'un genre tout à fait nouveau », songea-t-il soudain, « comme chez Picasso ».

« Oui », reprit-il, « vous ne trouvez pas, vous aussi, que Picasso est sur la bonne voie ?

— Qui donc ? » demanda-t-elle, « Pi-ca-- ?

— Bon, tant pis », soupira-t-il, et il dit alors brusquement, sans transition : « Vous avez sans doute eu un accident, un jour ?

---

3. **an/nähen** : *(re)coudre* (bouton, ourlet etc.) ; la partic. souligne l'aspect de "pièce rapportée".

4. ***Gartenfrucht** f. : littéral. *fruit de jardin (potager)* ; ce terme générique laisse tout imaginer, tomate, fraise, aubergine, etc... (Cf. infra une indication — vague elle aussi — de couleur).

5. **vor/kommen (a, o)** : (sens de présentation, *devant*, de la partic. **vor-**, d'où aussi sens d'événement) *se produire, arriver // sembler, faire l'effet //* (**sich** dat.) *se sentir, se croire.*

Wieso? fragte sie.

Na ja[1], meinte[2] er hilflos[3].

Ach, wegen der Nase?

Ja, wegen ihr.

Nein, sie war gleich so. Sie sagte das ganz geduldig[4]: Sie war gleich so.

Donnerwetter! hätte er da fast gesagt. Aber er sagte nur: Ach, wirklich?

Und dabei bin ich ein ausgesprochen[5] harmonischer Mensch, flüsterte sie. Und wie ich gerade die Symmetrie liebe! Sehen Sie nur meine beiden Geranien am Fenster. Links steht eine und rechts steht eine. Ganz symmetrisch. Nein, glauben Sie mir, innerlich bin ich ganz anders. Ganz anders[6].

Hierbei legte sie ihm die Hand auf das Knie, und er fühlte ihre entsetzlich innigen Augen bis an den Hinterkopf glühen[7].

Ich bin doch auch durchaus für die Ehe, für das Zusammenleben, meinte sie leise und etwas verschämt.

Wegen der Symmetrie? entfuhr[8] es ihm.

Harmonie, verbesserte sie ihn gütig, wegen der Harmonie.

Natürlich, sagte er, wegen der Harmonie.

Er stand auf.

Oh, Sie gehen?

Ja, ich — ja.

Sie brachte ihn zur Tür.

---

1. **na ja**: (*eh bien // tant pis...*) interj. de résignation, d'hésitation, ou simple contactif allant jusqu'au bafouillement: *eh bien euh.*

2. **meinen**: emploi courant comme simple syn. de **sagen** (autres sens de **m.**: *être d'avis, penser // vouloir dire, donner à entendre*).

3. ***hilf-los**; cf. **Hilfe** f. *aide, secours;* ici *décontenancé, empêtré* (syn. ***rat-los**), autres sens: *sans défense, désarmé, perdu.*

4. **geduldig**; adj. *patient*; même patience débonnaire (cf. infra aussi **gütig**) des réponses du Polonais de « **Maria, alles Maria** » (p. 74).

5. **ausgesprochen**: *marqué, net, déclaré,* adv. sens intensif *vraiment, réellement*; part. II-adj. de **aus/sprechen (a, o)** *prononcer // achever de parler // exprimer.*

— Pourquoi donc ? demanda-t-elle.

— Bon, ben, dit-il désemparé.

— Ah, à cause du nez ?

— Oui, à cause de lui.

— Non, il était comme ça tout de suite. » Elle dit ça très placidement : « Il était comme ça tout de suite.

— Bigre de bon sang ! » faillit-il dire. Mais il dit seulement : « Ah, vraiment ?

— Et cependant, je suis un être des plus harmonieux », susurra-t-elle. « Et comme j'aime la symétrie, justement ! Vous n'avez qu'à voir mes deux géraniums, à la fenêtre. Il y en a un à gauche, et il y en a un à droite. Tout à fait symétriques. Non, croyez-moi, intérieurement je suis tout à fait différente. Tout à fait différente. »

En même temps elle lui mit la main sur le genou, et il sentit jusque derrière la tête ses yeux horriblement tendres le brûler comme braise.

« Et puis je suis aussi absolument pour le mariage, pour la vie commune », dit-elle à mi-voix et un peu confuse.

« À cause de la symétrie ? laissa-t-il échapper.

— L'harmonie », corrigea-t-elle gentiment, « à cause de l'harmonie.

— Naturellement », dit-il, « à cause de l'harmonie ».

Il se leva.

« Oh, vous partez ?

— Oui, je — oui. »

Elle l'accompagna à la porte.

---

6. **ganz anders** : même contradiction physique/psychol. chez le jeune-vieux de « **Die Küchenuhr** » p. 146 et le polonais-germain de « **Maria, alles Maria** » p. 66.

7. **glühen** ; *être incandescent* // (fig.) *brûler* ; les deux yeux "rougeoyants" — comme les deux géraniums à la fenêtre.

8. **entfahren** : **ent-** (insépar.) sens d'éloignement ou détachement (point d'origine au dat.) ; autres valeurs de la partic. : opposition ou réciprocité, ex. **entsprechen** *correspondre* ; aspect ingressif, ex. **entflammen** *(s')enflammer*.

Innerlich bin ich eben doch sehr viel anders, fing sie noch mal wieder an.

Ach was[1], dachte er, deine Nase ist eine Zumutung. Eine angenähte Zumutung[2]. Und er sagte laut: Innerlich sind Sie wie die Geranien, wollen Sie sagen. Ganz symmetrisch, nicht wahr?

Dann ging er die Treppe hinunter, ohne sich umzusehen[3].

Sie stand am Fenster und sah ihm nach.

Da sah sie, wie er unten stehenblieb und sich mit dem Taschentuch die Stirn abtupfte. Einmal, zweimal. Und dann noch einmal. Aber sie sah nicht, daß er dabei erleichtert grinste. Das sah sie nicht, weil ihre Augen unter Wasser[4] standen. Und die Geranien, die waren genauso traurig.[5] Jedenfalls rochen sie so.

---

1. **Ach was :** interj. d'opposition *mais non ! pensez-vous !* éventuellement méprisante *bah ! mon œil !* ; syn. **ach wo.**

2. **Zumutung** f. : *insolence, grossièreté, culot* ; cf. **zu/muten** in « **Die Hundeblume** » p. 24 n. 6 ; étym. de **Mut** m. *courage*, avec le sens d'accroissement, de majoration de la partic. **zu-**.

3. **...ohne sich umzusehen :** horreur et fuite du personnage devant une femme défigurée, à la face bifide, qui ne manque pas de suggérer une métaphore de l'Allemagne divisée entre la zone alliée et la zone soviétique. Mais c'est aussi, de l'aveu du personnage, une femme *comme chez Picasso*, donc "dégénérée" selon les critères artistiques

« Intérieurement, je suis pourtant très, très différente, voyez-vous », recommença-t-elle encore.

« Allez donc », pensa-t-il, « ton nez, c'est une impudence. Une impudence cousue ». Et il dit à voix haute : « Intérieurement, vous êtes comme les géraniums, vous voulez dire. Tout à fait symétrique, n'est-ce pas ? »

Puis il descendit l'escalier sans se retourner.

Elle se tint à la fenêtre pour le suivre des yeux.

Alors elle le vit s'arrêter en bas et se tamponner le front avec son mouchoir. Une fois, deux fois. Et puis encore une fois. Mais elle ne vit pas qu'en même temps, il ricanait de soulagement. Elle ne le vit pas parce que ses yeux étaient inondés de larmes. Et les géraniums, ils étaient tout aussi tristes. Ils avaient cette odeur, en tout cas.

---

nazis... D'un autre côté, ce visage asymétrique, duel comme un masque de carnaval, reprend la double grimace quasi simultanée — **Hie Jesus, hie Nero** — du personnage de **"Der Kaffee ist undefinierbar"** (p. 166 n. 1), caricature elle-même du motif borchertien de la dualité interne irréconciliable (cf. « **Gespräch über den Dächern** » p. 230 n. 1).

4. **unter Wasser** : cf. « **Die Hundeblume** » p. 36 n. 5 ; cf. autres expr. avec **W. = Träne** f. *larmes* : **das W. in die Augen treiben** *faire monter les larmes aux yeux,* **nahe am W. gebaut haben** (fam.) littéral. *"avoir construit près de l'eau" = avoir la larme facile.*

5. **Geranien... traurig** : même parallèle yeux - géraniums p. 200 n. 7.

# GESPRÄCH ÜBER DEN DÄCHERN
Für Bernhard Meyer-Marwitz[1]

*Conversation par-dessus les toits*

*Pour Bernhard Meyer-Marwitz*

Draußen steht die Stadt[2]. In den Straßen stehn die Lampen und passen auf. Daß nichts passiert. In den Straßen stehen die Linden und die Mülleimer und die Mädchen, und ihr Geruch ist der Geruch der Nacht: schwer, bitter, süß. Schmaler Rauch steht steil über den blanken Dächern. Der Regen hat zu trommeln aufgehört und hat sich davongemacht[3]. Aber die Dächer sind noch blank von ihm und die Sterne liegen weiß auf den dunkelnassen[4] Ziegeln. Manchmal ragt ein Katzengestöhn brünstig bis an den Mond. Oder ein Menschenweinen. In den Parks und den Gärten der Vorstädte steht der bleichsüchtige Nebel auf und spiralt[5] sich durch die Straßen. Eine Lokomotive schluchzt ihren Fernwehschrei[6] tief in die Träume der tausend Schläfer. Unendliche Fenster sind da. Nachts sind diese unendlichen Fenster. Und die Dächer sind blank, seit der Regen entfloh.

Draußen steht die Stadt. Ein Haus steht in der Stadt. Stumm, steinern[7], grau wie die andern. Und ein Zimmer ist in dem Haus. Ein Zimmer, eng, kalkig, zufällig, wie die andern auch. Und in dem Zimmer sind zwei Männer. Einer ist blond und sein Atem geht weich und das Leben geht wie sein Atem weich in ihn hinein, aus ihm heraus. Seine Beine liegen schwer wie Bäume auf dem Teppich, und der Stuhl, auf dem er sitzt, knackt verstohlen[8] im Gefüge. Das ist der tief im Zimmer. Und einer steht am Fenster. Lang, hoch, gekrümmt, schrägschultrig. Seine Schläfenknochen, der Rand seines Ohres, schwimmen weißgrau und mehlig im Zimmer.

---

1. **Bernhard Meyer-Marwitz** : journaliste hambourgeois, ami de W.B., il écrira la postface biographique du « **Gesamtwerk** » (1949).

2. **Draußen... Stadt : d.** mot-valeur chez W.B. ; noter la formule rythmique de la phrase **D-SHT-T-D-SHT-T**, qui souligne d'emblée la charpente sonore du texte ; cf. l'écho /SHT/ phrase suivante.

3. **sich davon/machen** : (lang. parlé) *s'éclipser* ; cf. syn. (registre soutenu) **sich davon/stehlen (a, o)** in « **Generation...** » p. 252 n. 4.

4. ***dunkel-naß** : composé coordonné, et non pas hiérarchisé (déterminant-déterminé) comme le sont la plupart des adj. composés en all.

5. **spiralt sich** : v. forgé par W.B. sur **Spirale** f.

Dehors il y a la ville. Dans les rues il y a les lampes, qui prennent garde. Qu'il n'arrive rien. Dans les rues il y a les tilleuls et les poubelles et les filles, et leur odeur est l'odeur de la nuit : lourde, amère, douce. Il y a une mince fumée toute droite sur les toits luisants. La pluie s'est arrêtée de tambouriner, et elle a filé. Mais les toits en sont encore luisants, et les étoiles gisent blanches sur les tuiles sombres et humides. Parfois un gémissement de chatte en chaleur monte jusqu'à la lune. Ou les pleurs de quelqu'un. Dans les parcs et les jardins des faubourgs, le brouillard chlorotique se lève et spirale à travers les rues. Une locomotive sanglote son cri de nostalgie du départ, enfoncé dans les rêves de mille dormeurs. Il y a là des fenêtres à l'infini. La nuit il y a ces fenêtres à l'infini. Et les toits sont luisants depuis que la pluie s'est enfuie.

Dehors il y a la ville. Il y a une maison dans cette ville. Silencieuse, imperturbable, grise comme les autres. Et dans cette maison se trouve une chambre. Une chambre étroite, blanchie à la chaux, fortuite, comme les autres aussi. Et dans cette chambre se trouvent deux hommes. L'un est blond et sa respiration est douce, et la vie entre en lui et sort de lui, doucement, comme sa respiration. Ses jambes reposent lourdes comme des arbres sur le tapis, et la chaise où il est assis craque furtivement dans toute sa structure. C'est celui qui est au fond de la chambre. Et l'autre est à la fenêtre. Long, grand, voûté, les épaules en biais. Les os de ses tempes, le bord de son oreille flottent gris pâle et farineux dans la chambre.

---

6. ***Fern-weh-schrei** m. : **Fernweh** n. littéral, « *douleur du lointain* », contraire de ***Heim-weh** *nostalgie, mal du pays*. Le cri-sanglot de la locomotive (relayé parfois par les sirènes de bateaux — comme il l'est ici par ***Katzen-gestöhn** et ***Menschen-weinen** supra) est un motif récurrent — cf. « **Eisenbahnen, nachmittags und nachts** » p. 242 n. 3.

7. **steinern** : (cf. **Stein** m. *pierre*) sens concret : *de / en pierre* ; fig. ici, *(insensible // pétrifié)*, venant à la suite de **stumm** (cf. aussi p. 234).

8. **verstohlen** : étym. de **stehlen** *voler* ; cf. **v. lächeln** *rire sous cape*.

Im Auge blinkt zage[1] das Licht von der Lampe im Hof. Aber der Hof, das ist draußen und die Lampe glimmt sparsam. Ein Atem geht am Fenster auf und ab wie eine Säge. Manchmal schlägt[2] das Fensterglas mit einem duffen warmen Hauch von diesem Atem. Eine Stimme ist da am Fenster wie von einem Amokläufer[3], panisch, atemlos, gehetzt[4], übertrieben, erregt:

»Siehst du das nicht? Siehst du nicht, daß wir ausgeliefert sind. Ausgeliefert an das Ferne, an das Unaussprechliche, an das Ungewisse, das Dunkle? Fühlst du nicht, daß wir ausgeliefert sind an das Gelächter[5], an die Trauer und die Tränen, an das Gebrüll. Du, das ist furchtbar, wenn das Gelächter in uns aufstößt und schwillt, das Gelächter über uns selbst. Wenn wir an den Gräbern unserer Väter und Freunde und unserer Frauen stehen und das Gelächter steht auf. Das Gelächter in der Welt, das den Schmerz belauert. Das Gelächter, das die Trauer anfällt, in uns, wenn wir weinen. Und wir sind ihm ausgeliefert.

Furchtbar ist es, du, oh, furchtbar, wenn die Trauer uns anweht und die Tränen durch die Ritzen sickern, wenn wir an den Wiegen unserer Kinder stehen. Furchtbar, wenn wir an den bräutlichen Betten stehen, und die Trauer, die schwarzlakige Lemure, kriecht in uns hoch, eisig einsam. Steht auf in uns, wenn wir lachen, und wir sind ihr ausgeliefert[6].

Weißt du das nicht? Weißt du nicht, wie furchtbar das Gebrüll ist, das anwächst in der Welt, voll Angst wächst in der Welt, das in dir hochkommt und brüllt.

---

1. **zag**: syn. de **zaghaft** *(irrésolu, craintif)*; ce reflet extérieur fournit un indice psychologique: lueur vacillante dans les yeux (folie), cf. n. 3.

2. **schlagen (u, a)**: = ici **beschlagen** intrans. *s'embuer // se couvrir de moisissures.*

3. ***Amok-laüfer** m.: (terme usuel) littéral. *celui qui court en proie à l'amok.* Ce mot malais *(amok)* désigne une folie meurtrière, ainsi que l'individu qui en est saisi. Cette comparaison fait du personnage un possédé, et de son discours une course frénétique et délirante. Cf. aussi la célèbre nouvelle de Stefan Zweig, *Amok*, publiée en 1922.

Dans ses yeux papillote, hésitante, la lumière de la lampe de la cour. Mais la cour c'est dehors, et la lampe brûle avec parcimonie. À la fenêtre, une respiration va et vient comme une scie. Parfois la vitre se couvre d'une buée terne et chaude provenant de cette respiration. Là, à la fenêtre, il y a une voix comme celle d'un amok, panique, essoufflée, talonnée, débridée, excitée :

« Ne vois-tu pas cela ? Ne vois-tu pas que nous sommes livrés. Livrés au lointain, à l'inexprimable, à l'incertain, à l'obscur ? Tu ne sens pas que nous sommes livrés au rire, au deuil et aux larmes, au hurlement. Dis, c'est terrible quand le rire monte en nous comme un renvoi, et qu'il enfle, le rire sur nous-mêmes. Quand nous sommes devant les tombes de nos pères et de nos amis et de nos femmes, et que le rire se lève. Ce rire dans le monde, qui guette la douleur. Ce rire qui assaille le deuil en nous quand nous pleurons. Et nous sommes livrés à lui.

C'est terrible, dis, oh terrible, quand le deuil nous saisit et que les larmes suintent à travers les fentes, quand nous sommes devant les berceaux de nos enfants. Terrible, quand nous sommes devant les lits de mariées et que le deuil, le lémure drapé de noir, se glisse en nous en rampant, seul, glacé. Se lève en nous quand nous rions, et nous sommes livrés à lui.

Ne sais-tu pas cela ? Ne sais-tu pas comme ce hurlement est terrible, qui va s'amplifiant dans le monde, qui grandit plein de terreur dans le monde, qui monte en toi et hurle.

---

4. **hetzen** : *traquer, mettre aux abois // se hâter* ; le part. II-adj. garde ici toute sa force concrète : *forcené* (animal à la chasse), dans cette série d'adj. qui développe le motif de l'amok : l'aiguillon d'une folie contraignant à une fuite compulsive et angoissée.

5. **Gelächter** n. : (préf. **ge-**, cf. « **Die Hundeblume** » p. 46 n. 5) : *rires, éclats de rire* — souvent nuance de moquerie, ex. **zum G. werden** : *être la risée (de tous)*. Cf. infra **Gebrüll, Gestöhn, Gestammel** p. 214.

6. **wir... ausgeliefert** : c'est dans ce texte — le dernier du cycle « **Die Ausgelieferten** » du recueil « **Die Hundeblume** » — que ce motif apparaît sous sa forme la plus extrême et la plus développée ; cf. n. 3 p. 212 et « **Die Hundeblume** » p. 20 n. 4.

Brüllt in der Stille der Nacht, brüllt in der Stille der Liebe, brüllt in der stummen Einsamkeit. Und das Gebrüll heißt: Spott[1]! Heißt: Gott! Heißt: Leben! Heißt: Angst. Und wir sind ihm ausgeliefert mit all unserm Blut[2] in uns.

Wir lachen. Und unser Tod ist geplant von Anfang an.

Wir lachen. Und unsere Verwesung ist unausweichlich.

Wir lachen. Und unser Untergang[3] steht bevor.

Heute abend. Übermorgen.

In neuntausend Jahren. Immer.

Wir lachen, aber unser Leben ist dem Zufall vorgeworfen[4], ausgeliefert, unvermeidlich. Dem Zufälligen, begreifst du? Was fällt in der Welt, kann auf dich fallen und dich erdrücken oder stehenlassen. Wie der Zufall zufällig fällt[5]. Und wir: ausgeliefert ihm, vorgeworfen zum Fraß.

Dabei lachen wir. Stehen dabei und lachen. Und unser Leben, unsere Liebe und unser geliebtes gelebtes Leid — sie sind ungewiß und zufällig wie die Welle und der Wind. Willkürlich. Begreifst du? Begreifst du!!«

Aber der andere schweigt. Und der am Fenster krächzt[6] wieder:

»Und dann wir hier in der Stadt, tief drinnen in diesem einsamsten der Wälder, tief unter diesem erdrückendsten Steinberg, in dieser Stadt, in der uns keine Stimme anspricht, in der uns kein Ohr gehört und kein Auge begegnet. In dieser Stadt, in der die Gesichter ohne Gesicht an uns vorüberschwimmen, namenlos, zahllos, wahllos[7].

---

1. **Spott** m.: *sarcasme, dérision*; adapté ici pour obtenir un mot court congruent à la série **(spOTT - gOTT - Leben - Angst)**.

2. **mit all unserm Blut: a.** invar. au sing. quand il est couplé à un marqueur d'identification (art., adj. possessif, etc.); au plur., inflexion possible.

3. ***Unter-gang** m.: *coucher* (astre) // *naufrage* // (fig.) *chute, fin*; cf. **unter/gehen** littéral. *disparaître au-dessous.*

4. **vor/werfen (a, o)**: terme-relais de **ausliefern** (motif de la proie), cf. aussi infra **vorgeworfen zum Fraß**, et p. 214 **ausgeliefert den Bestien**.

5. **Wie der *Zu-fall zufällig fällt**: jeu de mots étym.: **fallen** *tomber // arriver* (comparer fr. *échoir*), **Fall** m. *chute // cas*; cf. une figure étym. du même type dans **« Im Mai, im Mai schrie der Kuckuck »** « *En mai, en*

Hurle dans le silence de la nuit, hurle dans le silence de l'amour, hurle dans la solitude muette. Et ce hurlement dit : Farce ! dit : Dieu ! dit : Vie ! dit : Peur. Et nous sommes livrés à lui, avec tout notre sang en nous.

Nous rions. Et notre mort est programmée depuis le début.

Nous rions. Et notre décomposition est inéluctable.

Nous rions. Et notre ruine est en vue.

Ce soir. Après-demain.

Dans neuf mille ans. Toujours.

Nous rions, mais notre vie est jetée entre les mains du hasard, livrée, inévitablement. Au coup de hasard, comprends-tu ? Ce qui tombe dans ce monde peut tomber sur toi et t'écraser, ou ne pas te toucher. Comme tombe le hasard, par coup de hasard. Et nous : livrés à lui, jetés en pâture.

Et pourtant nous rions. Assistons à cela et rions. Et notre vie, notre amour et notre souffrance aimée et vécue — ils sont incertains et fortuits comme la vague et le vent. Arbitraires. Comprends-tu ? Comprends-tu ! »

Mais l'autre se tait. Et celui de la fenêtre se remet à crachoter : « Et alors nous ici, dans la ville, enfouis au fond de cette forêt la plus solitaire, enfouis sous cette montagne de pierre la plus écrasante, dans cette ville où nulle voix ne s'adresse à nous, où nulle oreille ne se tend vers nous et nul regard ne nous croise. Dans cette ville où les visages sans visage passent en flottant devant nous, sans nom, sans nombre, sans ordre.

---

*mai criait le coucou »* : **dieses über uns verhängte Verhängnis** *cette malédiction lancée contre nous.*

6. **krächzen** : *croasser* (oiseaux) // *parler d'une voix rauque* // *grésiller* (haut-parleur, etc.) ; *croasser* au fig. en fr. implique des paroles malveillantes ou calomnieuses — connotations absentes de l'all. C'est la raucité métallique et grinçante de cette voix qui sera soulignée surtout (cf. p. 214 n. 1 et p. 216 n. 2).

7. ***wahl-los** : *sans discernement, au hasard* ; cf. **Wahl** f. *choix* // *élection, vote, scrutin.*

Ohne Anteil[1], herzlos. Ohne Bleibe, ohne Anfang, ohne Hafen[2]. Algen. Algen im Strom der Zeit. Algen, grün, grau, gelb, dunkelweiß aus der Tiefe auftauchend, spurlos wieder hinabtauchend in die Wasser der Welt: Algen, Gesichter, Menschen.

In dieser Stadt, wie hier, heimatlos, ohne Baum, ohne Vogel, ohne Fisch: vereinsamt, verloren, untergegangen. Ausgeliefert, verloren an ein Meer von Mauern, an ein Meer von Mörtel, Staub und Zement. Den Treppen, den Tapeten, den Türmen und Türen vorgeworfen[3]. Wir hier in der Stadt, mit unserer unheilbaren unheilvollen Liebe verkauft an sie. Verlaufen im einsamen Wald Stadt, im Wald aus Wänden, Fassaden, Eisen, Beton und Laternen. Verlaufen auf diese Welt, ohne Herkunft, ohne Zuhause. Verschenkt an die antwortlose einsame Nacht in den Straßen. Ausgeliefert an den millionengesichtigen Tag mit seinem millionenstimmigen Gebrüll, ausgeliefert mit unserem wehrlosen weichen[4] Stück Herzen. Ausgeliefert mit unserem unüberlegten Mut und unseren kleinen Begriffen. An das Pflaster gekettet, an die Steine, an den Teer und die Siele, Pontons und Kanäle[5] mit jedem Pulsschlag, mit unseren Nasen, Augen und Ohren. Ohne Ziel für eine Flucht. Unter Dächer gedrückt, den Kellern, den Decken, den Stuben[6] ausgeliefert. Hörst du das? Du, das sind wir und so ist das mit uns. Und du glaubst, du hältst das aus bis morgen, bis Weihnachten, bis zum März?«

---

1. ***An-teil**: (cf. **Teil** m. ou n. *partie*) *part, participation* d'où *intérêt, compassion*, etc.

2. **Hafen** m.: *port*, cf. *hâvre* même étym. (moyen néerl. **havene**); l'ajout en fr. est surtout d'ordre rythmique.

3. **Den Treppen... vorgeworfen**: cf. p. 210 n. 4; la série **TrePPen-TaPeTen-TURmen-TURen** est encore un ex. de la raison allitérative (et plus largement prosodique-rythmique) qui commande ce discours; d'autre part, cette énumération évoque un monde protégé, familier, rassurant (la maison des hommes) auquel précisément on est livré comme à l'angoissant et à l'hostile: le paradoxe illustre le caractère absolu de cette angoisse de l'être-jeté.

Sans prendre part à rien, insensibles. Sans demeure, sans commencement, sans port d'attache. Algues. Algues dans le flot du temps. Des algues, vertes, grises, jaunes, blanc sale, surgissant du fond, replongeant sans traces dans l'eau du monde : des algues, des visages, des êtres humains.

Dans cette ville, nous ici, exilés, sans arbre, sans oiseau, sans poisson : isolés, perdus, naufragés. Livrés, perdus dans une mer de murs, une mer de mortier, de poussière et de ciment. Jetés en pâture aux escaliers, aux papiers peints, aux tours et aux portes. Nous ici dans la ville, vendus à elle avec notre amour incurable et funeste. Égarés dans une ville-forêt solitaire, dans une forêt de façades, de cloisons, de fer, de béton et de réverbères. Égarés en ce monde, sans provenance, sans chez-soi. Offerts dans les rues à la nuit sans réponse et solitaire. Livrés au jour avec ses millions de visages et son hurlement de millions de voix, livrés avec notre morceau de cœur mou et sans défense. Livrés avec notre courage irréfléchi et nos petits concepts. Enchaînés au pavé, aux pierres, au goudron et aux écluses, aux pontons et aux canaux, avec chaque battement du pouls, avec le nez, les yeux et les oreilles. Sans but vers lequel fuir. Pressés sous les toits, livrés aux caves, aux ponts supérieurs, aux chambrées. Entends-tu cela ? Écoute, voilà ce que nous sommes, et il en est ainsi avec nous. Et tu crois que tu vas supporter ça jusqu'à demain, jusqu'à Noël, jusqu'en mars ? »

---

4. **weich** : sens concret ici (et non pas fig. *tendre*) : vulnérabilité d'un morceau de chair.

5. **Siele, Pontons und Kanäle** : on reconnaît Hambourg, présente de manière allusive dans de nombreux récits — la Ville-Mère aussi, aux dimensions mythiques, à laquelle est consacré le dernier cycle du recueil **« Die Hundeblume »** qui rassemble les textes du lyrisme urbain : **« Stadt, Stadt : Mutter zwischen Himmel und Erde »** « *Ville, ville : mère entre ciel et terre.* ».

6. **Stube** f. : *pièce* (vieilli) // *dortoir* (caserne, internat) ; peut-être allusion rapide à la guerre **(Keller-Deck-Stube)**, comme pour l'évocation des morts **an der Gräbern unserer Väter... Freunde... Frauen** p. 208.

Der Amokläufer klirrt mit seiner blechernen[1] Stimme tief in das dunkel gewordene Zimmer hinein. Aber der Blonde atmet weich und sicher, und er nimmt die Lippen zu keiner Antwort voneinander. Und der am Fenster sticht[2] mit seiner Stimme weiter in die Stille des späten Abends, unbarmherzig, gequält, gezwungen:

»Wir halten das aus. Wie findest du das, wie? Wir halten das aus. Wir lachen. Ausgeliefert den Bestien in uns und um uns, lachen wir. Oh, und wie wir den Frauen, unseren Frauen, verfallen[3] sind. Den gemalten Lippen, den Wimpern, dem Hals, dem Geruch ihres Fleisches verfallen. Vergessen im Spiel ihrer Sehnsüchte, untergegangen[4] im Zauber ihrer Zärtlichkeiten, lächeln wir. Und die Trennung hockt frierend und grinsend auf den Türdrückern, tickt in den Uhrwerken. Wir lächeln, als wären uns Ewigkeiten gewiß, und der Abschied, alle Abschiede[5], warten schon in uns. Alle Tode tragen wir in uns. Im Rückenmark. In der Lunge. Im Herzen. In der Leber. Im Blut. Überall tragen wir unseren Tod mit uns herum und vergessen uns und ihn im Schauer einer Liebkosung[6]. Oder weil eine Hand so schmal und eine Haut so hell ist. Und der Tod, und der Tod, und der Tod lacht über unser Gestöhn und Gestammel!«

Der am Fenster hat mit seinem Panikatem alle Luft in dem Zimmer verschlungen, heruntergewürgt[7], und als heiße heisere Worte wieder ausgestoßen. Es ist keine Luft mehr in dem Zimmer, und er stößt das Fenster weit auf.

---

1. **blechern**: (cf. **Blech** n. *tôle*) fig. *qui rend un son creux*: l'ironie, déjà sensible dans la présentation des deux personnages, s'accentue: la description récurrente de cette voix métallique et discordante induit un jugement péjor. sur le discours lui-même.

2. **stechen (a, o)**: *piquer*; voix-*aiguillon*, poursuivie-poursuivante (cf. p. 208 n. 3 et 4).

3. **verfallen (ie, a)**: **ver-** aspect mutatif, ici dans sa valeur négative; de l'idée de chute et de déclin à l'idée de dépendance négative (cf. en fr. *tomber sous le charme, sous la coupe de* ). Cf. **gekettet** aussi p. 212: être-enchaîné parallèle à l'être-exposé (**vorgeworfen, ausgeliefert**, et **verschenkt** p. 212).

L'amok fait tinter sa voix de casserole jusqu'au fond de la chambre devenue obscure. Mais le blond respire doucement et sûrement, et il ne desserre pas les lèvres pour répondre. Et celui de la fenêtre, dans le silence du soir finissant, poursuit son picotage avec la voix, impitoyable, torturé, acculé :

« Nous supportons ça. Qu'est-ce que tu en dis, hein ? Nous supportons ça. Nous rions. Livrés aux fauves en nous et autour de nous, nous rions. Oh, et les femmes, nos femmes, sont esclaves comme nous. Esclaves des lèvres peintes, des cils, du cou, de l'odeur de leur chair. Oubliés dans le jeu de leurs désirs, sombrant sous la magie de leurs tendresses, nous sourions. Et la séparation, grelottante et ricanante, se tapit sur les poignées de portes, tictaque dans les rouages des montres. Nous sourions comme si des éternités nous étaient assurées, et l'adieu, tous les adieux, attendent déjà en nous. Nous portons toutes les morts en nous. Dans la moelle épinière. Dans le poumon. Dans le cœur. Dans le foie. Dans le sang. Partout nous portons notre mort avec nous et nous l'oublions, et nous avec elle, dans le frisson d'une caresse. Ou parce qu'une main est si fine ou une peau si claire. Et la mort, et la mort, et la mort rit de nos gémissements et de nos balbutiements ! »

Celui de la fenêtre, avec sa respiration panique, a englouti, avalé en s'étranglant tout l'air de la chambre, et il l'a rejeté en mots rauques et brûlants. Il n'y a plus d'air dans la chambre, et il pousse grand la fenêtre.

---

4. **unter/gehen :** même terme pour la mort (**Untergang** p. 210) et le désarroi (**untergegangen** p. 212).

5. **Abschied** m. : ce thème du *départ* est au centre des récits du cycle « **Unterwegs** » « *En chemin* » (recueil « **Die Hundeblume** »).

6. ***Lieb-kos-ung** f. : cf. **kosen** *caresser, cajoler* ; **L.** terme plus soutenu (ou même vieilli), par rapport à **Zärtlichkeiten** (f. pl.) supra.

7. **herunter/würgen :** (= **hinunter/würgen**) cf. **w.** *serrer à la gorge // avoir envie de vomir //* (**an** + dat.) *avaler avec effort.*

Die Chitinpanzer[1] der Nachtinsekten klickern erregt und knisternd gegen das Glas. Etwas rasselt[2] vorbei, halblaut. Es quietscht verstohlen, als wenn eine Frau aus einem lauten Lachen ein kleines Kichern macht.

» Enten[3]. « Sagt weich und rund der im Zimmer. Und er hält sich noch einen Augenblick fest an seinem Wort, als der am Fenster sich wieder über ihn ausschüttet :

» Hast du gehört, wie sie kichern, die Enten ? Alles lacht über uns. Die Enten, die Frauen, die ungeölten Türen. Überall lauert das Gelächter. Oh, daß es dieses Gelächter gibt in der Welt[4] ! Und die Trauer gibt es und den Gott Zufall. Und es gibt das Gebrüll, das riesenmäulige Gebrüll[5] ! Und wir haben den Mut : Und wohnen. Und wir haben den Mut : Und planen. Und lachen. Und lieben. Wir leben ! Wir leben, leben ohne Tod, und unser Tod war beschlossen von Anfang an. Abgemacht. Von vornherein. Aber wir sind mutig, wir Todtragenden : Wir machen Kinder, wir fahren, wir schlafen. Jede Minute, die war, ist unwiederbringlich. Unübersehbar jede, die kommt. Aber wir Mutigen, wir Untergangsgezeichneten : Wir schwimmen, wir fliegen, wir gehen über Straßen und Brücken. Und über die Planken der Schiffe schwanken wir — und unser Untergang, hörst du, unser Untergang feixt hinter der Reling, lauert unter den Autos, knistert[6] in den Pfeilern der Brücken. Unser Untergang, unabwendbar.

---

1. ***Chitin-panzer : Panzer** m. *cuirasse, armure // blindage // blindé* (milit.) // *carapace* ; **Chitin** n. *chitine* (substance de soutien de la carapace des insectes et crustacés).

2. **rasseln :** cf. **Rassel** f. *crécelle* ; dénote un bruit de ferraille, grincement, etc. Réseau de grésillements et crissements à la fenêtre : voix rauque (supra **krächzt, klirrt, blechernde Stimme, sticht, heisere Worte**) crépitement d'insectes, bruit de crécelle, et infra couinement (**quietschen**, onomatopéique, *grincer // glousser*).

3. **Enten** : cf. « **Maria, alles Maria** » p. 76 n. 2. Noter même v. **rasseln.**

4. **daß... Welt ! :** le groupe conjonctif introduit par **daß** peut fonctionner seul comme énoncé injonctif ou, comme ici, exclamatif (surprise, indignation, plainte).

Les carapaces des insectes nocturnes cliquètent contre la vitre, agitées et crépitantes. Quelque chose passe avec un raclement. On entend un couinement furtif, comme quand une femme étouffe un éclat de rire dans un petit gloussement.

« Des canards », dit celui dans la chambre, d'une voix douce et ronde. Et il s'accroche encore un moment à ce qu'il vient de dire, quand celui de la fenêtre se déverse à nouveau sur lui :

« Tu as entendu comme ils gloussent, les canards ? Tout rit de nous. Les canards, les femmes, les portes non huilées. Partout le rire est à l'affût. Oh, qu'il y ait ce rire dans le monde ! Et il y a le deuil, et le dieu Hasard. Et il y a le hurlement, le hurlement à la gueule géante ! Et nous avons le courage : et nous habitons. Et nous avons le courage : et faisons des projets. Et rions. Et aimons. Nous vivons ! Nous vivons, vivons sans la mort, et notre mort était décidée depuis le début. Réglée. Dès le départ. Mais nous sommes courageux, nous porteurs de mort : nous faisons des enfants, nous circulons, nous dormons. Chaque minute qui passe est irréversible. Imprévisible, celle qui vient. Mais nous courageux, nous qui sommes marqués pour la ruine : nous nageons, nous volons, nous traversons les rues et les ponts. Et nous chancelons sur les bordages des bateaux — et notre ruine, tu entends, notre ruine ricane derrière la rambarde, elle est à l'affût sous les voitures, elle crépite dans les piliers des ponts. Notre ruine, inexorable.

---

5. **das *riesen-maül-igen Gebrüll** : cf. infra p. 208 : **das Gebrüll... das anwächst in der Welt**, et aussi « **Im Mai, im Mai schrie der Kuckuck** » : **All dies Weltgeschrei... das grandiose Gebrüll dieser Welt** *Toute cette clameur du monde... le grandiose hurlement du monde*.

6. **knistern** : cf. supra l. 2 **knisternd** (insectes) : la connexion entre le bruit métallique (lié à la voix du personnage : cf. n. 2) et le rire est entérinée dans cette boucle **knistern - rasseln - quietschen - lachen - kichern - lauern (Gelächter) - feixen - lauern - knistern** ; cette voix ricane — ce discours fait partie intégrante du rire panique qu'il dénonce.

Und wir, Zweibeiner, Leute, Menschentiere, mit unserm bißchen roten Saft[1], mit unserm bißchen Wärme und Knochen und Fleisch und Muskel — wir halten das aus. Unsere Verwesung ist beschlossen, unbestechlich[2], und: Wir pflanzen. Unser Verfall kündigt sich an, unwiderruflich, und: Wir bauen. Unser Verschwinden, unsere Auflösung, unser Nichtsein ist gewiß, ist notiert, unauslöschlich — unser Nicht-mehr-hier-Sein steht unmittelbar bevor, und: Wir sind. Wir sind noch. Wir haben den unfaßbaren Mut: Und sind.

Und der Zufall, der unberechenbare verspielte Gott über uns, der Zufall, der grausame gewaltige Zufall balanciert[3] betrunken auf den Dächern der Welt. Und unter den Dächern sind wir Sorglosen mit unserem unfaßbaren[4] Glauben.

Ein paar Gramm Gehirn versagen, zwei Gramm Rückenmark meutern: und wir sind lahm. Wir sind blöd. Steif. Elend[5]. Aber wir lachen.

Ein paar Herzschläge kommen nicht: Und wir bleiben ohne Erwachen, ohne Morgen. Aber wir schlafen — zuversichtlich. Tief und tierisch getrost.

Ein Muskel, ein Nerv, eine Sehne setzt aus: Wir stürzen. Abgrundtief, endlos. Aber wir fahren, wir fliegen und schwanken breitspurig[6] auf den Planken der Schiffe.

Daß wir so sind — was ist das, du? Daß wir so sein können, daß wir so sein müssen — keine Lippe gibt das frei.

---

1. **Saft** m.: *sève // jus*; **roter S.** fam. pour *sang* (= **Blut** n.).

2. ***un-bestech-lich**: cf. **bestechen (a, o)** *corrompre, suborner, séduire*; la trad. par *incorruptible* ferait naturellement « pataquès » dans ce cas précis...

3. **balancieren**: (cf. **Balance** f. *équilibre*) *tenir en équilibre // se maintenir, avancer en équilibre.*

4. **Und... unfaßbaren**: **und** relancé depuis le milieu de la p. 216, entre en écho avec le préf. **un-** négatif (relayé par UNtergang 4 fois); **UNd**- UNwiederbringlich - UNübersehbar - UNd - UNd - UNabwendbar - UNd - UNbestechlich - UNd - Unwiderruflich - UNd - UNauslöslich - UNmittelbar - UNd - UNfaßbaren - UNd - UNberechenbare - UNd -

Et nous, les bipèdes, les gens, les bêtes humaines, avec notre petit peu de jus dans les veines, avec notre petit peu de chaleur et d'os et de chair et de muscle — nous supportons ça. Notre décomposition est décidée, elle ne se laisse pas soudoyer, et : nous plantons. Notre déclin s'annonce, irrévocable, et : nous bâtissons. Notre disparition, notre dissolution, notre non-être sont certains, sont inscrits, ineffaçables — notre ne-plus-être-là est imminent, et : nous sommes. Nous sommes encore. Nous avons ce courage inconcevable : et nous sommes.

Et le hasard, le dieu imprévisible et folâtre au-dessus de nous, le hasard, l'atroce et gigantesque hasard marche en équilibre, ivre mort, sur les toits du monde. Et sous les toits il y a nous, les insouciants, avec notre foi inconcevable.

Quelques grammes de cerveau restent en panne, deux grammes de moelle épinière se révoltent : et nous sommes des paralytiques. Nous sommes des débiles mentaux. Raides. Pitoyables. Mais nous rions.

Quelques battements de cœur ne viennent pas : et nous restons sans nous réveiller, sans voir le matin. Mais nous dormons — en toute assurance. Profondément, animalement confiants.

Un muscle, un nerf, un tendon claque : nous tombons. Vertigineusement, interminablement. Mais nous conduisons, nous volons, nous chancelons en faisant les crâneurs sur les bordages des bateaux.

Que nous soyons ainsi — qu'est-ce que c'est, dis ? Que nous puissions être ainsi, que nous devions être ainsi — aucune bouche ne lâche ça.

---

UNfaßbaren ; cet écho fait oxymore (union des contraires) : négation et affirmation de la vie. Le discours incantatoire glisse, par son propre mouvement, du réquisitoire du vouloir-vivre (vulgate schopenhauerienne) à la plaidoirie **(Mut, Glauben)**.

5. **Elend :** adj. *malheureux, misérable* (sens péjor. également) // *malade*, ex. **sich e. fühlen** *se sentir mal en point* ; cf. **Elend** n. *misère // détresse*.

6. ***breit-spurig :** cf. **breit** *large*, **Spur** f. *trace, voie* ; au fig. syn. de ***groß-spurig** *vantard, fanfaron*.

Ohne Lösung, ohne Grund, ohne Gestalt ist das. Dunkel. Und wir? Wir sind. Sind dennoch, immer noch. Oh, du — wir sind immer noch. Immer noch, du, immer noch. «

Die beiden Männer in dem Zimmer atmen. Weich und ruhig der eine, rasselnd und hastig der am Fenster. Draußen steht die Stadt. Der Mond schwimmt wie ein schmutziges Eigelb in der bickbeerblauen Suppe des Nachthimmels[1]. Er sieht faulig aus und man hat das Gefühl, er müsse stinken. So krank sieht der Mond aus. Aber der Gestank kommt aus den Kanälen. Aus den klotzigen klobigen Würfelmassen des Häusermeeres mit den Millionen von glasigen Augen im Dunkel. Aber der Mond sieht ungesund aus, daß man glauben kann, der Geruch käme von ihm. Doch dazu ist er wohl zu weit ab und es werden die Kanäle sein. Ja, die Kanäle sind es, die grauschwarzen Blöcke der Häuser, die blauschwarzen blanken Autos, die gelben blechernen Straßenbahnen[2], die dunklen rußroten Güterzüge, die lila Löcher der Siele, die naßgrünen Gräber, die Liebe, die Angst — die sind es, die die Nacht so voll Geruch machen. Der Mond kann es wohl doch nicht sein, obgleich er so faulig und kränklich, so entzündet[3] und breiig im asternfarbenen Himmel schwimmt. Viel zu gelb im asternfarbenen violetten Himmel[4].

Der am Fenster, der Heisere, Hastige, Hagere, der sieht diesen Mond, und er sieht die Stadt unter dem Mond und er streckt seine Arme aus dem Fenster hinaus und greift diese Stadt.

---

1. **der Mond... Nachthimmels** : trait de « néo-expressionnisme » : effet de contradiction entre la chaîne sonore **MoNT - SCHWIMMT - WIe EIn - SCHMuTziges - EIgeLB - BickBeerBLauen - NachthIMMels** et l'anti-lyrisme de la comparaison, le symbolisme des couleurs violentes, la morbidité (infra **faulig - stinken - krank - ungesund - faulig - kränklich - entzundet - breiig**).

2. **die gelben... Straßenbahnen** : le tramway jaune est une figure centrale, liée à la mort, dans « **Stimmen sind da — in der Luft — in der Nacht** » « *Il y a des voix, là — dans l'air — dans la nuit* » et dans « **Die lange lange Straße lang** » où il prend une valeur symbolique-fantastique de « tramway de la mort ».

C'est sans solution, sans fondement, sans forme. Obscur. Et nous? Nous sommes. Nous sommes quand même, nous sommes encore et toujours. Oh, dis — nous sommes encore et toujours. Encore et toujours, dis, encore et toujours. »

Les deux hommes dans la chambre respirent. L'un doucement et tranquillement, celui de la fenêtre dans un raclement précipité. Dehors il y a la ville. La lune flotte comme un jaune d'œuf crasseux dans la soupe bleu myrtille du ciel nocturne. Elle a l'air pourrie et on a l'impression qu'elle doit puer. Tellement cette lune a l'air malade. Mais la puanteur vient des canaux. Des lourds et grossiers cubes massifs de la mer de maisons avec ses millions d'yeux vitreux dans l'obscurité. Mais la lune a un air si malsain qu'on pourrait croire que l'odeur vient d'elle. Pourtant elle est bien trop loin pour ça, et ce doivent être les canaux. Oui, ce sont les canaux, les blocs gris-noir des maisons, les voitures aux reflets bleu-noir, les tramways de tôle jaune, les sombres trains de marchandises rouges de rouille, les trous lilas des écluses, les tombes vertes d'humidité, l'amour, la peur, ce sont eux qui rendent la nuit si pleine d'odeur. Ça ne peut quand même guère être la lune, quoiqu'elle flotte si pourrie et maladive, si enflammée et gluante dans le ciel couleur d'aster. Beaucoup trop jaune dans le ciel violet couleur d'aster.

Celui de la fenêtre, l'enroué, le précipité, le grand sec, il regarde cette lune, et il regarde la ville sous la lune, et il tend les bras hors de la fenêtre et s'empare de cette ville.

---

3. **ent/zünden :** *allumer, enflammer* ; sens médical ici (cf. **Entzündung** f. *inflammation, irritation*).

4. **viel zu gelb im... violetten Himmel :** Noter l'énumération des couleurs dans cette page : couleurs récurrentes qui élaborent une symbolique interne à l'œuvre de W.B. — ainsi le jaune (cf. n. 2, ou encore la fleur de « **Die Hundeblume** »), le rouge sombre (cf. par ex. p. 222 **die blutfarbene Liebe**), le violet et le lilas omniprésents dans « **Er hatte auch viel Ärger mit den Kriegen** » « *Lui aussi avait beaucoup d'ennuis avec ces guerres* » et « **Das ist unser Manifest** », etc.

Und seine Stimme kratzt durch die Nacht wie eine Feile[1]:

»Und dann diese Stadt!« kratzt die Stimme vom Fenster her, »und dann diese Stadt. Das sind wir, Gummireifen, Apfelschale, Papier, Glas, Puder, Stein, Staub, Straße, Häuser, Hafen: Alles sind wir. Überall wir. Wir selbst: Erdrückende brennende kalte erhebende Stadt. Wir, wir allein sind diese Stadt. Wir ganz allein, ohne Gott, ohne Gnade, wir sind die Stadt[2].

Und wir halten das aus in der Stadt, und in uns und um uns zu sein. Wir halten das aus, Hafen zu sein. Wir halten die Ausreisen und Ankünfte aus, wir Hafenstädter. Wir halten das Unbegreifliche aus: In den Nächten zu sein! In diesen Hafennächten, wo das Grellbunte und das Toddunkel Arm in Arm gehen. In diesen Stadtnächten, die voll zerrissener seidiger Wäsche und voll armer Mädchenhaut sind. Wir ertragen diese Alleinnächte, die Sturmnächte, die Fiebernächte und die karusselligen Schnapsnächte[3], die gegrölten, aushöhlenden[4]. Wir ertragen diese Rauschnächte über vollgeschriebenem Papier und unter blutenden Mündern. Wir halten sie aus. Hörst du, wir kommen durch, wir überleben das.

Und die Liebe, die blutfarbene Liebe, ist in den Nächten. Und sie tut weh[5], manchmal. Und sie lügt, immer, die Liebe: Aber wir lieben mit allem, was wir haben.

Und das Grauen, die Angst, die Verzweiflung, die Ausweglosigkeit[6] sind in den schmerzvollen Nächten —

---

1. **wie eine Feile**: cf. supra p. 208 **wie eine Säge**, et p. 210 n. 6, p. 216 n. 2.

2. **wir ganz allein... wir sind die Stadt**: hymne à la ville, à comparer au lyrisme de « **Hamburg** »: **Das ist mehr als ein Haufen Steine, Dächer, Fenster, Tapeten, Betten, Straßen, Brücken und Laternen... Das ist unser Wille, zu sein** *C'est plus qu'un tas de pierres, toits, fenêtres, papiers peints, lits, rues, ponts et réverbères... C'est notre volonté d'être.* L'oxymore gagne tout le discours — cf. supra le chiasme **erdrückende - brennende - kalte - erhebende**: dénonciation et glorification (cf. p. 218 n. 4).

Et sa voix crisse dans la nuit comme une lime :

« Et puis cette ville ! », crisse la voix depuis la fenêtre, « et puis cette ville. Voilà ce que nous sommes, pneus, pelures de pomme, papier, verre, poudre, pierre, poussière, rues, maisons, port : nous sommes tout cela. Partout nous. Nous-mêmes : ville écrasante, brûlante, froide, exaltante. Nous, nous seuls sommes cette ville. Nous tout seuls, sans Dieu, sans la grâce, nous sommes la ville.

Et nous supportons cela, dans cette ville, d'être et en nous et autour de nous. Nous supportons d'être un port. Nous supportons les départs et les arrivées, nous, habitants d'un port. Nous supportons l'incompréhensible : être dans les nuits ! Dans ces nuits de port où le bariolage criard et l'obscurité de mort se donnent le bras. Dans ces nuits de ville qui sont pleines de lambeaux de linge soyeux et pleines de pauvre peau de fille. Nous endurons ces nuits passées seuls, les nuits d'orage, les nuits de fièvre et le carroussel des nuits de schnaps, nuits beuglantes et consumantes. Nous endurons ces nuits d'ivresse sur du papier couvert de mots et parmi des bouches saignantes. Nous supportons cela. Tu entends, nous en réchappons, nous survivons à cela.

Et il y a l'amour, l'amour couleur de sang dans les nuits. Et il fait mal parfois. Et il ment toujours, l'amour : mais nous aimons avec tout ce que nous avons.

Et il y a l'horreur, la peur, le désespoir, l'absence de toute issue dans ces nuits de douleur —

---

3. **die karusselligen Schnapsnächte** : cf. « **Das ist unser Manifest** » : **...darum lieben wir das lärmende laute lila Karussell...** *...c'est pourquoi nous aimons le bruyant, l'assourdissant carrousel lilas...*

4. **aus/höhlen** : (cf. **hohl** *creux*) *évider* // (fig.) *miner, saper*.

5. **weh** : adv. dans les tournures **w. tun, (jemandem) w. sein** ; l'adj. est fam. au sens physique, ex. **wehe Füße haben** *avoir mal aux pieds*, mais soutenu au sens psychol. : ex. **ein wehes Lächeln** *un sourire douloureux* ; employé comme interj. de plainte, ou de menace (ex. **weh dir, wenn...** *gare à toi si...*) ; **Weh** n. *souffrance, malheur*.

6. ***Ausweg-los-igkeit** f. : cf. **Ausweg** m. *moyen de s'en sortir, expédient* ; une issue au sens propre se dit **Ausgang** m.

an unseren schnapsnassen[1] Tischen, vor unseren blühenden Betten, neben unseren liedübergrölten Straßen. Aber wir lachen. Wir leben mit allem, was wir können. Und mit allem, was wir sind.

Und wir Ungläubigen, wir Belogenen[2], Getretenen, Ratlosen und Aufgegebenen, wir von Gott und dem Guten und der Liebe Enttäuschten, wir Bitterwissenden: Wir, wir warten jede Nacht auf die Sonne. Wir warten bei jeder Lüge wieder auf die Wahrheit. Wir glauben an jeden neuen Schwur in der Nacht, wir Nächtigen. Wir glauben an den März, glauben an ihn mitten im November. Wir glauben an unseren Leib, an diese Maschine, an ihr Morgen-noch-Sein, an ihr Morgen-noch-Funktionieren. Wir glauben an die heiße hitzige Sonne im Schneesturm. An das Leben glauben wir, wir: mitten im Tod[3]. Das sind wir, wir Illusionslosen mit den großen unmöglichen Rosinen im Kopf[4].

Wir leben ohne Gott, ohne Bleibe im Raum, ohne Versprechen, ohne Gewißheit — ausgeliefert, vorgeworfen, verloren. Weglos stehen wir im Nebel, ohne Gesicht im Strom der Nasen, Ohren und Augen[5]. Ohne Echo stehen wir in der Nacht, ohne Mast und Planke im Wind, ohne Fenster, ohne Tür für uns. Mondlos, sternlos im Dunkel, mit armseligen[6] schwindsüchtigen Laternen betrogen. Ohne Antwort sind wir. Ohne Ja. Ohne Heimat[7] und Hand, herzlos, umdüstert. Ausgeliefert an das Dunkel, an den Nebel, an den unerbittlichen Tag und an die türlose, fensterlose Finsternis.

---

1. ***schnaps-naß: n.** *mouillé, trempé* (≠ **feucht** *humide, moite*).
2. **belügen (o, o): lügen** *mentir*; **be-** modificateur de régime (rend trans. les verbes qui ne le sont pas).
3. **An das Leben... mitten im Tod**: l'ordre des mots fait métaphore à l'appui: **wir, wir** au milieu, **Leben** et **Tod** en miroir.
4. **große Rosinen im Kopf haben**: (**R.** f. *raisin sec*) loc. fam.: *avoir des ambitions chimériques, faire des châteaux en Espagne*. Toujours l'oxymore (***Illusions-losen**, et supra **wir Ungläubigen, wir Belogenen**) qui devient la figure majeure du discours.
5. **...im Strom der Nasen, Ohren und Augen**: reprise de la métaphore des algues pp. 210-212. A rapprocher du visage du personnage à la

sur nos tables inondées de schnaps, devant nos lits florissants, près de nos rues beuglantes de chansons. Mais nous rions. Nous vivons avec tout ce que nous pouvons. Et avec tout ce que nous sommes.

Et nous les sceptiques, nous les dupés, les piétinés, les désemparés et abandonnés, nous les désillusionnés de Dieu et du bien et de l'amour, nous avec notre connaissance amère : nous, nous attendons chaque nuit le soleil. Nous attendons, après chaque mensonge, à nouveau la vérité. Nous croyons en chaque nouveau serment dans la nuit, nous les nocturnes. Nous croyons au mois de mars, nous croyons en lui au beau milieu du mois de novembre. Nous croyons en notre corps, en cette machine, en son être-encore-demain, en son fonctionner-encore-demain. Nous croyons au soleil torride et brûlant dans la tempête de neige. En la vie nous croyons, nous : au beau milieu de la mort. Voilà ce que nous sommes, nous les sans illusions avec nos folles prétentions impossibles.

Nous vivons sans Dieu, sans demeure dans l'espace, sans promesse, sans certitude — livrés, jetés, perdus. Nous nous trouvons sans chemin dans le brouillard, sans visage dans le flot des nez, des oreilles et des yeux. Nous nous trouvons sans écho dans la nuit, sans mât ni planche dans le vent, sans fenêtre, sans porte pour nous. Dans l'obscurité sans lune et sans étoiles, trompés par de minables réverbères phtisiques. Nous sommes sans réponse. Sans oui. Sans terre natale et sans main tendue, insensibles, assombris. Livrés à l'obscurité, au brouillard, au jour implacable et aux ténèbres sans portes ni fenêtres.

---

fenêtre, p. 206 : **Seine Schläfenknochen, der Rand seines Ohres, schwimmen weißgrau.**

6. ***arm-selig** : *misérable // piètre* ; **a.** *pauvre*, **-selig** (≠ **selig** *heureux !*) suff., sens de « *qui est animé d' / qui inspire un sentiment...* »).

7. **Heimat** f. : (cf. p. 212 ***heimat-los**) terme affectif par opp. à la connotation idéologico-politique de **Vaterland** n. *patrie* ; affectivité soulignée ici par l'écho **/H/and, /H/erz.**

Ausgeliefert sind wir an das In-uns und das Um-uns. Unentrinnbar, ausweglos. Und wir lachen. Wir glauben an den Morgen. Aber wir kennen ihn nicht. Wir vertrauen, wir bauen auf den Morgen. Aber keiner hat ihn uns versprochen. Wir rufen, wir flehen, wir brüllen nach morgen[1]. Und keiner gibt uns Antwort. «

Die hagere hohe gekrümmte Chimäre[2] am Fenster trommelt gegen das Glas:

» Da! Da! Da! Da! Die Stadt. Die Lampen. Die Weiber. Der Mond. Der Hafen. Die Katzen. Die Nacht. Reiß das Fenster auf, schrei hinaus, schrei, schwöre, schluchze hinaus, brüll dich hinaus mit allem was dich quält und verbrennt: keine Antwort. Bete! — keine Antwort. Fluche! — keine Antwort. Schrei aus deinem Fenster dein Leid hinaus in die Welt: keine Antwort. O nein, keine keine Antwort! «

Draußen steht die Stadt. Draußen steht die Nacht in den Straßen mit ihrem Mädchen- und Mülleimergeruch. Und das Haus steht in den Straßen der Stadt, das Haus mit dem Zimmer und den Männern. Das Zimmer mit den zwei Männern. Und einer steht am Fenster, und der hat sich hineingeschrien in die Zimmerdämmerung auf den Freund zu. Lang und schmal ist er aufgeflackert, spukheiser[3], von fernher, schrägschultrig, verzehrend, verheerend, hingerissen[4]. Und seine Schläfen sind blauweich und naßblank wie draußen die Dächer unterm Mond. Und der andere ist tief in der Geborgenheit des Zimmers. Breit, blond, blaß und bärenstimmig.

---

1. **...nach morgen**: ce motif (amorcé p. 224) réapparaît avec des formules parallèles dans quelques lignes d'un projet de roman, « **Persil bleibt Persil** » (cf. Préf. p. 12): **wir bringen unser Leben hin zwischen den Stundenschlägen der Uhren, zwischen November und März,... zwischen... Ja und Nein... Wir leben dahin... als gäbe es nichts, was uns nach einem Herbst den Frühling verweigern könnte. Wir gehen in den Abend hinein, als hätte uns jemand den Morgen mit all seiner Helle versprochen...** *Nous écoulons notre vie entre les carillons des heures, entre novembre et mars,... entre... oui et non... Nous passons notre vie... comme s'il n'y avait rien qui puisse, après un automne, nous refuser le printemps. Nous nous*

Nous sommes livrés à l'en-nous et à l'autour-de-nous. Sans fuite possible, sans issue. Et nous rions. Nous croyons au matin. Mais nous ne le connaissons pas. Nous comptons, nous bâtissons sur le matin. Mais personne ne nous l'a promis. Nous appelons, nous implorons, nous hurlons pour que vienne demain. Et personne ne nous répond. »

La grande chimère sèche et voûtée de la fenêtre tambourine sur la vitre :

« Là ! Là ! Là ! Là ! La ville. Les lampes. Les femmes. La lune. Le port. Les chats. La nuit. Ouvre grand la fenêtre, crie dehors, crie, jure, sanglote dehors, hurle tes tripes dehors avec tout ce qui te torture et te brûle : aucune réponse. Prie ! — aucune réponse. Maudis ! — aucune réponse. Crie par la fenêtre ta souffrance au monde : aucune réponse. Oh non, aucune, aucune réponse ! »

Dehors il y a la ville. Dehors il y a la nuit dans les rues, avec leur odeur de filles et de poubelles. Et il y a cette maison dans les rues de la ville, cette maison avec la chambre et les hommes. La chambre avec les deux hommes. Et l'un est à la fenêtre, et il s'est répandu en cris sur son ami, dans le crépuscule de la chambre. Long et étroit, tremblotant comme une flamme, rauque comme une apparition, lointain, les épaules en biais, rongé, ravagé, emporté. Et ses tempes sont d'un blanc bleuté, luisantes d'humidité, comme les toits dehors sous la lune. Et l'autre est enfoncé dans la sécurité de la chambre. Large, blond, pâle et une voix d'ours.

---

*enfonçons dans le soir, comme si quelqu'un nous avait promis le matin avec toute sa clarté...*

2. **Chimäre** f. : (= **Schimäre**) ici au sens 1er de monstre fabuleux *(cracheur de feu)*, plutôt qu'au sens courant d'illusion ou de mirage.

3. ***spuk-heiser** : cf. **S.** m. (collectif) *esprits, revenants,* ou sing. *spectre* ; sens fam. *tapage, grabuge.* La voix métallique est à présent gutturale comme celle d'un spectre.

4. **hin/reißen** : (cf. **reißen (i, i)** *arracher*) *enthousiasmer, ravir* ; la transe du discours change de signe : de la possession démoniaque (amok) à la « bonne » exaltation.

Er lehnt sich an die Wand, von der Chimäre am Fenster überwältigt, übergossen. Aber dann greift seine weiche runde Stimme nach dem Freund am Fenster:

»Warum hängst du dich um Gottes und der Welt willen nicht auf, du hoffnungslose wahnwitzige dürre glimmende Latte[1], du? Ratte du! Griesgrämige, rotznäsige Ratte! Du alles zu Mehl mahlender Holzwurm. Du mahnender[2] tickender[3] Totenwurm. In Petroleum sollte man dich stecken, du stinkender Lappen. Häng dich auf, du blödsinniges besoffenes Bündel Mensch[4]. Warum hängst du noch nicht, du verlassenes, verlorenes, aufgegebenes Stück Leben, wie?«

Seine Stimme ist voll Sorge und ist gut und warm in all seinen Flüchen[5].

Aber der Lange hetzt vom Fenster her seinen hölzernen Ton, sein rauhes rissiges Organ, zu dem Sprecher an der Wand. Das Rauhe, Rissige springt den an der Wand an, verlacht ihn, überrascht ihn: »Aufhängen? Ich? Ich und aufhängen, mein Gott! Hast du nicht begriffen, nie begriffen, daß ich dieses Leben doch liebe? Mein Gott, und ich an die Laterne!

Auslöffeln, aussaufen, auslecken, auskosten, ausquetschen[6] will ich dieses herrliche heiße sinnlose tolle unverständliche Leben! Das soll ich versäumen? Ich? Aufhängen? Mich? Du, du sagst, ich soll an die Laterne? Ich? Du sagst das?«

---

1. **Latte**: désigne fam. une personne grande et maigre (≠ sens métaphorique dans « **Die Hundeblume** »: **Latte... in einem... Lattenzaun** p. 28). Cf. aussi **der Lange** infra.

2. **mahnen**: **(zu)** *exhorter à, sommer de* // (**an** + acc., **wegen** + gén.) *faire souvenir* (d'une obligation, promesse, etc.), *réclamer* (dette); allusion ironique ici au « memento mori » *(souviens-toi que tu mourras)*.

3. **ticken**: cf. supra p. 214: **die Trennung... tickt**; entre dans le réseau métaphorique de la voix (cf. p. 216 n. 2 et 6).

4. **Bündel Mensch**: **B.** n. *paquet, baluchon,* etc. (fig. *bébé*); même construction que **Stück Leben** infra (cf. « **Maria, ...** » p. 74 n. 4).

5. **gut und warm in all seinen Flüchen**: cf. le même ton grondeur-et-

Il s'appuie contre le mur, écrasé, débordé par la chimère à la fenêtre. Mais alors sa voix douce et ronde agrippe l'ami à la fenêtre :

« Pourquoi pour l'amour du ciel et de la terre tu ne te pends pas, toi, espèce de grande perche désespérée, délirante, décharnée, incandescente ? Espèce de rat ! Petit morveux de rat grincheux ! Espèce de ver de bois qui réduit tout en poudre. Espèce de ver à cadavre qui rappelle tout le temps et qui tictaque. On devrait te fourrer dans du pétrole, espèce de torchon puant. Pends-toi, espèce de ballot humain absurde et bourré. Pourquoi tu ne te pends pas, espèce de loque vivante désertée, perdue, abandonnée, hein ? »

Sa voix est pleine d'inquiétude, et elle est bonne et chaude dans toutes ses imprécations.

Mais l'asperge, depuis la fenêtre, lance son timbre rigide, son organe rêche et fêlé, sur celui qui parle adossé au mur. La chose rêche et fêlée bondit sur celui du mur, le raille, le désarçonne :

« Me pendre ? Moi ? Moi me pendre, mon Dieu ! Tu n'as pas compris, jamais compris que j'aime cette vie, pourtant ? Mon Dieu, et moi au réverbère !

Cette vie splendide, ardente, absurde, folle, incompréhensible, mais je veux la vider à la cuillère, la siffler jusqu'à la dernière goutte, en lécher les restes, en épuiser la substance, en exprimer tout le jus ! Et je devrais rater ça ? Moi ? Me pendre, moi ? Et c'est toi, toi qui dis que je dois aller me pendre au réverbère ? Moi ? Et c'est toi qui dis ça ? »

---

maternel du personnage de l'Elbe dans « **Draußen vor der Tür** » : **...Du Rotznase von einem Selbstmörder... Die Hosen sollte man dir strammziehen, Kleiner, jawohl !...** *Espèce de petit morveux de suicidé... On devrait te flanquer une bonne fessée, galopin, oui !...* Noter l'imitation ironique du discours allitératif de la « chimère » : par ex. les paronomases **LATTE - RATTE - LAppEn**, les échos initiaux **MEHL MAHLender... MAHnender Tickender ToTenwurm**, les cascades d'adj...

6. **aus-löffeln... aus/quetschen : aus-** au sens terminatif.

Der blasse blonde Mann, der ruhig an der Wand lehnt, rollt seine runde Stimme[1] zurück zu dem am Fenster:

»Aber Junge, Mensch, Mann: Warum lebst du denn?«

Und der Hagere hustet heiser dagegen:

»Warum? Warum ich lebe? Vielleicht aus Trotz? Aus purem Trotz[2]. Aus Trotz lach ich und eß ich und schlaf ich und wach ich wieder auf. Nur aus Trotz. Aus Trotz setz ich Kinder in diese Welt, in diese Welt! Lüge ich den Mädchen Liebe[3] ins Herz und in die Hüften, und laß sie die Wahrheit fühlen, die erschreckende fürchterliche Wahrheit. Diese gräuliche blutlose hängebusige flachschenkelige[4] verbrauchte Hure!

Ein Schiff bauen, eine Schaufel brauchen, ein Buch machen, eine Lokomotive heizen, einen Schnaps brennen. Zum Trotz! Aus Trotz! Ja: Leben! Aber zum Trotz! Aufgeben, aufhängen: ich? Und morgen passiert es vielleicht, morgen kann es schon geschehen, jeden Moment kann es eintreffen.«

Ganz leise krächzt der Dunkle jetzt, der vorm Fensterkreuz, allwissend nicht, aber alles ahnend. Und der Blonde im Zimmer, der Runde, Gesicherte[5], Nüchterne[6], fragt:

»Was? Was passiert? Was soll eintreffen? Wer? Wo? Es ist noch nie etwas passiert, du, noch nie!«

Und der andere antwortet:

---

1. **rollt seine runde Stimme**: l'opposition symétrique entre les deux personnages, marquée dès le début du texte (cf. leurs descriptions p. 206-208), s'accentue toujours plus ironiquement: leurs places symboliques (**am Fenster / tief im Zimmer** p. 206, **in der Geborgenheit des Zimmers** p. 226), leurs physiques (cf. le couple comique traditionnel du « petit gros » et du « grand maigre »), leurs respirations, leurs voix surtout; jusqu'aux répétitions et allitérations du discours de la « voix ronde », qui forment comme l'autre pôle de l'envoûtement rythmico-prosodique de la « voix fêlée ». Traitement ironique du thème du double antinomique: cf. **« Der Kaffee ist undefinierbar »** p. 166 n. 1.

2. **Trotz** m.: *entêtement (défi, bravade)*; des tournures du type **zum T.** *(en dépit de)* dérive la prép. **trotz** (+ gén., rarement dat.) *malgré*.

3. **lüge ich... Liebe**: acc. d'objet (rare, cf. p. 224 n. 2), au sens *je fais accroire que...*

Le pâle homme blond, tranquillement appuyé contre le mur, roule à nouveau sa voix ronde vers celui de la fenêtre :

« Mais petit gars, mec, vieux : pourquoi vis-tu, alors ? »

Et le grand sec réplique de sa toux rauque :

« Pourquoi ? Pourquoi je vis ? Peut-être par obstination ? Par pure obstination. Par obstination je ris et je mange et je dors et je me réveille à nouveau. Rien que par obstination. Par obstination je porte des enfants au monde, en ce monde ! Je dupe les filles avec de l'amour dans le cœur et dans les hanches, et je leur fais sentir la vérité, l'effrayante et horrible vérité. Cette putain grisâtre, exsangue, usée, avec ses seins pendants et ses cuisses plates !

Construire un bateau, utiliser une pelle, faire un livre, chauffer une locomotive, distiller du schnaps. Par obstination ! Oui, vivre ! Mais par obstination ! Abandonner, me pendre, moi ? Et ça va peut-être se passer demain, ça peut se produire demain même, ça peut arriver à n'importe quel moment. »

L'obscur crachote tout bas maintenant, celui à la croisée de la fenêtre, qui ne connaît pas tout, mais qui pressent tout. Et le blond dans la chambre, le rond, l'abrité, le positif, demande :

« Quoi donc ? Qu'est-ce qui va se passer ? Qu'est-ce qui doit arriver ? Qui ? Où ? Il ne s'est jamais encore passé quelque chose, va, jamais encore ! »

Et l'autre répond :

---

4. ***hänge-busige, *flach-schenkelige** : cf. **Busen** m. *seins* (nuance érotique par rapport à **Brust** f.) ; **Schenkel** m. *cuisse // branche* (ex. compas).

5. **Gesicherte** m. : cf. **sichern** *assurer, garantir, prémunir.*

6. **nüchtern** : *sobre (qui n'est pas ivre) // à jeun // objectif, prosaïque // simple, dépouillé* (style). Insistance toujours des oppositions tranchées et statiques **Dunkle / Blonde ; Kreuz / Runde ; alles ahnend / Nüchterne**, etc. Cf. p. 88 n. 2.

» Nein, nichts ist passiert. Nichts. Wir nagen noch immer an Knochen, hausen[1] noch immer in Höhlen[2] aus Holz und Stein. Nichts ist passiert. Nichts ist gekommen. Ich weiß. Aber: Kann es nicht jeden Tag kommen? Heute abend? Übermorgen? An der nächsten Ecke kann es schon sein. Im nächsten Bett. Auf der anderen Seite. Denn einmal muß es doch kommen, das Unerwartete, Geahnte, Große, Neue. Das Abenteuer, das Geheimnis, die Lösung[3]. Einmal kommt vielleicht eine Antwort. Und die, die soll ich versäumen? Nein, du, nein, nie! Nie und nie! Fühlst du nicht, daß irgend etwas kommen kann? Frag nicht: Was? Fühlst du das nicht, du? Ahnst du das nicht, dieses in dir? Außer dir? Denn es kommt, du, vielleicht ist es schon da. Irgendwo. Unerkannt. Heimlich. Vielleicht begreifen wir es heute nacht, morgen am Mittag, nächste Woche, auf dem Sterbebett. Oder sind wir ohne Sinn? Ausgeliefert an das Gelächter in uns und über uns[4]? An die Trauer, die Tränen und das Gebrüll der Ängste und Nächte. Ausgeliefert? Vielleicht? Vorgeworfen — vielleicht? Verloren — vielleicht? Sind wir ohne Antwort? Sind wir, wir selbst, diese Antwort? Oder, du, antworte. Sag das: Sind wir am Ende endlich selbst diese Antwort? Haben wir sie in uns, die Antwort, wie den Tod? Von Anfang an? Tragen wir Tod und Antwort[5] in uns, du? Steht es bei uns, ob uns eine Antwort wird oder nicht? Sind wir zuletzt nur uns selbst ausgeliefert? Nur uns selbst?

---

1. **hausen: (≠ wohnen)** fam. et péjor. *loger dans des conditions misérables* (ou par plaisanterie: *percher, nicher*). Avec adv. de sens péjor.: *saccager*, ex. **der Sturm hat schlimm gehaust** *la tempête a fait des ravages.*

2. **Höhle** f.: *caverne, grotte* // (animaux) *gîte, antre,* etc. // (péjor.) *taudis* // (par plaisanterie) *refuge, retraite.*

3. **jeden Tag kommen... die Lösung**: parallélisme, dans l'écriture, entre l'annonce messianique et la fin (la mort) imminente, embusquée: **unser Untergang... Heute Abend. Übermorgen...** (p. 210), **unser Untergang... hinter der Reling... Unser Verfall kündigt sich an... Unser Nicht-mehr-sein steht unmittelbar bevor...** (pp. 216 et 218) — cf. aussi infra: **es kommt... vielleicht ist es schon da... Unerkannt. Heimlich...**

« Non, rien ne s'est passé. Rien. Nous rongeons toujours des os, nous croupissons toujours dans des tanières de bois et de pierre. Rien ne s'est passé. Rien n'est venu. Je sais. Mais : est-ce que ça ne peut pas venir d'un jour à l'autre ? Ce soir ? Après-demain ? Ça peut déjà être au coin de la rue. Dans le lit voisin. De l'autre côté. Car il faut bien que ça vienne une fois ou l'autre, l'inattendu, le pressenti, le grand, le nouveau. L'aventure, le secret, la solution. Une réponse viendra peut-être une fois. Et c'est elle, elle que je devrais rater ? Non, écoute, non, jamais ! Jamais de la vie ! Tu ne sens pas que n'importe quoi peut venir ? Ne demande pas : quoi ? Tu ne le sens pas, toi ? Tu ne le sens pas, ça, en toi ? À l'extérieur de toi ? Car ça vient, écoute, c'est peut-être déjà là. Quelque part. Incognito. En secret. Peut-être allons-nous le comprendre cette nuit, demain à midi, la semaine prochaine, sur notre lit de mort. Ou bien sommes-nous vides de sens ? Livrés au rire en nous et sur nous ? Au deuil, aux larmes et au hurlement des peurs et des nuits. Livrés ? Peut-être ? Jetés — peut-être ? Perdus — peut-être ? Sommes-nous sans réponse ? Sommes-nous, nous-mêmes, cette réponse ? Ou bien réponds, toi. Dis-le : sommes-nous, à la fin des fins, nous-mêmes cette réponse ? L'avons-nous la réponse, en nous, comme la mort ? Depuis le début ? Portons-nous la réponse et la mort en nous, dis ? Cela dépend-il de nous, s'il y a une réponse ou pas ? Sommes-nous livrés à nous-mêmes uniquement, tout compte fait ? À nous-mêmes uniquement ?

---

4. **das Gelächter in uns und über uns** : parallélisme avec **Ahnst du das nicht, dieses in dir ? Außer dir ?** (supra).

5. **Tod und Antwort in uns** : (cf. n. 3) résolution de tout le mouvement oxymorique du texte, qui se referme sur lui-même de **ausgeliefert** (p. 208) à **uns selbst ausgeliefert** (infra, l. 25). Cf. aussi la fin de **« Draußen vor der Tür » : Wo bist du jetzt, Jasager ? Jetzt antworte mir ! Jetzt brauche ich dich, Antworter !... Du bist ja plötzlich nicht mehr da !** *Où es-tu maintenant, l'homme qui dit oui ? Réponds-moi maintenant ! J'ai besoin de toi maintenant, l'homme qui répond !... Tu n'es plus là, subitement !*

Sag mir das, du: Sind wir selbst die Antwort? Sind wir uns selbst, uns selbst ausgeliefert? Du? Du!«

Mit zwei krummen dünnen riesigen Armen hält sich der Lange, das brennende Gespenst, der Dunkle, Heisere, Flüsternde, am Fensterkreuz[1]. Der Blonde aber steckt seine runde satte Stimme tief zurück in seinen Bauch. Der Frager am Fenster hat sich mit seiner Frage selbst geantwortet. Der Atem von zwei Männern geht warm ineinander über[2]. Ihr großer guter Geruch[3], der Geruch von Pferd, Tabak, Leder und Schweiß, füllt das Zimmer.

Hoch oben an der Decke wird der Kalk Fleck um Fleck langsam heller. Draußen sind der Mond, die Lampen und die Sterne blaß und arm geworden. Glanzlos, sinnlos, blind.

Und draußen da steht die Stadt. Dumpf, dunkel, drohend. Die Stadt: Groß, grausam, gut. Die Stadt: Stumm, stolz, steinern, unsterblich.

Und draußen, am Stadtrand, steht frostrein und durchsichtig der neue Morgen[4].

---

1. **mit zwei... Armen... am Fensterkreuz**: au terme de toutes les comparaisons du personnage, une image christique (***Fenster-kreuz** n. littéral. « *croix de la fenêtre* »): la conversion interne du discours est ainsi symbolisée par le passage de la figure de l'amok à la figure du Christ.

2. **über/gehen**: **über-** partic. de franchissement (≠ **übergehen** *négliger*: **über** insép., sens abstrait « passage par-dessus »); **ü. in** (+ acc.) *se changer en*, d'où **ü. ineinander** *se fondre l'un dans l'autre*. Cette fusion des deux respirations, opposées au début du texte (p. 206 **weich in ihn hinein, aus ihm heraus** /p. 208 **auf und ab wie eine Säge**) fait une métaphore concrète de l'oxymore généralisé où le texte se résorbe.

Dis-moi ça, toi : sommes-nous nous-mêmes la réponse ? Sommes-nous livrés à nous-mêmes, à nous-mêmes ? Dis ? Dis ! »

L'asperge, le fantôme brûlant, l'obscur, le rauque, le chuchoteur se retient à la croisée de ses deux bras tordus, grêles, monstrueux. Le blond, quant à lui, renfouit au fond de son ventre sa voix ronde et nourrie. Le questionneur à la fenêtre s'est répondu lui-même avec sa question. La respiration des deux hommes se confond dans une même chaleur. Leur bonne odeur forte, cette odeur de cheval, de tabac, de cuir et de sueur emplit la chambre.

Tout en haut, au plafond, la chaux s'éclaircit lentement, morceau par morceau. Dehors la lune, les lampes et les étoiles sont devenues pâles et pauvres. Sans éclat, sans raison, aveugles.

Et dehors, là, il y a la ville. Lourde, obscure, menaçante. La ville : grande, cruelle, bonne. La ville : muette, fière, imperturbable, impérissable.

Et dehors, à la périphérie de la ville, il y a le nouveau matin, sans givre et transparent.

---

3. **großer guter Geruch** : la « bonne » fusion, donc, dans l'odeur rassurante, « virile »... C'est pourtant l'odeur épouvantable du prisonnier de « **Maria, alles Maria** » (p. 66). Opposition aussi à la puanteur de la nuit (**Gestank** p. 220).

4. ***frost-rein und *durch-sicht-ig der neue Morgen** : après la reprise de la phrase initiale **Draußen...** et son dernier développement allitératif (les échos **/D/** et **/SHT/**) et oxymorique **(grausam, gut)**, le texte s'achève sur la pureté (**rein** *pur*) qui fait suite au discours exorcisant, à la catharsis nocturne.

# EISENBAHNEN, NACHMITTAGS UND NACHTS

*Les Trains, l'après-midi et la nuit*

Strom und Straße sind uns zu langsam. Sind uns zu krumm. Denn wir wollen nach Hause. Wir wissen nicht, wo das ist: Zu Hause. Aber wir wollen hin. Und Straße und Strom sind uns zu krumm.

Aber auf Brücken und Dämmen hämmern die Bahnen. Durch schwarzgrünatmende[1] Wälder und die sternbestickten seidigen samtenen Nächte fauchen[2] die Güterzüge heran und davon mit dem unablässigen Hintereinander der Räder. Über Millionen schwieliger Schwellen vorwärtsgerumpelt. Unaufhaltsam. Ununterbrochen: Die Bahnen. Über Dämme hinhämmernd, über Brücken gebrüllt, aus Diesigkeiten herandonnernd, in Dunkelheiten verdämmernd: Summende brummende Bahnen. Güterzüge, murmelnd, eilig, irgendwie träge und ruhlos, sind sie wie wir.

Sie sind wie wir. Sie kündigen sich an, pompös, großartig[3] und schon aus enorm ferner Ferne, mit einem Schrei. Dann sind sie da wie Gewitter und als ob sie wunder was[4] für Welten umwälzten. Dabei ähneln sie sich alle und sind immer wieder überraschend und erregend. Aber im Nu, kaum daß man begreift, was sie eigentlich wollen, sind sie vorbei. Und alles ist, als ob sie nicht waren. Höchstens Ruß und verbranntes Gras nebenher beweisen ihren Weg. Dann verabschieden sie sich, etwas melancholisch und schon aus enorm ferner Ferne, mit einem Schrei. Wie wir.

Einige unter ihnen singen. Summen und brummen durch unsere glücklichen Nächte und wir lieben ihren monotonen Gesang[5],

---

1. ***schwarz-grün-atmend:** ***s.-g.** *vert tirant vers le noir* (plus intense que **dunkelgrün** *vert sombre*); **atmen** *respirer* // (soutenu) *exhaler, répandre.*

2. **fauchen:** (origine onomatopéique) *émettre un soufflement rauque* (animaux, ex. chat); fig. *chuinter // parler avec irritation.*

3. **pompös, großartig:** auto-ironie à l'égard du propre pathos — autre façon de le revendiquer, fréquent dans les textes de W.B. qui comportent un registre directement idéologique et rhétorique.

4. **wunder was:** cf. **Wunder** n. *miracle // merveille, prodige,* adverbia-

Fleuve et route sont trop lents pour nous. Sont trop tortueux pour nous. Car nous voulons rentrer chez nous. Nous ne savons pas où c'est : chez nous. Mais nous voulons rentrer. Et route et fleuve sont trop tortueux pour nous.

Mais sur ponts et ballasts martèlent les trains. À travers les forêts aux senteurs vert sombre et les nuits de velours et de soie brodées d'étoiles, viennent et s'en vont les trains de marchandises, jetant leur feulement dans la fuite incessante des roues. Lancés en grondant sur des millions de traverses calleuses. Irrésistiblement. Ininterrompus : les trains. Martelant sur les ballasts, rugissant sur les ponts, surgissant des brumes dans un coup de tonnerre, s'évanouissant dans les obscurités : trains bourdonnants, marmonnants. Trains de marchandises, marmottant, pressés, en quelque sorte indolents et inquiets, ils sont comme nous.

Ils sont comme nous. Ils s'annoncent pompeux, grandiloquents et de loin déjà, à une distance énorme, avec un cri. Puis ils surgissent comme l'orage et comme s'ils bouleversaient on ne sait quels mondes prodigieux. En quoi ils se ressemblent tous, et sont toujours surprenants et troublants. Mais en un clin d'œil, sans qu'on puisse à peine comprendre ce qu'ils veulent au juste, ils sont passés. Et tout est comme s'ils n'avaient jamais été. De la suie tout au plus, et aussi de l'herbe brûlée, témoignent de leur passage. Alors ils disent adieu, un peu mélancoliquement et de loin déjà, à une distance énorme, avec un cri. Comme nous.

Quelques-uns d'entre eux chantent. Bourdonnent et marmonnent à travers nos nuits heureuses, et nous aimons leur chant monotone,

---

lement dans cette tournure ironique avec pr. interrogatif, autre ex. **er denkt, er sei w. wer** *il se prend pour je ne sais quoi*. Noter la série en /W/ qui développe la comparaison **Wie Wir** ; **Wie GeWitter...Wunder Was...Welten umWälzten.**

5. **ihren monotonen Gesang** ; répétitions et assonances miment ce chant, ex. **DÄMERN hÄMERN... sUMENDE brUMENDE** ; d'autre part, les échos initiaux et les mots longs, dont le texte est saturé, font chaîne : métaphore textuelle d'un train.

ihren verheißungsvollen gierigen Rhythmus: Nach Haus — nach Haus — nach Haus[1]. Oder sie ereifern sich vielversprechend durch schlafendes Land, heulen hohl über einsame Kleinstadtbahnhöfe mit eingeschüchterten schläfrigen Lichtern: Morgen in Brüssel — morgen in Brüssel. Oder sie wissen noch viel mehr, piano, nur für dich, und die neben dir sitzen, hören es nicht, piano: Ulla wartet — Ulla wartet — Ulla wartet. Aber es gibt auch gleichmütige unter ihnen, die endlos sind und weise und den breiten Rhythmus von alten Lastträgern haben. Sie murmeln und knurren allerhand vor sich hin und dabei liegen sie wie niegesehene[2] Ketten in der Landschaft unter dem Mond, Ketten, unbegrenzt in ihrer Pracht und in ihrem Zauber und in ihren Farben im blassen Mond: Braunrot, schwarz oder grau, hellblau und weiß: Güterwagen[3] — zwanzig Menschen, vierzig Pferde[4] — Kohlenwagen, die märchenhaft nach Teer und Parfüm stinken — Holzwaggons, die atmen wie Wald — Zirkuswagen, hellblau, mit den schnarchenden Athleten im Innern und den ratlosen Tieren — Eiswagen, grönlandkühl und grönlandweiß, fischduftend. Unbegrenzt sind sie in ihrem Reichtum, und sie liegen wie kostbare Ketten auf den stählernen Strängen und gleiten wie prächtige seltene Schlangen im Mondlicht. Und sie erzählen denen, die nachts mit ihrem Ohr leben und mit ihrem Ohr unterwegs sind, den Kranken und den Eingesperrten[5],

---

1. **Nach Haus(e)**: *à la maison* (directif); valeur mimétique ici (bruit du train), d'où l'"adaptation".

2. ***nie-gesehen**; littéral. *"jamais vu"* d'où *extraordinaire, fantastique.*

3. **Braunrot...Güterwagen**: vision enfantine-féerique à confronter avec celle des trains acheminant les soldats au front dans **"Im Mai, im Mai schrie der Kuckuck"**: **das Rostrot der Güterwagen, dieses Weltbrandrot...die blutroten Waggons stanken nach Vieh...** *le rouge rouille des wagons de marchandises, ce rouge de l'incendie du monde...les wagons rouge sang puaient le bétail...:* juxtaposition et coexistence du traitement idyllique et du traitement dramatique, l'équivalence et la neutralisation du "oui" et du "non" par l'écriture.

leur rythme dévorant, plein de promesses: le retour — le retour — le retour. Ou bien ils s'exaltent, porteurs de grandes espérances, à travers la campagne endormie, ils poussent un hurlement caverneux au passage de petites gares désertes aux lumières assoupies et apeurées: demain à Bruxelles — demain à Bruxelles. Ou bien ils en savent encore beaucoup plus, piano, rien que pour toi, et ceux qui sont assis à côté de toi ne l'entendent pas, piano: Ulla t'attend — Ulla t'attend — Ulla t'attend. Mais il y en a aussi parmi eux d'impassibles, qui sont interminables et pleins de sagesse et qui ont le rythme ample des vieux dockers. Ils murmurent et grommellent par-devers eux toutes sortes de choses, en s'allongeant comme des chaînes fabuleuses dans le paysage sous la lune, des chaînes illimitées dans leur splendeur et leur magie et leurs couleurs sous la lune blême: rouge brun, noirs ou gris, bleu ciel et blanc: wagons de marchandises — vingt hommes, quarante chevaux — wagons à charbon qui ont une puanteur féerique de goudron et de parfum — wagons à bois qui sentent comme la forêt — wagons de cirque bleu ciel, avec ses athlètes qui ronflent à l'intérieur et ses bêtes effarées — wagons frigorifiques, d'un froid de Groenland et blancs comme le Groenland, fleurant bon le poisson. Ils sont illimités dans leur richesse, et ils sont posés sur les lignes d'acier comme des chaînes précieuses et ils glissent au clair de lune comme de somptueux serpents rares. Et ils racontent, à ceux qui la nuit vivent avec l'oreille, et sont en chemin avec l'oreille, aux malades et aux enfermés,

4. **zwanzig Menschen, vierzig Pferde**: ce rapport n'a tel quel aucun sens... Les wagons de marchandises de la **Reichsbahn** pendant la guerre portaient l'inscription "6 chevaux ou 40 hommes". Lapsus ou canular de W.B. ?

5. **den Kranken und den Eingesperrten**: autobiographisme qui fait de ce "**wir**" de génération le masque, autant que la tentative de transmutation, d'une expérience individuelle — de même infra pp. 244-246.

von der unbegreiflichen Weite der Welt, von ihren Schätzen, von ihrer Süße, ihren Enden und Unendlichkeiten. Und sie murmeln die, die ohne Schlaf sind, in gute Träume.

Aber es gibt auch grausame, unerbittliche, brutale, die ohne Melodie durch die Nacht hämmern, und ihr Puls will dir nicht wieder aus den Ohren, denn er ist hart und häßlich, wie der Atem eines bösen asthmatischen Hundes, der hinter dir herhetzt[1]: Immer weiter — nie zurück — für immer — für immer. Oder grimmiger mit grollenden Rädern: Alles vorbei — alles vorbei[2]. Und ihr Lied gönnt uns den Schlaf nicht und scheucht noch grausam die friedlichen Dörfer rechts oder links aus den Träumen, daß die Hunde heiser werden vor Wut. Und sie rollen schreiend und schluchzend, die Grausamen, Unbestechlichen, unter den matten Gestirnen, und selbst der Regen macht sie nicht milde. In ihrem Schrei schreit das Heimweh, das Verlorene, Verlassene — schluchzt das Unabwendbare, Getrennte, Geschehene und Ungewisse[3]. Und sie donnern einen dumpfen Rhythmus, unselig und untröstlich, auf den mondbeschienen Schienen. Und du vergißt sie nie.

Sie sind wie wir. Keiner garantiert ihren Tod in ihrer Heimat. Sie sind ohne Ruh und ohne Rast[4] der Nacht, und sie rasten nur, wenn sie krank sind. Und sie sind ohne Ziel. Vielleicht sind sie in Stettin zu Hause oder in Sofia oder in Florenz. Aber sie zersplittern zwischen Kopenhagen und Altona oder in einem Vorort von Paris.

---

1. **...der hinter dir herhetzt**: cf. l'amok, l'être traqué de « **Gespräch über den Dächern** »: **wie von einem Amokläufer, panisch, atemlos, gehetzt... mit seinem Panikatem...** (p. 208).

2. **alles vorbei**: jeu sur la double valeur de l'adv.-partic. v., passage spatial — *devant* ou *à côté de* — et passage temporel *passé, fini*: la fuite perpétuelle du train où tout est déjà (dé)passé. Dans le récit « **Vorbei vorbei** » l'adv. désigne cette marche forcée somnambulique, et la mort; **und die Beine gingen unter ihm ganz von selbst: vorbei vorbei...Das war nun alles alles vorbei.** *Et les jambes sous lui avançaient toutes seules: fini, passé... C'était fini, tout fini maintenant.*

3. **schreit... schluchzt das... Ungewisse**; cf. « **Gespräch über den**

l'inimaginable étendue du monde, ses trésors, sa douceur, ses confins et ses infinis. Et leur marmonnement berce dans de bons rêves ceux qui ne trouvent pas le sommeil.

Mais il y en a aussi de cruels, impitoyables, brutaux, qui martèlent dans la nuit sans mélodie, et leur battement de pouls ne te sort plus des oreilles, car il est dur et odieux comme le halètement d'un chien méchant asthmatique lâché sur tes talons : toujours plus loin — sans retour jamais — pour toujours — pour toujours. Ou plus furieusement, avec le fracas des roues : tout s'enfuit — tout s'enfuit. Et leur chanson ne nous procure pas le sommeil, et elle arrache même cruellement à leurs rêves les paisibles villages, à droite ou à gauche, au point que les chiens s'enrouent de rage. Et ils roulent sous les constellations ternes, criant et sanglotant, les cruels, les incorruptibles, et même la pluie ne les adoucit pas. Dans leur cri éclate la nostalgie, l'être-perdu, l'être-abandonné — pleure l'inéluctable, la séparation, l'irrémédiable et l'incertain. Et ils tonnent d'un rythme sourd, funestes et inconsolables sur les rails baignés de lune. Et tu ne les oublies jamais.

Ils sont comme nous. Personne ne leur garantit qu'ils mourront dans leur pays. Ils n'ont pas de repos et pas de trêve la nuit, et ils ne se reposent que quand ils sont malades. Et ils n'ont pas de but. Peut-être sont-ils chez eux à Stettin, ou à Sofia ou à Florence. Mais ils sont mis en morceaux entre Copenhague et Altona, ou dans une banlieue de Paris.

---

**Dächern** » (p. 206), « **Im Mai, im Mai schrie der Kuckuck** » : **angstvoll, hysterisch, kühn... Lokomotivenschrei... unfaßbar...** *plein d'angoisse, hystérique, intrépide... cri de locomotive... incompréhensible...*, « **Die lange lange Straße lang** » : **Immerzu tutet die Lokomotive... das tut einem im Magen weh, wenn sie so weint.** *Sans arrêt elle tutute, la locomotive... ça vous retourne le cœur, quand elle pleure comme ça ;* ce « cri-sanglot de la locomotive » prend force de paradigme : dans les deux derniers textes cités, le cri du coucou, la sonnette du tramway fonctionnent comme des variations sur ce motif.

4. **ohne... Rast** : cf. l'expr. figée **ohne Rast und Ruh** *sans trêve ni repos.*

Oder sie versagen in Dresden. Oder mogeln sich noch ein paar Jahre als Altenteil[1] durch[2] — Regenhütten für Streckenarbeiter oder als Wochenendhäuschen für Bürger.

Sie sind wie wir. Sie halten viel mehr aus, als alle geglaubt haben. Aber eines Tages kippen sie aus den Gleisen, stehen still oder verlieren ein wichtiges Organ. Immer wollen sie irgendwohin. Niemals bleiben sie irgendwo. Und wenn es aus ist, was ist ihr Leben? Unterwegssein. Aber großartig, grausam, grenzenlos. Eisenbahnen, nachmittags, nachts. Die Blumen an den Bahndämmen, mit ihren rußigen Köpfen, die Vögel auf den Drähten, mit rußigen Stimmen, sind mit ihnen befreundet und erinnern sie noch lange.

Und wir bleiben auch stehen, mit erstaunten Augen, wenn es — schon aus enorm ferner Ferne — verheißungsvoll herausschreit. Und wir stehen, mit flatterndem Haar, wenn es da ist wie Gewitter und als ob es wunder was für Welten umwälzte. Und wir stehen noch, mit rußigen Backen, wenn es — schon aus enorm ferner Ferne — schreit. Wie weit ab schreit. Schreit. Eigentlich war es nichts. Oder alles. Wie wir[3].

Und sie pochen vor den Fenstern der Gefängnisse süßen gefährlich verheißenden Rhythmus. Ohr bist du dann, armmütiger[4] Häftling, unendliches Gehör bist du den klopfenden kommenden Zügen in den Nächten und ihr Schrei und ihr Pfiff überzittert das weiche Dunkel deiner Zelle mit Schmerz und Gelüst[5].

---

1. ***Alten-teil** n. : littéral. *"part des vieux"*, rente viagère attribuée à qqn. par ses successeurs lors d'un transfert de propriété ou de biens ; cf. aussi expr. fig. **sich aufs A. setzen** *se retirer de la vie active.*

2. **sich durch/mogeln :** fam. et péjor., cf. **mogeln** *tricher, filouter* ; partic. **durch-** au sens de *"franchir un obstacle"*, autre ex. **durch/setzen** *faire prévaloir (malgré les difficultés).*

3. **Eigentlich war es nichts. Oder alles. Wie wir :** auto-ironie (cf. p. 238 n. 3) — mais toute la comparaison développée par le texte constitue une exaltation parodique (cf. la piteuse mise à la retraite, ou la reprise de **großartig** avec son ambiguïté positif / péjor., etc.).

Ou ils tombent en panne à Dresde. Ou bien ils trouvent une combine pour quelques années supplémentaires, comme retraités : ils deviennent des abris contre la pluie pour les ouvriers de la voie, ou une petite maison de week-end pour les gens de la ville.

Ils sont comme nous. Ils endurent beaucoup plus que tout le monde ne pensait. Mais un beau jour ils basculent hors des rails, ne marchent plus, ou perdent un organe essentiel. Ils veulent toujours aller quelque part. Ils ne restent jamais nulle part. Et quand c'est fini, qu'est-ce que leur vie ? Être en chemin. Mais de manière grandiose, cruelle, illimitée. Les trains, l'après-midi et la nuit. Les fleurs sur les remblais, avec leur tête noire de suie, les oiseaux sur les fils, au chant noir de suie, sont amis avec eux et s'en souviennent longtemps encore.

Et nous restons en arrêt nous aussi, les yeux étonnés, quand — de loin déjà, à une distance énorme — ça jette son cri plein de promesses. Et nous sommes là, cheveux au vent, quand ça surgit comme l'orage et comme si ça bouleversait on ne sait quels mondes prodigieux. Et nous sommes encore là, les joues noires de suie, quand — de loin déjà, à une distance énorme — ça crie. Crie de si loin. Crie. Au fond ça n'était rien. Ou tout. Comme nous.

Et ils frappent un rythme doux, dangereusement prometteur, devant les fenêtres des prisons. Tu te fais oreille alors, prisonnier morne, tu te fais ouïe infinie pour ces trains qui viennent la nuit en tambourinant, et leur cri et leur sifflement font tressaillir de douleur et de désir la molle obscurité de ta cellule.

---

4.***arm-mütig** : (**Mut** m. *courage*) **a.** *pauvre*, adj. fonctionnant comme préf. sur le modèle de ***über-mütig** *fou de joie*, ***hoch-mütig** *hautain* ; emploi plus usuel comme suff., ex. ***phantasie-arm** *pauvre en imagination*.

5. **Gelüst** n. : cf. **Lust** f. *envie, goût // désir (sexuel) // plaisir // jouissance* ; **G.** (terme soutenu) désigne une *envie soudaine* (surtout matérielle).

Oder sie stürzen brüllend über das Bett, wenn du nachts das Fieber beherbergst. Und die Adern, die mondblauen[1], vibrieren und nehmen das Lied auf, das Lied der Güterzüge: unterwegs — unterwegs — unterwegs — Und dein Ohr ist ein Abgrund, der die Welt verschluckt.

Unterwegs. Aber immer wieder wirst du auf Bahnhöfe ausgespien, ausgeliefert an Abschied und Abfahrt.

Und die Stationen heben ihre bleichen Schilder wie Stirnen neben deiner dunklen Straße auf. Und sie haben Namen, die furchigen Stirnschilder, Namen, die sind die Welt: Bett heißen sie, Hunger und Mädchen. Ulla oder Carola. Und erfrorene Füße und Tränen. Und Tabak heißen die Stationen, oder Lippenstift oder Schnaps. Oder Gott oder Brot. Und die bleichen Stirnen der Stationen, die Schilder, haben Namen, die heißen: Mädchen.

Du bist selber Schienenstrang, rostig, fleckig, silbern, blank, schön und ungewiß. Und du bist in Stationen eingeteilt, zwischen Bahnhöfe gebunden. Und die haben Schilder und da steht dann Mädchen drauf, oder Mond oder Mord. Und das ist dann die Welt.

Eisenbahn bist du, vorübergerumpelt, vorübergeschrien[2] — Schienenstrang[3] bist du — alles geschieht auf dir und macht dich rostblind und silberblank[4].

Mensch bist du, giraffeneinsam ist dein Hirn irgendwo oben am endlosen Hals[5]. Und dein Herz kennt keiner genau.

---

1. **die Adern, die mondblauen**: cf. p. 240 **niegesehene Ketten... unter der Mond... im blassen Mond... Schlangen im Mondlicht**, p. 242 **auf dem mondbeschienen Schienen**; le paradigme lunaire fait la métaphore veines-trains-rails, corps-réseau.

2. **vorübergeschrien**: emploi stylistique de ce part. II grammaticalement « incorrect », comme **über Brücke gebrüllt** p. 238 : effet de bilan (rapidité du passage) et aussi de résonance (le rail et le pont « crient »).

3. **Eisenbahn... Schienenstrang**: le glissement train / rail est moins abrupt dans le texte all. : **E.** désigne en effet 1) le *train*, syn. **Zug** m., 2) la *voie ferrée* 3) le *réseau ferroviaire*, alors que le fr. *chemin de fer* (qui correspond littéral. à **E.**) n'est guère employé qu'au sens 3) ; de même

Ou bien ils s'abattent en rugissant sur le lit, quand tu abrites ta fièvre la nuit. Et les veines, les bleus lunaires, vibrent et reprennent la chanson, la chanson des trains de marchandises : en chemin — en chemin — en chemin... Et ton oreille est un abîme qui avale le monde.

En chemin. Mais tu es toujours vomi dans des gares, à chaque fois, livré à l'adieu et au départ.

Et les stations lèvent leurs panneaux blêmes comme des fronts le long de ta route sombre. Et ils ont des noms, ces fronts-panneaux ridés, des noms qui sont le monde : ils s'appellent Lit, Faim et Filles. Ulla ou Carola. Et Pieds Gelés ou Larmes. Et ces stations s'appellent Tabac, ou Rouge à Lèvres ou Schnaps. Ou Dieu ou Pain. Et les fronts blêmes des stations, les panneaux ont des noms qui disent : Filles.

Tu es toi-même voie ferrée, rouillé, taché, argenté, luisant, beau et incertain. Et tu es divisé en stations, attaché entre des gares. Et elles ont des panneaux, et puis dessus il y a écrit Filles ou Lune ou Meurtre. Et alors c'est ça le monde.

Un train, voilà ce que tu es, passé en grondant, passé en criant — une voie ferrée, voilà ce que tu es — sur toi tout arrive, et te rend terne de rouille et luisant comme l'argent.

Un être humain, voilà ce que tu es, il y a ton cerveau quelque part là-haut dans une solitude de girafe, au bout d'un cou interminable. Et ton cœur, personne ne le connaît au juste.

---

**Bahn** f. *voie, parcours // train* (p. 238) abréviation usuelle de **E.** au sens 1).

4. ***rost-blind und *silber-blank** ; cf. **blind** *aveugle // opaque, terne // faux* (ex. **blinder Schuß** *coup à blanc*) // *invisible, clandestin.* Structure oxymorique (cf. **es war nichts / alles** p. 244, **träge und ruhlos** p. 238), liée au caractère d'« hymne paradoxal » de ce texte.

5. ***giraffen-einsam... am endlosen Hals** : même image ironico-naïve dans « **Bleib doch, Giraffe** » « *Reste donc, girafe* », récit qui fait diptyque avec ce texte-ci, reprenant « en sens inverse » la métaphore train-homme.

# GENERATION OHNE ABSCHIED

*Génération sans adieu*

Wir sind die Generation ohne Bindung und ohne Tiefe. Unsere Tiefe ist Abgrund. Wir sind die Generation ohne Glück, ohne Heimat und ohne Abschied[1]. Unsere Sonne ist schmal[2], unsere Liebe grausam und unsere Jugend ist ohne Jugend. Und wir sind die Generation ohne Grenze, ohne Hemmung[3] und Behütung — ausgestoßen aus dem Laufgitter des Kindseins[4] in eine Welt, die die uns bereitet, die uns darum verachten.

Aber sie gaben uns keinen Gott mit, der unser Herz hätte halten können, wenn die Winde dieser Welt es umwirbelten. So sind wir die Generation ohne Gott[5], denn wir sind die Generation ohne Bindung, ohne Vergangenheit, ohne Anerkennung[6].

Und die Winde der Welt, die unsere Füße und unsere Herzen zu Zigeunern auf ihren heißbrennenden und mannshoch verschneiten Straßen gemacht haben, machten uns zu einer Generation ohne Abschied.

Wir sind die Generation ohne Abschied. Wir können keinen Abschied leben, wir dürfen es nicht, denn unserm zigeunernden Herzen geschehen auf den Irrfahrten[7] unserer Füße unendliche Abschiede. Oder soll sich unser Herz binden für eine Nacht, die doch einen Abschied zum Morgen hat? Ertrügen wir den Abschied? Und wollten wir die Abschiede leben wie ihr, die anders sind als wir und den Abschied auskosteten mit allen Sekunden, dann könnte es geschehen, daß unsere Tränen zu einer Flut ansteigen würden, der keine Dämme, und wenn sie von Urvätern gebaut wären, widerstehen.

---

1. **Abschied** m. : cf. **scheiden (ie, ie)** *séparer* ; **A. nehmen** *faire ses adieux, prendre congé*, syn. **sich verabschieden**.

2. **schmal** : *étroit, mince, grêle* // (fig.) *insuffisant, petit,* ex. **schmale Kost** *maigre pitance*.

3. **Hemmung** f. : sens psychologique *scrupule, inhibition*, au pl. *complexes* ; cf. **hemmen** *freiner, enrayer // inhiber*.

4. ***Lauf-gitter des *Kind-seins** ; cf. **laufen (ie, au)** *marcher, courir,* **G.** n. *grille, grillage* ; ***K.** n. littéral. *"être-enfant"*, marqué par rapport à **Kindheit** f. *enfance,* souligne ici l'identité enfance = enclos protégé.

Nous sommes la génération sans lien et sans fond. Notre fond est abîme. Nous sommes la génération sans bonheur, sans patrie et sans adieu. Notre soleil est étriqué, notre amour cruel, et notre jeunesse est sans jeunesse. Et nous sommes la génération sans limite, sans frein ni protection — jetés du baby-parc de l'enfance dans un monde qui nous tient en réserve ceux-là mêmes qui nous méprisent.

Mais ils ne nous ont pas munis d'un Dieu, qui aurait pu soutenir notre cœur quand les vents de ce monde l'enveloppèrent dans leurs tourbillons. C'est ainsi que nous sommes la génération sans Dieu, car nous sommes la génération sans lien, sans passé et sans appartenance.

Et les vents du monde, qui ont fait de nos pieds et de nos cœurs autant de tziganes sur ses routes brûlantes et enneigées jusqu'à hauteur d'homme, ont fait de nous une génération sans adieu.

Nous sommes la génération sans adieu. Nous ne pouvons vivre aucun adieu, il ne le faut pas, car dans l'errance de nos pieds surviennent pour nos cœurs tziganes des adieux infinis. Ou bien notre cœur doit-il se lier le temps d'une nuit qui aura de toute façon un adieu pour matin ? Est-ce que nous supporterions l'adieu ? Et si nous voulions vivre les adieux, comme vous qui n'êtes pas comme nous et qui avez savouré toutes les secondes de l'adieu, il se pourrait alors que nos larmes soulèvent un flot qu'aucune digue, quand elle serait l'œuvre des premiers pères, ne contiendrait.

---

5. **Generation ohne Gott** : le jeu de mots inévitable dans la trad. (*adieu — Dieu*) produit un effet plutôt parasite, en privilégiant un rapport qui n'est que secondaire dans le texte all.

6. ***An-erkennung** f. : cf. **E.** f. *reconnaissance, identification,* **anerkennen** (v. sépar. ou insépar.) *admettre, apprécier, reconnaître, homologuer* ; ici dans le double sens *qui n'est pas reconnue (pour ce qu'elle est)* et *qui ne reconnaît rien (comme légitime).*

7. ***Irr-fahrt** f. : cf. **irren** *errer // se tromper, se fourvoyer,* **F.** f. *voyage, trajet* ; noter que **I.** traduit l'*odyssée* homérique.

Nie werden wir die Kraft haben, den Abschied, der neben jedem Kilometer an den Straßen steht, zu leben, wie ihr ihn gelebt habt.

Sagt uns nicht, weil unser Herz schweigt, unser Herz hätte keine Stimme, denn es spräche keine Bindung und keinen Abschied. Wollte unser Herz jeden Abschied, der uns geschieht, durchbluten, innig, trauernd[1], tröstend, dann könnte es geschehen, denn unsere Abschiede sind eine Legion gegen die euren, daß der Schrei unserer empfindlichen Herzen so groß wird, daß ihr nachts in euren Betten sitzt und um einen Gott für uns bittet[2].

Darum sind wir eine Generation ohne Abschied. Wir verleugnen den Abschied, lassen ihn morgens schlafend, wenn wir gehen, verhindern[3] ihn, sparen ihn — sparen ihn uns und den Verabschiedeten. Wir stehlen uns davon[4] wie Diebe[5], undankbar dankbar und nehmen die Liebe und lassen den Abschied da.

Wir sind voller Begegnungen, Begegnungen ohne Dauer und ohne Abschied, wie die Sterne. Sie nähern sich, stehen Lichtsekunden nebeneinander, entfernen sich wieder: ohne Spur, ohne Bindung, ohne Abschied.

Wir begegnen uns unter der Kathedrale von Smolensk[6], wir sind ein Mann und eine Frau — und dann stehlen wir uns davon.

Wir begegnen uns in der Normandie[7] und sind wie Eltern und Kind — und dann stehlen wir uns davon.

---

1. **trauern**: cf. **Trauer** f. *deuil // affliction* (d'où aussi **traurig** *triste*).

2. **bitten (a, e)**: nuance ironique par rapport à une formule attendue comme **zu Gott beten** *prier Dieu*; **beten** est en fait un v. dérivé (aspect intensif) de **bitten** *solliciter, prier* (qqn.), comme l'est aussi **betteln** (aspect fréquentatif) *mendier*.

3. **verhindern**; *éviter, prévenir* (un malheur, etc.); cf. **hindern** *empêcher // gêner*.

4. **sich davon/stehlen**: cf. **stehlen (a, o)** *voler*, **sich s. (in** + acc.) *s'introduire furtivement* **(aus** + dat.), *s'enfuir à la dérobée*.

5. **wie Diebe**: souligne la connotation de "clandestinité" de **sich davonstehlen** (cf. n. précédente); noter aussi l'écho **DIEBE — LIEBE** (infra).

Jamais nous n'aurons la force de vivre l'adieu qui est là sur la route, à chaque kilomètre, comme vous l'avez vécu.

Ne nous dites pas, parce que notre cœur se tait, que notre cœur n'a pas de voix puisqu'il ne profère aucun lien ni aucun adieu. Si à chaque adieu qui survient pour nous, notre cœur était prêt à saigner, tendre, endeuillé, consolateur, il se pourrait alors, car nos adieux sont légion à côté des vôtres, que le cri de nos cœurs sensibles devienne si fort que vous vous dressiez sur vos lits la nuit et que vous demandiez un Dieu pour nous.

C'est pourquoi nous sommes une génération sans adieu. Nous nions l'adieu, nous le laissons dormir le matin quand nous partons, nous l'esquivons, nous nous l'épargnons — à nous et à ceux que nous quittons. Nous disparaissons comme des voleurs, ingrats reconnaissants, et nous emportons l'amour en laissant là l'adieu.

Nous sommes pleins de rencontres, rencontres sans durée et sans adieu, comme les étoiles. Elles s'approchent, se tiennent à quelques secondes-lumière l'une de l'autre, s'éloignent à nouveau : sans traces, sans lien, sans adieu.

Nous nous rencontrons sous la cathédrale de Smolensk, nous sommes un homme et une femme — et puis nous disparaissons.

Nous nous rencontrons en Normandie, et nous sommes comme parents et enfant — et puis nous disparaissons.

---

6. **unter der Kathedrale von Smolensk** : à la différence de « **Eisenbahnen, nachmittags und nachts** », "texte de génération" où n'apparaît aucune référence historique explicite (si ce n'est qu'il n'y est question que de trains de marchandises, et donc indirectement du transport d'hommes en temps de guerre), on a ici, sous forme de ballade, une série d'allusions biographiques et historiques. Ainsi les rencontres de W.B. avec une jeune Russe à Smolensk, pendant sa convalescence au début de 1943. Smolensk, point stratégique sur la route de Minsk à Moscou, fut l'un des grands champs de bataille du front de l'Est.

7. **in der Normandie** : allusion éventuelle au débarquement de juin 1944.

Wir begegnen uns eine Nacht am finnischen See[1] und sind Verliebte — und dann stehlen wir uns davon.

Wir begegnen uns auf einem Gut in Westfalen[2] und sind Genießende und Genesende — und dann stehlen wir uns davon.

Wir begegnen uns in einem Keller der Stadt und sind Hungernde, Müde[3], und bekommen für nichts einen guten satten Schlaf — und dann stehlen wir uns davon.

Wir begegnen uns auf der Welt und sind Mensch mit Mensch — und dann stehlen wir uns davon, denn wir sind ohne Bindung, ohne Bleiben und ohne Abschied. Wir sind eine Generation ohne Abschied, die sich davonstiehlt wie Diebe, weil sie Angst hat vor dem Schrei ihres Herzens. Wir sind eine Generation ohne Heimkehr, denn wir haben nichts, zu dem wir heimkehren könnten, und wir haben keinen, bei dem unser Herz aufgehoben[4] wäre — so sind wir eine Generation ohne Abschied geworden und ohne Heimkehr.

Aber wir sind eine Generation der Ankunft. Vielleicht sind wir eine Generation voller Ankunft auf einem neuen Stern, in einem neuen Leben. Voller Ankunft unter einer neuen Sonne, zu neuen Herzen. Vielleicht sind wir voller Ankunft zu einem neuen Lieben, zu einem neuen Lachen, zu einem neuen Gott.

Wir sind eine Generation ohne Abschied, aber wir wissen, daß alle Ankunft uns gehört[5].

---

1. **am finnischen See**: S. m., à ne pas confondre avec S. f. *mer*; l'allusion reste indécidable ici.

2. **auf einem Gut in Westfalen**: dans la débâcle d'avril 45, W.B. retourne à Hambourg, depuis Francfort, à pied et malade. Il est hébergé quelque temps près de Steinheim par les propriétaires d'une maison domaniale — qu'il quitte un jour pour se remettre en route, sans dire adieu, **ohne Abschied**.

3. **...Hungernde, Müde**: déferlement massif des réfugiés fuyant le front et l'avance soviétique dans les derniers mois de la guerre, sans compter les prisonniers et les déportés libérés, les soldats en déroute, etc.

Nous nous rencontrons une nuit au bord de ce lac de Finlande, et nous sommes des amoureux — et puis nous disparaissons.

Nous nous rencontrons dans une propriété en Westphalie, et nous sommes des bons vivants et des convalescents — et puis nous disparaissons.

Nous nous rencontrons dans une cave de la ville, et nous sommes des gens affamés, épuisés, et nous dormons gratis tout notre soûl — et puis nous disparaissons.

Nous nous rencontrons de par le monde et nous sommes des êtres humains ensemble — et puis nous disparaissons, car nous sommes sans lien, sans demeure et sans adieu. Nous sommes une génération sans adieu, qui disparaît comme un voleur, parce qu'elle a peur du cri de son cœur. Nous sommes une génération sans retour, car nous n'avons rien à quoi nous pourrions retourner, et nous n'avons personne à qui nous laisserions notre cœur en garde — c'est ainsi que nous sommes devenus une génération sans adieu et sans retour.

Mais nous sommes une génération de l'arrivée. Peut-être sommes-nous une génération pleine d'arrivée sur une étoile nouvelle, dans une vie nouvelle. Pleine d'arrivée sous un soleil nouveau, à des cœurs nouveaux. Peut-être sommes-nous pleins d'arrivée à un amour nouveau, à un rire nouveau, à un Dieu nouveau.

Nous sommes une génération sans adieu, mais nous savons que toute arrivée nous appartient.

---

4. **auf/heben (o, o)** : *lever, soulever // garder, conserver // supprimer, annuler* ; **aufgehoben** part. II-adj. *gardé, tenu à l'abri,* autres ex. **bei jemandem gut a. sein** *être en bonnes mains,* **das Geheimnis war schlecht aufgehoben** *le secret était mal gardé.*

5. **alle Ankunft uns gehört** : cette arrivée est proprement une irruption, une apparition au sens spectral : annoncée par rien, reliée à rien, ne laissant aucune trace, **ohne Vergangenheit, ohne Bindung, ohne Spur** (cf. supra p. 250 et 252). Une arrivée dans le vide, en catastrophe (cf. le train fantôme de « **Eisenbahnen...** »), qui est dès lors revendiquée comme l'ouverture maximale.

# Textes enregistrés

**Die Hundeblume**

— De *Am nächsten Morgen...* (p. 50) à la fin du texte (p. 62).

**Maria, alles Maria**

— De *Als sie mit den Essenkannen...* (p. 72) à *Maria, Maria* (p. 76).

**Der viele viele Schnee**

— Texte intégral (p. 110 à 118).

**Die Küchenuhr**

— De *Dann wurde Ihr Haus...* (p. 148) à la fin du texte (p. 152).

**Der Kaffee ist undefinierbar**

— De *Da sahen...* (p. 160) à *Gute Nacht* (p. 170).

**Vielleicht hat sie ein rosa Hemd**

— Texte intégral (p. 178 à 182).

**Die traurigen Geranien**

— Texte intégral (p. 198 à 202).

**Gespräch über den Dächern**

— Du début (p. 206) à *Gestammel* (p. 214).

**Generation ohne Abschied**

— Texte intégral (p. 250 à 254).

Composition réalisée par COMPOFAC - PARIS

IMPRIMÉ EN FRANCE PAR BRODARD ET TAUPIN
Usine de La Flèche (Sarthe).
LIBRAIRIE GÉNÉRALE FRANÇAISE - 6, rue Pierre-Sarrazin - 75006 Paris.

ISBN : 2 - 253 - 05080 - 6 30/8724/4